China Through
Others' Eyes, 1912-1928

CHINA THROUGH OTHERS' EYES, 1919-1928

王 笛/著

目 录

第五部　机不可失，1919—1922 　　433
　第 17 章　完成巴黎和会的未竟事业　　435
　第 18 章　寻求中国的未来　　478
　第 19 章　燕京大学的奇迹　　515
　第 20 章　往事的回忆　　535

第六部　乌云笼罩，1923—1926 　　573
　第 21 章　震惊世界的绑架案　　575
　第 22 章　动荡时代的妇女　　599
　第 23 章　"中国的根本问题在于自己"　　614

第七部　革命之路，1925—1928　　　649
第 24 章　五卅运动前后的中国青年　　651
第 25 章　一个记者眼中的国民革命　　686
第 26 章　北伐战争中的中外冲突　　709
第 27 章　中国的道路选择　　749

第八部　反思历史　　　783
第 28 章　渐行渐远的"朋友"　　785
第 29 章　最后的故事　　806

征引文献目录　　　840

后　记　　　868

第五部
机不可失，1919—1922

和巴黎和会不同的是，这次美国得到了英法的配合，因此，中国在华盛顿会议上还是取得了重要成果，特别是废除了丧权辱国的《二十一条》和收回了山东半岛主权，终于完成了巴黎和会未尽的目标。

第 17 章　完成巴黎和会的未竟事业

> 除非合理正义地对待中国，否则另一场世界战争的种子将在远东扎根。
>
> ——教育家瑞吉纳尔德·威勒

> 不能让日本染指中国。
>
> ——《芝加哥论坛报》

1921年，为了应对日本崛起后的远东局势，英美均有意调整其远东外交政策。在此背景之下，召开了华盛顿会议，讨论远东问题及限制军备的问题。北京政府对华盛顿会议抱有很大的期望，希望通过华盛顿会议收回青岛及胶济铁路，并废除列强各项在华特权。在国内的压力下，北京政府拒绝了日本提出的会前交涉山东问题的提议。[1]

中国加入协约国、参加巴黎和会，都是因为要收回被日本攫取的青岛和胶州湾，而美国媒体也对日本和山东问题发出了自己的声音。在国际舆论上，给予了中国以最大的支持。美国主流媒体的态度非常明确，美国政府应该支持中国，对日本施加压力，使其归还山东的权益。也就是美国在中间的积极活动和斡旋，使中国在华盛顿会议上收回了山东权利。

巴黎和会后的美国舆论

当巴黎和会拒绝了中国收回山东权利的合理要求以后，在全世界都引起了轩然大波，美国的许多媒体都发表了文章，对此进行评论。《芝加哥论坛报》1919年7月13日发表了鲍威尔的文章《抵制日货在中国日益扩散》。文章指出，当巴黎和会决定承认日本接管德国在山东的权利的消息传到中国的时候，"反应是绝望"。首先，山东是孔子的故乡，是"是圣贤之地"；其次，这片土地从来没有给过德国，其只是将它作为在中国的"势力范围"，对于山东省的管辖权是较弱的，不过是占用青岛和胶州湾为海军基地。

鲍威尔称，中国人认为山东被日本人控制要比德国人危害大得多，因为对于德国来说，山东"在地球的另一面"，因此对其"势力范围"的管辖有限，这在许多方面是对中国有利的，而且德国人的口碑似乎不是那么坏，"德国传教士还教中国农民编织草和其他有用的工业"。而现在，中国"最神圣的省份"落入了日本人手中，而日本近在咫尺。人们很快就发现，日本的军事和经济渗透很像"其在朝鲜半岛、台湾和满洲那样"。现在这种状况将扩张到山东，这是中国人所完全不能接受的。[2]

虽然这里鲍威尔有美化德国殖民之嫌，作者似乎忘了20年前的义和团运动，就是从反德国传教士开始的排外运动，但是对于中国来说，日本控制山东比德国的危害要大得多，也是事实。鲍威尔在这里的观点，与我在第12章中讨论的那位与王国钧在《纽约时报》上争论的毕格洛的观点刚好相反，因为毕格洛在青岛殖民地问题上，是竭力美化日本,而抨击德国。

同年,瑞吉纳尔德·威勒(W. Reginald Wheeler)的文章表达了类似的观点。这位威勒先生是一个非同小可的人物,他在1963年去世的时候,《纽约时报》专门有一个报道,除了亚洲长老会传教士的身份以外,还称他为教育家。[3]威勒指出,要了解中国在山东这个问题上的感受的强度,必须牢记四个因素:

第一,没有中国的哪个地方"像山东一样被爱戴",因为孔子和孟子——中国伟大的先贤的发源地,占据着中国中原地区的战略位置。

第二,没有哪个国家像日本一样让中国害怕。日本在山东建立特权,让中国人看到了也可能像朝鲜人一样的命运。

第三,中国人期待威尔逊总统和美国,依照弱国权利原则,以及国际正义和民主,来确保在巴黎达成和解。他们的期望越高,当希望落空时,相应的失落感也会越大。

第四,1915年,在日本最后通牒的威胁下,中国签署了《二十一条》,中国希望能在巴黎和会上从这些协议中解脱。将德国在山东权益转交给日本,就会让日本占领山东成为定局,所以中国"绝对拒绝将她最神圣的省的权利从一个国外的军事强权中转交给另一个"。观察家坚持认为,"除非合理正义地对待中国,否则另一场世界战争的种子将在远东扎根"。[4]其实,这几乎成为当时美国媒体的一个共识,如果山东问题得不到妥善的解决,将成为以后远东冲突乃至战争的导火线。

1919年7月24日《洛杉矶时报》发表文章《敦促归还山东给中国》,其中报道7月21日参议员威廉·博拉(William Borah)和对威尔逊的政策产生影响的几个巴黎和会的代表包括蓝辛、怀特、布利斯（关于他们几位的情况，见第11章）提出的解决办法。他们认为"山东应归还中国而不是处于日本管辖"。报道称，他们并不是随意阐发自己的观点，"而是受总统之托"。更重要的是，"各列强还没有举行大国会议并达成最终决议之前，总统先一步提出了此要求"。

报道称，威尔逊与美国代表团的其他成员之间没有产生不同意见。威尔逊总统已表明，"他不赞同日本对于德国在山东的特权的觊觎"。因此，他的观点与大部分美国代表是一致的。总统也承认，"为了让日本留在巴黎和会上和仍然是国联的成员"，他同意日本对山东权利的要求。在巴黎和会上，日本向各国明确表示日本会将山东归还给中国，"但中国代表并没有看到任何文字记录"，继而后来拒绝签署此条约。他们说口头声明太空泛，无法保证他们永久失去山东的可能。[5]根据这个报道，虽然在巴黎和会上美国没有坚持支持中国的诉求，但是会后美国政府和国会仍然支持中国，这成为1921年华盛顿会议中国收回山东权利的契机。

1919年9月18日《芝加哥论坛报》（Chicago Daily Tribune）发表《中国学生呼吁解决山东问题》（Students from China Cheer Shantung Plea），为了"平息中国人关于山东的愤怒"，美国参议院9月17日举行午餐会，招待140名中国学生。他们都来自北京的清华学校，但是目前在美国各个高校读书。这些年轻人要告诉西方世界，巴黎和会"牺牲了中国的利益"，日本将控制有1600万人口的山东省。中国对于美国的"信任和信心的严峻考验"，在于美国是否能确保山东安全。

记者采访了参加午餐会的一位名叫L. K. 朱（Lum K. Chu）的中国留学生，他说中国开始是欧战的中立国，由于美国的邀请才加入了大战。20万中国人（本书前面讨论过这个问题，见第8章），"几乎全部在山东招募"，被送往法国，为美、法、英军队服务，修筑道路。令人震惊的是，美国"竟然许可把枷锁加在山东人民的头上"。这篇报道指出，美国牺牲中国的利益，可能会导致中国人民对美国的敌视，所以美国必须补救，"不能让日本染指中国"，否则将引发民众反美，这是美国承担不了的。[6]

在北京的美国人，还包括许多其他西方人，也旗帜鲜明地反对本国政府的政策。1919年7月9日《基督教科学箴言报》报道《中国抗议中的英美人》（Anglo-Americans in China Protest），报道了在北京的英美协会（Peking Anglo-American Association）"一致通过一项决议"，于7月8日发到华盛顿，"谴责巴黎和会上关于解决山东问题的条款"。

该协会是外国人在华北最有影响的代表机构，包括大量的外交人员、政府顾问、记者、商人、金融人士、传教士以及外籍教师。协会呼吁英美政府，对于山东问题的决定不仅不公平，而且对于世界和平和建立远东稳定的政治秩序来说，也是非常不明智的和危险的。它指出这是对"中国以及其他国家经济利益发展的严重阻碍"。决议指出通过秘密条约、政治侵略、战争解决国际争端，对建立新的国际秩序并无作用。所以巴黎和会将德国在山东的权利转交给日本，该协会"感到强烈的失望和对中国人民的深切同情"。[7]

协会进一步指出，这个决定会不可避免地"引起中日关系的破坏"，同时会更加严重阻碍"中国和其他国家的经济利益和发展"。1898年的一个决议为德国入侵山东创造了条件，巴黎和会的"做法与此次非常相似"，造成1900年在华北地区各国的争夺，不可避免地引发了战争。因此，关于山东问题的协议，不能为远东创造和平，也不能使中国政治稳定，无法使商业贸易对所有人平等开放。进一步的恶果不仅"颠覆了民族自决的原则"，而且也否定了门户开放政策和机会公平的原则。因此，北京英美协会的会员认为英美政府应"敦促参加巴黎和会的各国，制定和贯彻一个不会危及中国安全及世界和平的公正的解决方案"。[8]

《洛杉矶时报》1920年1月27日发表《放弃山东》（To Gives up Shantung）的文章，报道1月25日英国外交部发表的声明：日本凭借着《凡尔赛条约》的条款，获得了德国在山东的权利。依照日本反复的声明和协议，日本向中国政府作出以下提议：

一、日本政府希望开启关于归还胶州湾等措施的谈判，"以实现真诚、有效地迅速解决此问题，并希望中国政府做好必要的准备工作"。二、关于沿山东铁路的日本军队，日本打算尽快撤出，甚至可以在与中国达成协议之前撤出，除非没有铁道保护会影响交通安全和日本与中国的利益。在这种情况下，日本将在铁路驻军直到中国政府组织了铁路警察部队。总之，由于日本希望甚至在日中协议达成之前撤兵，日本希望中国能尽早建立铁路警察。[9]这里，媒体披露了日本所做的承诺，因此在华盛顿会议上，中国就是根据这个承诺，要日本归还山东，并最后达到了目的。

"中国需要坚定立场"

在五四运动后到1921年11月华盛顿会议召开这段时期，美国媒体十分关注山东问题，对日本在中国的扩张有很深的警惕。例如

1919年12月号的《大陆月刊与西部杂志》(Overland Monthly and Out West Magazine)便揭露日本,"一些沙文主义者可能仍旧鼠目寸光,有理由相信日本的内阁将拒绝和其他所有外国势力达成一致,而且一定竭力独占中国。有远见的日本人都应该知道,国际社会会用战争来阻止日本独占中国。"美国希望日本人意识到,一旦中国门户对所有势力开放,由于日本与中国的近邻关系,以及相似的文化背景,日本在与其他西方大国的竞争中,其实占有先天的优势,而并不需要目前这样的扩张行径。[10]

1920年3月3日,《基督教科学箴言报》发表题为《中国朋友不相信日本》(Friends of China Distrust Japan)的文章。本文主要是该报记者采访美国远东事务处主任助理、纽约大学东亚问题专家查理·霍奇斯(Charles Hodges)的记录。在采访中,霍奇斯指出,在山东问题上,美国的看法与"日本政治家有冲突"。虽然他个人"非常尊重日本的治国之道,但是日本没有理解美国在山东问题争议上的出发点"。

那么,什么是美国的立场呢?霍奇斯阐发得非常清楚:日本作为一战的盟友,在巴黎和会上达到了其目的。但是,美国"在巴黎的错误在于,我们尽可能考虑自己的利益,完全忽视了更重要的事——支持中国"。这不仅违背了"帮助中国收复山东"的初衷,而且直接影响到美国"作为一个太平洋大国在中国的利益"。霍奇斯表示,美国要与"有长期友谊的中国人民站在一起",要向中国人民证明"美国人民的公正无私",但其实也是为了"在中国保存威望"。[11]

在这个采访中,霍奇斯进一步指出,与其他列强相比,美国"给予了中国人民在巴黎和会上的唯一鼓励"。他的这个说法也有一定的根据（见本书第10和11章），在和会开始时，美国的确是打算支持中国收回山东主权，但是威尔逊为了建立国联，防止苏俄影响的扩张，因此希望拉拢日本，得到这个东亚最强国家的支持。当日本威胁要退出和会时，威尔逊最后还是决定牺牲中国利益，与日本妥协，放弃了对中国的支持。

虽然美国在巴黎和会上放弃了它对中国的承诺，可能是为显示某种姿态和作为一种补偿，1920年，美国准备给中国提供"广泛财政援助"，引起了日本的不满，因为这从根本上影响了日本的长期霸占山东半岛的计划。但在这个关键时刻，美国参议院宣告"要在中国的土地上看到公平正义"。[12]

巴黎和会以后，美国国会并没有批准《凡尔赛条约》，而且在1920年的总统选举中，威尔逊败给共和党的哈定（Warren Gamaliel Harding），他所设想的国际和平新秩序当然也无疾而终。但是，美国对中国的基本政策并没有实质性的改变。霍奇斯称，日本竭力想让美国改变反对《凡尔赛条约》有关条款的态度，这样日本就可以使北京政府中的"亲日派当权"，"压制中国民众的反对声浪"，以达到占领山东的合法化和长期化目的。

显然，这个时候美国希望中国能够抵抗住日本的压力，霍奇斯表示，如果希望通过与日本的谈判获得权益，"希望是渺茫的"，因此"中国需要坚定立场"，不能与日本妥协，否则中国的"外交空间将大大缩小"，而且将限制中国求得"国联干预的机会"。霍奇斯认为，中国现在是国联的成员，国联可以纠正巴黎和会上"由于日本反对而中国无法获得的权益"。

这里，霍奇斯其实在暗示，希望中国不与日本直接谈判，并始终将山东问题作为国际问题,而不仅仅是中日两国的纠纷,在国际会议上来与日本进行交涉。霍奇斯的担心不是没有根据的。1920年1月10日《凡尔赛和约》生效。1月19日,日本驻北京公使馆致函中国外交部:"现在和平条约已发生效力,日本政府为遵照历次宣言交还胶州湾,并解决山东之善后问题起见,欲与贵国政府开始商议,庶本案可以迅速诚实妥为解决。"[13]

这使北京政府处于允拒两难的境地。因为中国在和会中拒签和约,若现在与日谈判,就等于承认和约并与日本单独谈判,前后立场不一。但不谈判,山东问题无法解决。有人主张与日交涉,若日本不接受中国立场,形成争议后,再提交给国联裁决。然而,民间舆论及广州政府都强烈反对直接交涉,认为一旦与日本直接交涉,等于默认对德和约及中日间各种协约,主张直接向国联提出争议。然而支持中国最有力的美国,却没有加入国联,此时提出依靠国联,也似乎并不是一个上策。其实,后来也的确有一段时间,即1920年底到1921年初,中国考虑过与日本直接的交涉。[14]

霍奇斯指出,日本实际上是"违反了承诺",而且"中国人怀疑日本的承诺,因为日本在山东问题上一直出尔反尔。"在大战开始的头几个月,日本称占领山东只是针对德国,但日本在山东的驻军并没有合法性。1918年9月,日本为换取铁路修筑权,承诺从山东撤军。当年10月,霍奇斯调查了这些日本驻军,发现营房是永久性住房。他确认了一个事实,那就是"日本违反与中国签订的协议,在山东保留日本的军队"。日本后来将军队增加到15000人,这其实是告诉中国政府,在山东问题上"按照日本的想法才是明智的选择"。但是霍奇斯认为,就日本对山东要求的议题上,美国不予支持,"是

第五部 机不可失,1919—1922　　443

一个明智的选择"。哪怕美国在山东没有物质利益，为主持"国际公道"也不会袖手旁观。而且表示没有什么会让美国"畏惧去帮助中国，主持公道"。[15]

警惕日本的野心

《基督教科学箴言报》1920年6月15日发表的文章《作为东亚强国的日本》(Japan as Strong Force in Far East)，探讨了日本"民族自豪感的缘由"。应该看到，这篇文章的中心，是要美国人对日本有一个清醒的认识，这就是日本是东亚的强国，而问题在于，应该怎样看待这个东亚强国？文章认为，日本希望和美国友好，但是这种友好是彼此平等。"日本人是非常爱国的"。明治维新后的半个多世纪，日本已经"从一个封建的、与世界没有联系的国家转换成一个名列前茅的大国，并已施行宪政。在很大程度上，采取了西方的道德标准。"

但是，这篇文章提出，国际社会对日本的"国家目标性质怀疑"，担心他们的目标是军国主义，担心日本的武力扩展。"日本的5700万人居住在一个面积小于美国加州的岛上，其中耕地只占土地的1/8。在最精耕细作的情况下，也不可能养活现在每年增长约70万的人口。日本人口已经从1871年的3200万，增长到现在的5700万了。"那么，日本的土地"不能养活每年依旧在大幅增长的人口"，出路在哪里？[16]

文章继续分析，有些人可能会问日本为什么不像英国人那样发展制造业，出口大量制造品来解决。但是日本不像英国那样有那么多煤铁矿资源,而英国却有大量原材料,确立了其工业霸权。世界上的资源在很大程度上由美国和英国控制,"对日本来说,发展制造业,以提高出口来平衡进口的压力,将是非常困难的。"

亚洲占世界人口的三分之一,但是总体上是落后的,特别是"现在处于瓦解的状态"。虽然中国有中央政府,但是情况一点都不乐观,"中央政府是低效的,软弱的和腐败的,并不代表人民的意愿"。中国已经是共和体制,"却没有行政管理能力"。其人民"95%是文盲,讲 20 种不同的方言,很难相互沟通"。中国的书面语言与口头用语不同,彼此缺乏交流,没有管理现代政府的经验。但是,中国"有一件事的发展是有希望的,就是所谓的学生运动,具有国家统一的观念。"但是由于南北之间关系紧张,在政治上,他们又难以有所作为。[17]

就是说,这篇文章认为,在管理国家问题上,中国是远远不及日本的,因此在两国的关系上,中国始终处于弱势。当政府无能为力时,人民只有依靠自己的力量,因此民间呼声和运动便日益高涨。

同年,《新共和》发表杜威(John Dewey)写于北京的文章《学生骚乱的结果》(Sequel of the Student Revolt),进一步描述了中国抵制日本的情况。文章说,1919 年 11 月下旬,在福州,中日间的争端自五月以来一直在"刺激着公众的情绪",冲突造成几个中国学生死亡。结果日本派兵增援,学生们再度爆发示威,情绪激愤,要求立即"停止与日本的所有社会和经济交往",对日进出口的禁运,直至日本从根本上改变其政策。

不少人认为,日本正试图将福建纳入其势力范围,山东问题还悬而未决,日本则要求中国政府制止抵制运动,人们担心日本人会把福建变成另一个山东。而日本人却宣称,这是"中国人的故意干扰,以迫使日军登陆,然后增加世界对其的偏见"。美国领事馆的官方报告也称:手无寸铁的中国学生遭到武装的日本人的袭击。[18]

《芝加哥论坛报》发表弗兰滋尔·亨特(Frazier Hunt)的文章《学生准备团结全中国阻止日本》(Students Plan to Tie Up China to Balk Japan),报道学生将于1920年4月14日组织一场"由80万学生参加的罢课运动"。学生计划将他们的行动与商业、铁路和电报结合起来,这有可能"引发一场革命运动,迫使北京政府废除一切与日本签订的秘密条约,并拒绝参加关于山东的谈判"。

这些要求以及为期四天的"最后通牒"交给了北京政府,学生们知道这个要求会被政府所拒绝,同时积极准备罢课和动员工人罢工。按照会议所做出的决定,提出了将在14日早晨的8点罢课,并走上街头,进行宣讲,来反抗政府。届时店铺将关门,罢工的宣传册将在铁路和电报工人以及士兵中分发。

有迹象表明,政府将使用军队对抗罢课的学生,而且有流血的可能。虽然商人对大罢市"没有高涨的热情",但是学生的影响力"有可能会捆绑商业,并很可能带来一场真正的革命。"政府已经禁止学生将这个计划内容通过电报传递到其他地方,然而,学生们在报纸上读到了罢课的决议,"整个中国可能在之前一周就投身于运动中了"。[19]

1920年4月20日,《纽约时报》根据美联社报道4月14日发自上海的报道,北京政府拒绝回答学生关于与日本秘密交涉与山东问题,也不公布秘密条约的内容,引起的学生罢课已涉及14个省份,来自92所学校的3万学生参与到罢课运动中。在上海举行的游行并

446　　中国记事(1912—1928)

没有受到镇压,也没有出现混乱。[20]不过,这次运动没有达到预期的80万学生罢课的目的。

1920年4月25日的《洛杉矶时报》发表上文已经提到过的弗兰滋尔·亨特的另一篇文章《日本攫取中国》(Jap Grip is on China),揭露日本对中国的威胁。从文章标题,就可以觉察到作者对日本的态度。"Jap"其实是带有种族歧视的对日本(或日本人)的称呼,二战中美国人用得极其普遍。[21]亨特指出,中国面临着三个危机:第一,日本侵略东北,带来了中日关系公开破裂的可能性,中国丧失领土的风险以及日本掌控中东铁路的风险定会增加;第二,学生大规模罢课,这也可能是新一波巨大的反日和反政府情绪,如果罢课扩大,联合抵制成功,日本可能会"以此为借口侵略中国";第三,日本军国主义的阴谋会导致北京官员不接受美国的贷款,转而依靠日本,"导致中国失去了帮助自己发展进步和现代化最重要的机会"。[22]

这篇文章还指出,所有这些问题的背后,都有"日本巧妙的运作"。由于许多北洋政府高官受贿,所以日本势力慢慢伸展。有人认为随着日本军国主义操纵了许多北京官员,中日之间似乎不会有麻烦,这是错误的想法,因为如果学生重新唤起对日本的愤怒,"大众的反日情绪可能将国家吞没于战争中"。文章称,日军在东北的驻军十分骄横,"使中国军队苦不堪言",这样迟早会爆发冲突。[23]我们要注意,这篇文章发表在1920年,1931年的"九一八事件",其实就是这个预言的应验。虽然美国人预见到了这个悲剧性的结果,但无法阻止其发生。

这些媒体的新闻报道和采访,基本上表达了华盛顿会议前美国官方对日本和中国的态度。当然，在具体的外交政策的操作中，情况往往不是态度所能左右的，而是要根据美国本身和东亚乃至全球利益的布局来决定的。但是美国的这个态度，对中国在向日本争取权利的外交努力中，起到了相当大的作用，也是最后在华盛顿会议上中国收回山东权利的一个重要因素。

机遇来了

巴黎和会后，为协调列强在远东—太平洋地区的利益，美国呼吁召开新的国际会议。过去有学者认为，华盛顿会议的召开，不过是日美争霸远东—太平洋的结果，但是最近的研究指出，从当时国际关系的现实来看，《凡尔赛和约》无非只是构造了欧洲战后体系，但远东问题却未能解决。由于中国代表团拒签和约，中日间的问题未能解决。日本对英美在远东的利益构成了威胁，因此必须要调整英、美、日之间的关系，以建立远东和太平洋地区的新秩序。[24]

在这个背景下，1921年7月，美国总统哈定在英国支持下，倡议在华盛顿召开国际会议，讨论远东问题及限制军备问题。这其实也是继续完成美国在巴黎和会上没有兑现的对中国人的承诺，中国也看到了解决山东问题的希望。会议召开前夕，即1921年10月21日《纽约时报》发表《裁军与太平洋问题的ABC》(The ABC's Disarmament and the Problems of the Pacific)。文章指出，对中国来说，没有一个友好的国际环境，中国仍将参加"少数国家把持的"华盛顿会议。文章对中国参加这次会议的前景不是很乐观，因为中国是"一个衰败到无法在虎视眈眈的外国侵略者面前捍卫自己利益的古老帝国,处在一场并不成熟的革命前夜。中国还没有成长到足以获取尊重和显示力量的地步。"

清朝所谓的"天朝上国",不过是事实上的"亚洲病夫"(the sick man of Asia)。共和国尚处在襁褓期,"虽然它没有强健的步伐,而且也没有找准自己的位置,但是却没有人知道它能走得多快,也没有人知道它走向哪方。这个保守的东方国度的一切的未知因素都让人畏惧。"[25]对于"东亚病夫"的说法我们是再熟悉不过的,被近代爱国者视为西方侮辱中国人的常用词,这里"亚洲病夫"不过是同一意思的不同表达。但是显然《纽约时报》这里想表达的是,中国是如此地衰弱,无法保护自己的利益。

一南一北两个政治集团,分别宣称自己才是代表民国的政府,甚至以此发动内战,他们总是在互相指责。尽管权力的争夺发生在北京政府和广州政府之间,但实际的政治权力却掌握在各省督军手中。督军们更看重个人利益而非对国家的责任。南北两个政府都无法在全国范围发挥政治影响,不能将中国统一起来。这篇文章还称,濮兰德(John Otway Percy Bland)在他刚出版的新书《中国、朝鲜和日本》中挖苦过中国,虽然这本书的描述有些夸张,但是也的确反映了中国所处的困境。[26]关于这个濮兰德,我在本书的第1章已经介绍过了。

从这篇文章看,西方主流媒体对中国是缺乏信心的。所以这篇文章认为,邀请中国派代表出席华盛顿会议虽为明智之举,但"如果认为他们能解决问题,就大错特错了"。

说是明智之举,是因为在西方人看来,对中国来说,参加会议也对其有"教育意义"。但同时他们又认为中国代表团无法从真正意义上代表广大的中国人民,"只是为现在控制中国政局的军阀代言"。文章认为"可以相当肯定,至少半数以上的中国人会把他们视作被日本收买,对日本唯命是从的叛徒"。当时中国的地位十分尴尬,虽然会议讨论的主要议题是有关他们的命运,但是"他们则不得不依靠其他国家捍卫他们的权益,他们无法为自己的利益做主。"这话说得虽然不中听,却相当程度上是在陈述事实。

文章也正确地预测到,中国人"将满怀对大国专横跋扈侵略的怨愤参会",但是考虑到中国人"过去的一贯表现,他们很可能并不会对改善他们当前的状况提出任何有实质性和建设性的举措。"这篇文章还指出,中国命运"将由其人民决定"。中国内部一团混乱,"局外人很难帮助她,除非她学会自救"。但是"一旦统一起来,她也不再需要来自外部的帮助"。[27] 不过,这种预测显然低估了中国人的诉求。其实五四运动已经表达了中国人要维护领土完整的决心,随后的华盛顿会议则再次证明了这一点。

不过,《纽约时报》的这篇文章,却更愿意把中国在国际舞台上的受挫归咎于中国自己的问题,并批评中国的外交代表们,一方面"要求获得别国已经赢得的尊重",但是另一方面对自己内部的问题"并不愿意正视",而更愿意去"抱怨治外法权的滥用,而非提升司法的公正来保障外国人的权益"。这里,显然是在指责中国不能处理好自身的问题,而把问题都怪在西方人上。文章其实是在给西方辩解,称西方在中国获得治外法权,是因为中国不能保护外国人的利益。文章认为,很难去确定什么是中国的"真正利益",中国被不同的势力瓜分,但是无疑"中日关系是一个笼罩人们的巨大阴影"。[28]

记者还采访了一位年轻的中国学生,他的思想表现得非常激进,声称希望华盛顿会议的结果"是日本得以正式吞并东北和山东",他认为,这将会警示中国人,"刺激麻木的同胞对日本的憎恨,对复仇的渴望,由此把我们凝聚起来如同一个人一样"。他乐观地总结道:"如果中日间爆发不可避免的战争,你一定会看到全部在中国的日本人,在三天之内被杀。"当记者指出这次会议的召开是为了消弭战争和减少军备,"他就毫无兴趣了"。记者认为他的想法"虽然愚蠢又鲁莽,但却反映了不少中国人的思维"。

与上述要用毁灭自己来惊醒国民的极端思维不同,西方的观察者们还发现,其实许多中国人了解为何中国常常受到侵略,也知道如何从侵略中解脱出来,显得很有自信心。例如有人说,"成吉思汗不是第一个,也不是最后一个扬言要征服中国的侵略者,到头来反而被中国征服"。还有满人的征服,最后却被中华文化所开化。因此,"今天的中国人并非害怕日本,他们过去的知识给予了他们对未来的信心。"甚至还有人表示,"重塑中国的唯一途径就是让日本人统治中国50年"。[29]

这些五花八门的言论,的确反映了人们所坚信的,无论在中国发生什么,中国人都有力量再站起来,但是这些言论在不同程度上表现出自欺欺人的所谓"自信"。

不过,《纽约时报》意识到,如果认为中国年轻的一代全都反日,"那就大错特错了"。在众多有国外留学经验的中国人中,许多成为学生运动的领袖。留日学生要比去西方的学生多,"即便今天日本是中国利益最大的损害者",但是仍然有不少人认为日本是应该学习的榜样。当然,记者也看到,并不是所有中国人都关心自己国家的命运,"广大不识字的中国百姓完全不关心霸占中国土地的敌人"。在为数不多的关注祖国在世界上的地位的人中,估计"自称为亲日派的人与反日的人数大体相当"。[30]

《纽约时报》指出,美国和西方世界不能"让中国自生自灭"。华盛顿会议的召开就是要阻止那些"为所欲为"的人,防止他们的狂热军备,让其变得更加"文明"。美国"不能允许东方文明陷入野蛮的战争"。文章认为,"突然和短暂的愤怒会引起一场纠纷,但之后反而会慢慢建立起诚挚的合作。这不仅需要不懈的努力,也需要良好的意愿。华盛顿会议有很大的机会促成中国和日本之间的互相理解。"如果会议能够拿出达成国际间合作、促成和平的方案,"这次会议将会比纸上谈兵规定什么可为、什么不可为更有成效"。不能指望每个国家都公正地参与决议的制定,"如果日本坚持对抗的态度,那么其他国家也很难帮助中国改善处境"。[31]

总的来讲,这篇文章对中国问题的分析,还是客观的,能反映各方面的意见和观点。对中国的问题,也采取的是比较现实的态度。特别难能可贵的是,当时中国正是新文化运动蓬勃发展的时期,让中国全盘西化也非常有市场。而这篇文章并不赞成中国全盘西化,而是应该保持自己的传统。外国人可以给中国提供建议,有时候也可以提供资本和培训专业人才,但"中国人应独立完成绝大多数的事情"。外国帮助中国最有价值的事情就是制定出"限制国人贿赂官员"的方法。[32]

其实,这样的思路,和第17章所引用的《基督教科学箴言报》的那篇题为《作为东亚强国的日本》的文章,是一脉相承的,即中国的问题,还是要靠中国人自己才能根本解决,国际社会只能为他们创造一定的条件而已。

参加华盛顿会议

1921年12月9日《华盛顿邮报》发表题为《中国人游行抗议》(Chinese Parade in Protest)的报道，称12月8日旧金山数百名支持中国南方政权即广州政府的留学生组织了游行，表达了他们对中日之间就山东问题"直接谈判"的抗议。同时，他们也反对华盛顿会议上有关限制军备和远东问题的讨论，并称其为"秘密外交"。游行者拉起"我们要为零欺骗而奋斗""秘密外交将摧毁世界和平"以及其他内容的横幅。据了解，这是华人第一次以游行的方式反对华盛顿会议。大多数旧金山华人对首任中华民国大总统孙中山领导的广州政府抱以同情态度，但该政府却未以合法身份正式出席华盛顿会议。[33]

在华盛顿会议召开之前，芮恩施对《纽约时报》说，要赢得和平，"中国问题是关键因素"，因此华盛顿会议对这个"最棘手的难题"必须处理得当。他说不管军备的限制能够在多大程度上减轻各国的经济负担，都只是不治本的办法。华盛顿会议关于预防战争爆发的措施，都不解决根本问题。虽然限制各国军备，但是引发战争的因素并没有消除。然而，华盛顿会议所寻求的解决中国问题的方式，倒是触及问题的根源。如果从根本上解决了中国问题，会议的重要意义就能够体现出来了。

根据芮恩施的观点，"只要制造战争的力量继续待在中国，太平洋地区就难有和平。"这里当然是指日本。在当今的世界，各国相互猜忌，摩擦不断，如果各国这种行为发展下去，"最终会发生互相的残杀"。他指出，列强在中国划分势力范围，使中国的主权受到损害，条约的外延不断地扩展，各国的特权地区发展成为政治意义上的势力范围，最后成为列强管控的真正独立的地区。"一旦这类势力范围得到了承认，中国的分裂就会成为必然。"

这种状况是对和平的极大威胁，所以芮恩施认为，最关键的是，中国在华盛顿会议上要得到各国的保证，阻止任何经济势力的进一步扩张。不管参会的各国政府如何强调对中国并无政治的企图，许诺要维护中国主权，但是如果它们"决心扩张在中国的经济特权，那么中国的政治独立就将名不副实"。他还反驳了日本对控制山东的辩解："日本总是宣称从来没有要求山东省的政治权益"，他认为这个说法就好像别的国家占领了美国的宾州，却表示不会对该州政治控制，只要求费城和铁路系统作为回报，可见是多么地荒唐。因此，对于列强所谓"放弃政治权利，保留经济特权"的说法，一定得十分警惕。相信日本所说的没有政治权益的企图、只保留经济特权的说法，"必然会带来政治恶果"。[34]

中国政府组成了一个庞大的代表团，代表团成员不仅有外交部直接指派的，还有各部委派的，人数达130名之多，而参加巴黎和会的中国代表团人员仅为35—40名，可见中国政府对这次会议的期望也是非常高的。不过，去华盛顿的政治领袖和社会贤达相比巴黎和会倒是少了不少。[35]

1921年10月30日，中国代表团抵达华盛顿，受到了热烈欢迎，美国政府为代表团举行正式欢迎仪式。《纽约时报》在头版对此进行了醒目的报道。有几千人在华盛顿的联合车站（Union Station）等候专列到来。由于列车到达的时间不清楚，大家等候了好几个小时，

"华盛顿人很兴奋,热切盼望中国代表团到来"。不过,中国代表团的最重要的参会代表,如施肇基(驻美公使)、顾维钧(驻英公使)、王宠惠(前司法总长)三位全权代表,并不在到达的火车上,车上有代表团顾问梁如浩,他是最早在美国留学的中国学生之一,英语非常流利。同时到达的还有助理顾问蔡廷干、罗文干,代表团的参赞钟文耀等。蔡和钟都曾作为幼童留学生在美国接受教育。罗文干则留学英国,在牛津大学学习法律。

助理国务卿罗伯特·布里斯(Robert Woods Bliss)以及一些政府和军方的高级官员到车站欢迎中国代表团,甚至还有美方代表从旧金山陪同代表团到华盛顿。在车站迎接中国代表团的还有北京政府雇的总统顾问福开森(John C. Ferguson)和前美国驻华公使芮恩施等。布里斯致欢迎词后,便陪同代表团走向联合火车站东口,大家在此欢迎,军乐队奏中美两国国歌。华盛顿中文学校的学生手持中美国旗,欢呼雀跃,车站广场上的人群爆发出阵阵掌声。代表团在摩托车队的护送下离开车站,骑兵队尾随车队行进。

车队向中国驻美使馆疾驰,会议期间部分代表团成员如梁如浩等下榻这里。代表团其他成员将住在位于Q大街第16和第17大街之间的开罗饭店(Hotel Cairo)。在饭店,许多人在大厅等候。当天抵达华盛顿的中国代表团的正式名单上有92人,有些成员未包括在名单内,记者估计"代表团总数至少有百名"。

梁如浩到达中国驻美使馆后表示,"代表团全体成员对美国人民的热烈欢迎非常感动,这必将会促进中美两国的友谊。"他还说,在现在的中国,"没有任何其他国家的人像美国人那样受到欢迎和尊敬。中国人欢迎美国人到来,给予他们以特别的待遇,中美之间的交往,

参加华盛顿会议的中国代表团,摄于1921年11月2日。
资料来源:National Photo Company Collection, Library of Congress。

必使两国已经长期存在的友谊发扬光大。"

梁先生并没有详细阐发中国代表团此行主要想达到的目的,不过他表明,为了在亚洲实现永久的和平,要消除一切争端,"我们希望这次会议中国能被公正地对待。"对于外界所关注的中国内部的分裂,梁先生表示,美国媒体对中国目前的困境是夸大了,"中国南北政府之间,并不存在不可调和的分歧,南北贸易继续进行,南北一直保持着沟通渠道。"[36]梁如浩对南北分裂的淡化,显然是外交辞令,其实这种分裂的不可调和,梁先生应该是心知肚明的。内部的分裂,也是中国外交难以充分施展的重要原因。后来的北伐战争,也就是最后用武力解决了南北分治,建立了国民党的独裁政权。

在美国的留学生和华商都密切关注华盛顿会议,学生会组织了六个有关山东问题的工作小组,要求中国政府允许留学生派代表参加会议。有五个学生最终参加了中国代表团,对会议做出了很大贡献。[37]据1922年1月15日《华盛顿邮报》报道,有13个华商协会1月14日给正在参与华盛顿会议的中国代表团发电报,称中国在华盛顿会议上被欺辱,使旧金山的华人非常愤怒。电报中提到,华商强烈要求把山东归还中国和废除《二十一条》,而且必须在会上进行公开讨论。如果不能实现这个目标,或者会议无法讨论以上问题,又或者不能给予中国公正待遇,那么中国代表应该退出会议,决不允许牺牲中国的权利和独立自主。[38]

关于山东问题,鲍威尔曾经和中国驻美公使、华盛顿会议的中方代表之一施肇基博士交谈,问为何中国人对日本人强占山东极其反对,对德国人强占山东却反应并不强烈。施肇基严肃地回答道:"德国人是积极的建设者,日本人是糟糕的破坏者。"他进一步解释道,"与德国人不同的是,日本人违反条约的规定,大肆地扩张其势力范围,渐渐地将其势力范围扩张至山东全省。"另外,日本人还在天津租界秘密研制吗啡和海洛因,偷运毒品,对中国人的身体健康造成了很大的伤害。

鲍威尔回忆了在华盛顿会议上的一件有趣的事情:当时,日本人答应从山东撤兵,为了商议日本撤退的细枝末节,美国国务卿海斯召集中日两国代表开会,英美两国的代表也出席此次会议。当中日两国代表谈及如何处理德国财产时,不知出于什么缘由,日本人坚决要取得青岛一个洗衣店的经营权。这个洗衣店起初是由德国人开的,后来由青岛政府经营。"双方就洗衣店的经营权问题,彼此争论不休,整整坚持了几个小时。"最后,施肇基表示:"中国向来是彬彬有礼的国度,为了表示我们待客之热忱,就把这个洗衣店让给他们日本经营吧。很久以前,我们中国就享有了世界洗衣人的美誉,如今我们很乐意与他们日本人共享。"这件事情在华盛顿会议上,传为笑谈。

鲍威尔还记录了与一位中国朋友的交谈,那位中国朋友大肆发牢骚,说华盛顿会议没有带给中国实际的利益。他愤愤不平地说:"华盛顿会议标榜着自由,却没有将之付诸实施。会议曾通过了取消外国在中国享有治外法权的条款,美国还宣称派遣代表到中国就治外法权问题展开调查。然而,时隔几个月了,却迟迟不见代表的踪影。令人寒心的是,美国不承认孙中山及其同仁成立的共和国政府,只承认北京政府是中国唯一合法的政府,那时北京政府以军阀为靠山。再者,英美两国对孙中山成立的广东革命政府坐视不管,他们不是广东政府成长的协助者,而是在俄国人支援下,广东政府曲折发展的旁观者。"[39]

《九国远东公约》

华盛顿会议于 1921 年 11 月 12 日至 1922 年 2 月 6 日召开。大会开幕后的第四日,1921 年 11 月 16 日,举行远东问题太平洋问题委员会第一次会议,中国代表施肇基提出了中国的十大原则:

(一)列国当尊重中国之领土保全,及政治上之独立,中国决不割让土地与外国;

(二)中国赞成门户开放,机会均等之原则;

(三)列国如不预先通知中国,不得缔结关系中国之条约;

(四)在中国之特别利权等,皆须公表,否则概认为无效;

(五)行政自由上所受制限须立即废止;

(六)现在未订期限而加诸中国之拘束,须制定期限;

(七)解释附与特权或利权之文书时,须以有利于让与者为主;

(八)将来遇有中国不参加之纷争发生时,中国之中立国权利,当尊重之;

(九)对于太平洋及远东之国际纷争,当以和平方法解决之;

(十)规定将来召集远东问题会议之办法。[40]

美国代表认为,中国所提的这些原则,"与美国观念甚为接近",表示支持,接着,法、英、日、意各主要列强"亦均赞同",认为是"讨论远东问题之基础"。

11 月 22 日,美国代表路德(Elihu Root)提出四大原则,经远东委员会议决,其议案如下:

（一）尊重中国之主权独立与土地上及行政上之完全；

（二）给予中国以极完全而无障害之机会，以发展稳固有效力之政府而维持之；

（三）用其势力，俾确立各国在中国境内工商业平等机会之原则，而维持之；

（四）不得利用目前情势以取特殊权利，致损失各友邦人民之权利，并不得容许有害各邦安宁之任何行为。

这个议案先由美、英、日、法、意、荷兰、比利时、葡萄牙八国签字通过，至第四次大会，"各国亦请中国正式承认签字"。[41]

1922年2月6日，美国、比利时、英国、中国、法国、意大利、日本、荷兰、葡萄牙九国签订关于中国问题的《九国远东公约》，其宗旨是："采用一种政策，以巩固远东之情形，保障中国之权与利，并增进中国与他国间根据机会均等原则之交际"。《公约》共九条，下面逐条列出并做简短的解释：

第一条便十分明确地规定了，"当尊重中国之主权独立及领土的与行政的完整"；"当给予中国以最完全及最无障碍之机会，俾自行发展，并维持一有力而安固之政府"；"当用彼等之势力以期有效确立，并维持各国人民在中国全领土之商工业机会均等主义"。

第二条规定了各缔约国"不得于相互间各别或共同，与任何一国或数国，缔结违背或有害第一条说明之原则之任何条约、协定、契约或了解。"

第三条申明了除中国以外的各缔约国，"为更有效的适用开放门户或各国在华商工业机会均等之主义起见"，不得进行以下的各项活动："于中国任何特定地域内，关于商业或经济之发展，为彼九国远东公约等自己利益计,设立任何一般的优先权之协定";"任何独占权或优先权之足以剥夺任何他国国民经营在华任何合法商业或工业之权利者,或足以剥夺其与中国中央政府或任何地方官宪共同经营任何公共企业之权利者"。

在第四条中,各缔约国保证"不赞助各该国人民间相互所为之任何协定,其目的在于中国领土之特定部分内创设势力范围,或规定享受彼此独有的机会者"。

第五条是中国所做的许诺:

> 于中国之全部铁路,不实施或准许任何种之不公平差别待遇,例如:不问旅客之国籍为何,或其出发国或到着国为何,货物之原产地或所有者为何,或其原发送国或到着国为何,在中国铁路运送之前后,其运送此等旅客或货物之船舶,或其他输送机关之国籍或所有者为何,关于运费或一切便利上,概不得设何等直接间接之差别待遇。除中国以外之各缔约国,对于任何前记之铁路,即彼等或彼等之国民基于任何让予权或特别协定等,而处于可以施行任何控制权之地位者,当担负与前项同旨趣之义务。

第六条规定,除中国以外之各缔约国同意:如果战争发生,中国有中立的权利,各国"当完全尊重中国为中立国之应有权利"。

第七条阐明:"凡有一种时局发生,在缔约国中任何一国之意,以为关系本约条件之适用问题,并宜讨论此项适用问题者,各关系之缔约国间,应即为充分而无隔阂之交换意见。"就是说任何一国有任何关于中国的问题出现,各国应该进行商讨。

第八条表示,如果是与中国有条约关系的非签字国,但是该国被任何签字国所承认,"应被邀请遵守本约"。就是说哪怕没有参加《九国公约》的国家,也得遵守这个条约。还专门注明这个目的由美国"将为必要之通告于非签字诸国,并以所得之回答通告各缔约国。他国之遵守本约,应于美国政府接到此项通知时发生效力"。

第九条是关于各缔约国需要分别根据各本国宪法批准条约,并"尽速将各批准书送存华盛顿。一候全数送到,本约即发生效力"。美国政府还应将各批准书"誊本分送其他各缔约国"。条约分英文和法文两种文本,保存于美国政府之"文书保藏所"内,而誊本则由美国政府"送于其他各缔约国"。[42]

由上面各项具体条款可见,中国得到了各国的尊重,权利得到了保障。从鸦片战争以来,中外之间的重大交涉,都是以中国不断丧失利权而告终,而华盛顿会议是中国第一次没有丧失更多权利,而且争回一些民族权利的国际交涉。

收回山东主权

在华盛顿会议开会之前,日本便担心中国在会议上提出山东问题,"于己大有不利",便积极活动,试图与中国直接交涉,这样便可"保持其侵占权利,不谐亦可借口于二国方在交涉进行中,无须他国干预"。中国代表知其用意,故仍行拒绝。中国试图将山东问题提交大会决定。[43]

在华盛顿会议上,美英两国虽然未能满足中国将山东问题提交大会的直接要求,但亦以调停人的身份参与了山东问题谈判的关键环节,并在中日双方相持不下时努力予以调停。正如北京政府的顾问蓝辛所设想的,关于山东和《二十一条》问题,是通过在华盛顿

华盛顿会议的《九国远东公约》签署代表。左起第三人是中国首席代表施肇基。

资料来源：National Photo Collection, Library of Congress。

会议的"边缘会谈"进行的。

美国在英国的合作下，对日本施加了极大的压力，日本不得不接受了英美关于山东问题及中国各项原则的安排。美国一直试图打破日本独霸中国的努力，华盛顿会议直接拆散了英日同盟，使得中国重新回到被几个帝国主义国家共同支配的局面。[44]顾维钧觉得"由于美国坚持门户开放政策，可能在心中同情我们，然而对这些问题也难于表示观点。"大会的主要宗旨是限制军备，其他如与太平洋及远东相关的问题，只处于整个会议的从属地位。山东问题的会谈在会议之外进行，顾认为这也是为了"迁就日本的意愿"。[45]

关于山东问题的交涉，是中国参加华盛顿会议的重点。由于日本在巴黎和会上已经表示将把山东主权交还中国，所以交涉双方的焦点，集中于胶济铁路。该路总长390余公里，如果被日本所控制，沿路的矿山等权益，也将落入日本手中。所以日本对铁路的态度很强硬，称他们是德国的接替者。中国代表则指出，中国愿偿还贷款，从而废除整个协定，使铁路归属中国。据《顾维钧回忆录》，这笔铁路贷款为2500万元，日本坚持要向中国提供贷款。中国则坚称让别国接受不需要的贷款是不合情理的，看出了日本急于"让中国充当日本的债务人"的企图。[46]

1921年12月30日，日本代表填原宣称："盖谓日本引放弃胶济路共管原议，而以全路交还中国"，但是要求两条，一是中国与日本订立"日本资本家借款之适当合同"；二是由中国"任命日本专家为此路之车务总管、会计长之条件"。中国代表王宠惠回复："直接交涉不谐，拟将全部问题提交大会"。1月3日，美英两国代表出面调停，于1月4日至6日，中日两国进行了谈判。谈判过程中，日本"忽又推翻赎路自办分期偿款之前议",坚持中国必须向日借款。日本之所以改变态度,转为强硬,据分析是"中国新内阁因急于借款,已允借日款以赎路,密令代表退让,故日本有恃无恐"。

当然中国代表仍然拒绝,提出两个方案给日本选择:第一,中国在该路移交前之规定日期,或在移交时,以存入第三国银行之款付交日本;第二,中国分12年摊付,或以铁路产业为抵之国库券,或付中国银行公会之证券,"于移交完毕之日一批缴清"。中国也同意选用胶济路日籍工程师。但是日本不承认中国付款赎路之办法,结果交涉终止。

然而,美国舆论谴责美国政府"对于鲁案之不主公道",指出,鲁案不解决,"四国协定断难通过,而下届选举,共和党必遭失败"。于是,美英代表再次出面斡旋。1月11日,中日重开谈判。此次讨论不仅限于铁路,以便在使铁路问题可得充分的时间进行商谈。即将冲突较少的问题先行解决,以减少解决赎路问题的困难。这个办法,果然成效比较明显,当日便议决了驻山东日军在中国派驻"得力之警队"时便撤退。

接着的那几天,每天都有问题得到解决。13日,又议决烟潍路由中国自造,高徐、顺济路归国际公办;14日,议决开放胶州租借地为"万国通商口岸",山东日后由中国自行开放;同一天,日本同意将胶州行政移交中国,其后又讨论矿务问题;19日,商定胶州租借地的煤铁矿,由中国政府特许组成公司开采,日本人可以投资,但是不得超过华人资本。日本同意取消日本对前胶州德国海电之权利。这项海电为德国人所安设之烟台至青岛,及上海至青岛线。青岛至佐世保之海电,由日本安设者,则依照中、日现有合同归中日委员会合办。日本并同意将济南、青岛两个无线电台之管理权,于日兵撤退时,交与中国,中国给予相应的赔偿。

铁路问题,经英美提出折中案,以3000万日元(合5400万金马克)的国库券赎回胶济路,分15年还清,5年以后,可以一次付清。而铁路的利益,自交还之日起,由中国收取。在未付清全款期内,中国须雇日本人为车务总管。另外,由中国方面任用中日会计员各一名。这个方案得到了中日双方的认可,中国政府认为此项办法,"系英、美调停之措置,似尚公允,胶州租地实行归还,将来威海卫、广州湾亦必相继交还。"2月1日全体大会,美国代表宣布:"鲁案业已解决,拟订条约十一款,附约八款。"[47]

1922年2月4日,中日代表签订了《解决山东问题悬案条约》以及《附约》。从总体来看,虽然日本仍然保留了在山东的一些特权,但是中国终于收回了山东主权和胶济铁路。[48]

废除《二十一条》

华盛顿会议讨论的最后一个重要议题是关于《二十一条》。"美国基于自己在中国的利益主张通过协商和门户开放的基本政策,反对日本对山东的觊觎"。日本在1915年强迫中国签订的包含旅顺港和大连港99年的租期之外,这个租期还可以延长。另外,在华盛顿会议开始的时候,日本对中国铁路沿线的权限都还要行使若干年。"那些真心希望美日关系友好的人们",需要把美日关系"建立在'二十一条'得以妥善解决的共识之上",以便"消除在美国成为太平洋四强合约(Four-Power Pact of the Pacific)协约国之前的全部疑虑"。

美国支持废除《二十一条》,一方面是完成两年前美国在巴黎和会上的承诺,另一方面是在美国看来,《二十一条》不仅仅是中国与日本的关系问题,也涉及美国的利益。因为门户开放是美国的一贯主张,而《二十一条》中的日本在华利益则是排他的,所以"美国有权就 1915 年和约涉及美国的权益的时候,提出自己的看法"。

华盛顿会议后不久,即 1922 年 2 月 26 日,《华盛顿邮报》发表艾伯特·福克斯(Albert W. Fox)的文章《二十一条问题的谈判进展》(21 Demands Issue Remains as Parley Progresses),指出美国从开始便意识到,华盛顿会议必须面对"艰巨的远东问题",这个问题甚至要比"讨论海军吨位的分配更为重要"。在国务卿查理·休斯(Charles Evans Hughes)的倡导下,会议"通过两项有关中国的重要议题"。美国认为,任何国家建立在尊重基础上对中国的全部承诺,"都应该以文字的形式记录下来并提交大会"。要废止"秘密协议"的做法,"公开一切有关中国的协议"。

福克斯指出,美国"旗帜鲜明地反对日本对中国的扩张",正如美国政府发言人对记者所强调的那样,这是美国的一贯态度。"从狭义的国际法角度来讲,可能有人会争议,两国之间的国际争端应通过外交途径解决",如山东问题,应该"在会议外解决"。美国代表则表示,"会在合适的时候对参加会议的国家开诚布公地陈述其立场",并且以"最友好的姿态"给予日本一个台阶。

然而福克斯也强调,在一个国际会议中,"每一个国家都代表主权国家,每一个国家都有自由解释自己政策的权利,不能够强迫别国接受自己的意志。"因此,美国"不能强迫日本接受一个华盛顿会议上制定的新国际道德准则",但是美国可以给予日本在会议中"与其他国家彼此达成一致的机会"。这种看法应该是务实的，既表达了美国的期望和立场，但是也没有把华盛顿会议的结果看得很乐观。既知道美国自己的影响和职责，也对世界表达了美国的立场。但是，美国无法强迫日本接受自己的观点。在道义上，美国站在中国的一边，但是由于中国自身的实力太弱，所以实现自己的期望的道路上困难重重。

《华盛顿邮报》报道了中国代表王宠惠在会议上回答记者问题时，指出中国向大会申诉《二十一条》是日本"在没有任何理由的情况下，以二十四小时最后通牒的形式对中国进行了胁迫"，中国是在"受到威胁的状态下"而被迫同意《二十一条》的，日本的做法显然违反了国际法公约。因此，中国希望通过提请国际会议讨论的方式，"以期通过适当的解决方式，消弭一切危害远东国际关系的潜在危险"。[49]

1921年12月15日，中国代表在大会提出取消1915年《二十一条》的要求。但是日本代表"以二十一条只关中日两国为理由，并历叙中外缔约之故实，拒绝讨论。声言必须将各国与中国编订之条约重行考虑，方可谈判。"中国代表则称《二十一条》与其他条约不同，"乃受威胁而承认者"。

1922年1月17日，美国代表"有请修正之表示，日代表反对之，谓各国如有反对此案者，可向日本直接交涉云云"。至2月2日，日本鉴于各方面的压力，"知非稍有退让不可"，宣布愿取消《二十一条》之第5项，其中包括日本关于南满东部及内蒙古地方之借款及铁道铺设独占权，及以各项赋税为担保的借款权，日本对于中国政治、财政、军队、警察等顾问的延聘，"无主张优先权之意思"。

2月4日，中国代表团发布宣言：

"二十一条"之提出与订约，出于日本之强迫，与他种条约不同，故不能仅以撤回第五项为了事。以下列之理由，要求废除1915年5月25日之中日条约及换文。（一）日本向中国要求各项权利，并无报偿，此项条约，完全为一方面之利益；（二）有碍中国与其他各国所订之条约；（三）与大会所采关于中国之各项原则不符；（四）此项条约常为中、日龃龉之源，若不废除，将来必有伤两国睦谊，阻碍大会目的之实现云云。

此宣言在大会上"一致通过载入纪录，而二十一条案亦告结束矣"。[50]也就是说，在华盛顿会议上，《二十一条》最终得以取消。

华盛顿会议的得与失

和巴黎和会不同的是，这次美国得到了英法的配合，因此，中国在华盛顿会议上还是取得了重要成果，特别是废除了丧权辱国的《二十一条》和收回了山东半岛主权，终于完成了巴黎和会未尽的目标。既然华盛顿会议是中国争回一些权利而不是失去更多权利的一次会议，但是为什么过去不少人认为是失败了呢？最新的研究指出是考察问题的视角的不同。以中国提出的要求或希望达到的目标与会议的结果相比较，中国的许多要求都未能实现，因此可以认为是一种失败。[51]

在华盛顿会议上，中国虽然收回了山东的权益，但是取消治外法权和关税修订等目的却都没有达到。1923年，《留美中国学生月报》就开始"质疑美国的友谊"，并宣布"中国官场的亲美时期"已经过去了。一个叫乔治·杜拜尔（Georges Dubarier）的法国人在《月报》上评论说，美国非常精明地影响着"年轻的中国"，因为中国的新一代政治家都是在美国大学受的教育：

他们无疑很真诚地相信，通过称他们的政府为共和政府，照抄美国的模式，他们就能神奇地从一个古老王国变成现代国家。我们就不试图描述他们这个实验造成了什么样的混乱局面了。我们只想指出新中国和华盛顿之间有亲密的联系，华盛顿政府巧妙地影响着徒弟们的情绪。

杜拜尔很藐视美国扮演的所谓"中国保护人的角色"。在这种关系里，中国被当成"一股伟大的势力，与欧洲古国平起平坐，但它其实却处于无政府状态，还在封建时代的文明里徘徊"。他还讽刺说，顾维钧是美国"最喜欢的徒弟……也被证明是这个国家训练出来的一个心怀感激的学生"。杜拜尔预言，顾维钧这个有着"美国佬"名字（他的英文名字是 V. K. Wellington Koo）的人，如果成为中国政府的最高领导，"他一定会像被施了魔法一样完全美国化"。

的确，顾维钧的亲美倾向是非常明显的。但是他的这种亲美倾向，主要不是来自他在美国所受的教育，应该是来自他进入外交舞台以后，与美国的广泛的接触，正如本书在前面反复提到过的，从承认中华民国，到《二十一条》的交涉，到巴黎和会等等重大问题上，美国对中国所采取的态度，让顾维钧坚定地认识到，目前的这个世界秩序下，美国是唯一可以依靠的外部力量。从历史事实来讲，顾维钧的这种认识是没有错的。

顾维钧还是努力与英美建立合作关系，保护中国不受日本威胁，他的理由是美、英、中三个国家有着相似的价值观。他发表在《月报》上一篇题为《中国、英国和美国》(China, Great Britain and the United States) 的文章称：

众所周知，[英国和美国]对中国没有政治企图，只对它作为一个世界市场的发展持有合理的商业兴趣。它们是可以信赖的、真诚地祝愿中国成为一个繁荣富强的国家,这也符合世界和平的利益。它们对和平的热爱,它们对法制的尊重,最重要的是,它们追求公平正义的意愿,以及它们对道德力量的欣赏,都是最基本的中国人特征,因此使得中国那些比较爱思考的阶

华盛顿会议正在举行。根据原照片的英文说明,不能确定这张照片摄于1921年11月2日会议的开幕式,或是1922年2月6日的闭幕式。

资料来源:Harris & Ewing Collection, Library of Congress。

层，希望这三个国家之间能够建立更密切的合作。

1922年，华盛顿会议之后，顾维钧回到北京，总理王宠惠请他在由非政治出身的技术官僚组成的"好人内阁"中出任外交总长一职。顾维钧写信说，他希望他的就职"能够帮助澄清已成为潮流的错误认识，即中国仍处于无人管理的状态"。但是，看来好人是无法管理这个国家的，不过11天，内阁就倒台了。[52]

* * *

华盛顿会议期间，《密勒氏评论报》刊登了80余篇有关华盛顿会议及其外交举动的文章，希望会议能给世界带来和平，揭露日本的真实面目是"中世纪强权国家"，警告其不能成为和平的"阻碍者"。该报对会议期间列强之间所谓的秘密外交提出了批评，要美国政府和人民信守承诺，特别担心巴黎和会上的事件又一次重演，即美国一开始承诺帮助中国，结果为了与列强做交易，"陷入当年凡尔赛会议阴谋的同样境地"。不过，对于华盛顿会议的最终结果，该刊给予了积极的评价：认为会议确保了各国互相尊重和尊严，在最大程度上为今后10到20年里解决了远东问题。[53] 显然这个估计是过于乐观了，还没到10年，1931年"九一八事件"便爆发了。

1922年2月17日《洛杉矶时报》发表题为《抗议活动中中国的苦涩》（China Bitter in Protests）的报道，指出在山东、上海及其他重要城市的商会和学生团体领导的"抗议华盛顿会议的决议的暴风骤雨席卷中国"。此次抗议活动的目的是反对华盛顿会议有关山东问题的协定。

抗议者称,"该协定将巩固日本在山东省的地位"。报告认为华盛顿会议"强化了中国人的排外情绪"。一些人直言不讳地表达不满,其中具有代表性的人物是王正廷。他是巴黎和会的主要代表之一,毕业于耶鲁大学,同时也是一位基督教徒,曾对美国十分友好,"这种情感上的转变在中国的精英群体中十分典型"。

尽管王正廷"试图克制自己的语言,但他仍认为美国受日本和英国的影响,再次背叛中国",美国选择与其他大国站在一起,在最后关头牺牲了中国。

虽然日本在华盛顿会议上做了美好的承诺,但中国人没有看到日本的任何悔意。中国必须"在列强环伺之下,实现自我拯救,以保持独立自主。"他表示:"我将不遗余力地促成中国统一。中国怎么能允许日本势力深入山东及满洲?"他还指出,除日本外,"还有一些国家在私下积极分裂中国"。

在谈话中,王正廷也指出了中国之所以处于这样的地位,是由于中国自己的内部混乱。为了避免"未来出现的挫折,中国必须自己解决自己的问题"。中国应首先"统一立法权而非集中行政权"。中央政府要明确外事、国防、立法、税收和交通诸事上的方向。这一切须由国家掌控,其他事务则要分权于地方。在这样的基础上中国才能自救。[54]

王正廷对华盛顿会议的批评,也反映了当时中国人对其结局的普遍不满意,虽然有一定的成果,但是和人们所期望的还相去甚远。王正廷对国内政治的见解,与前面所讨论的像《纽约时报》这样的主流媒体观点基本一致。也就是说,要保证中国在国际上的公正待遇,首先必须解决好中国自己的内部问题。

其实，关于巴黎和会和华盛顿会议，当时中国社会有着极大的误解，现在历史事实已经很清楚了，参加这两次会议的中国代表，已经竭尽全力为中国争取权利，但没有得到预想的结果。这是中国在当时国际社会中的地位使然，也是参加会议的中国代表所无能为力的。

我们还应该注意到，北方政府和南方政府对华盛顿会议的成果的评价相差是比较大的。南北方有着不同的政治诉求，南方有意地忽视中国在华盛顿会议上所取得的成功，主要强调没有达到目的的方面。支持南方政府的革命党人并不想让北方政府从华盛顿会议中得到好处。因此，由于中国国内政治的分裂，造成了中国在国际舞台上争取自己的权利的许许多多的困难。

注 释

[1] 侯中军:《中国外交与第一次世界大战》，第 310 页。

[2] "Boycott of Japanese Goods Is Growing Daily in China." *Chicago Daily Tribune*，July 13, 1919.

[3] "Rev. W. Reginald Wheeler Dies; Presbyterian Missionary in Asia; Former Secretary of Board of Foreign Missions, 74—Educator in China." *New York Times*，August 21, 1963.

[4] W. Reginald Wheeler, "China's Attitude on the Peace Treaty." *Current History* vol. 10, no. 2（1919），pp. 534-538.

[5] "Urge Shantung Going to China." *Los Angeles Times*，July 24, 1919.

[6] "Students from China Cheer Shantung Plea." *Chicago Daily Tribune*，September 18, 1919. 报道没有介绍 L. K. 朱的情况，朱应该是被招待的 140 位学生之一。据《中国学生月刊》(*The Chinese Students' Monthly*)，朱是芝加哥基督教青年会学院（Chicago Y. M. C. A. College）的学生，说该校刚成立了一个俱乐部，只有 6 个成员，说是成立的目的

是相互帮助。主席是 T. B. 张 (T. B. Chang),秘书兼财务是朱。见 *The Chinese Students' Monthly* vol. 15, no. 1, p. 51。

[7] "Anglo-Americans in China Protest." *Christian Science Monitor*, July 9, 1919.

[8] "Anglo-Americans in China Protest." *Christian Science Monitor*, July 9, 1919.

[9] "To Gives up Shantung." *Los Angeles Times*, January 27, 1920.

[10] Payson J. Treat, "How We Can Help China." *Overland Monthly and Out West Magazine* vol. 74, no. 6 (December 1919), pp. 412-415.

[11] "Friends of China Distrust Japan." *Christian Science Monitor*, March 3, 1920, p. 4.

[12] "Friends of China Distrust Japan." *Christian Science Monitor*, March 3, 1920, p. 4.

[13] "Friends of China Distrust Japan." *Christian Science Monitor*, March 3, 1920, p. 4.

[14] 唐启华:《巴黎和会与中国外交》,第 354—356 页;马建标:《谣言与外交——华盛顿会议前"鲁案直接交涉"初探》,《历史研究》2008 年第 4 期,第 55—70 页。

[15] "Friends of China Distrust Japan." *Christian Science Monitor*, March 3, 1920.

[16] "Japan as Strong Force in Far East." *Christian Science Monitor*, June 15, 1920.

[17] "Japan as Strong Force in Far East." *Christian Science Monitor*, June 15, 1920.

[18] John Dewey, "Sequel of the Student Revolt." *New Public* vol. 21 (1920), pp. 380-382.

[19] Frazier Hunt, "Students Plan to Tie Up China to Balk Japan." *Chicago Daily Tribune*, April 18, 1920.

[20] Associated Press, "Students Strike in China." *New York Times*, April 20, 1920.

[21] 关于这个问题，可参考 John W. Dower, *War without Mercy: Race and Power in the Pacific War*.

[22] Frazier Hunt, "Jap Grip is on China." *Los Angeles Times*, April 25, 1920.

[23] Frazier Hunt, "Jap Grip is on China." *Los Angeles Times*, April 25, 1920.

[24] 侯中军：《中国外交与第一次世界大战》，第20页。

[25] "The ABC's Disarmament and the Problems of the Pacific." *New York Times*, October 21, 1921.

[26] John Otway Percy Bland, *China, Japan and Korea;* "The ABC's Disarmament and the Problems of the Pacific." *New York Times*, October 21, 1921.

[27] "The ABC's Disarmament and the Problems of the Pacific." *New York Times*, October 21, 1921.

[28] "The ABC's Disarmament and the Problems of the Pacific." *New York Times*, October 21, 1921.

[29] "The ABC's Disarmament and the Problems of the Pacific." *New York Times*, October 21, 1921.

[30] "The ABC's Disarmament and the Problems of the Pacific." *New York Times*, October 21, 1921.

[31] "The ABC's Disarmament and the Problems of the Pacific." *New York Times*, October 21, 1921.

[32] "The ABC's Disarmament and the Problems of the Pacific." *New York Times*, October 21, 1921.

[33] "Chinese Parade in Protest." *Washington Post*, December 9, 1921.

[34] "China Is Key to Peace, Says Reinsch." *New York Times*, October 2, 1921.

[35] 顾维钧:《顾维钧回忆录》第1分册,第217—226页。

[36] "Chinese Welcomed for Arms Meeting." *New York Times*, October 31, 1921.

[37] 叶维丽:《为中国寻找现代之路:中国留学生在美国(1900—1927)》,第47页。

[38] "Protest China Is Being 'Flimflammed' by Parley." *Washington Post*, January 15, 1922.

[39] 约翰·本杰明·鲍威尔:《我在中国的二十五年》,第9章。

[40] 王芸生编著:《六十年来中国与日本》第8卷,第305—306页。

[41] 王芸生编著:《六十年来中国与日本》第8卷,第306页。

[42] 王芸生编著:《六十年来中国与日本》第8卷,第336—338页。

[43] 王芸生编著:《六十年来中国与日本》第8卷,第311—312页。

[44] 侯中军:《中国外交与第一次世界大战》,第369、372页。

[45] 顾维钧:《顾维钧回忆录》第1分册,第223—224页。

[46] 顾维钧:《顾维钧回忆录》第1分册,第227页。

[47] 王芸生编著:《六十年来中国与日本》第8卷,第318—320页。

[48] 有关研究可参见郑则民:《1920—1926年的中日关系》,《民国档案》1994年第4期,第79页;姚波:《从第一次世界大战后的山东问题看美日矛盾》,《四川大学学报》1995年第1期,第89页。

[49] Albert W. Fox, "21 Demands Issue Remains as Parley Progresses." *Washington Post*, February 26, 1922.

[50] 王芸生编著:《六十年来中国与日本》第8卷,第317—318页。

[51] 侯中军:《中国外交与第一次世界大战》,第23页;罗志田:《帝国主义在中国:文化视野下条约体系的演进》,《中国社会科学》2004年第5期,第199页。

[52] 史黛西·比勒:《中国留美学生史》,第191—192页。

[53] 郑保国:《密勒氏评论报:美国在华专业报人与报格(1917—1953)》,第123—125页。

[54] "China Bitter in Protests." *Los Angeles Times*, February 17, 1922.

第 18 章　寻求中国的未来

> 强烈的民族意识使他们所有人变得生气勃勃，参与到中国现在正面临的政治问题的讨论中。
>
> ——《基督教科学箴言报》

留学生在新文化运动中和五四运动前后都扮演了重要的角色，他们都在不同的程度上加强了中西交流，特别是加强了中国人对西方世界的了解。他们回国以后，在中国教育、文化和政治等领域，都扮演了重要的角色。西方媒体对他们的作用十分重视，有许多报道他们的活动和分析他们思想的文章。中国人留学美国，经历了从 19 世纪到 20 世纪初不同的历史阶段，反映了美国试图通过教育来改变中国的意图，更多的是通过开办教会学校的活动。

西方思想对中国传统文化形成了挑战，引发知识分子的讨论以及选择。在 1920 年代，各种思想仍然处于碰撞之中，西方话语下的民主与科学、欧美的自由主义的思想，对中国年轻学生发挥着重大的影响。美国媒体同时也认为，中美需要相互了解，不仅仅是中国需要了解美国，美国也需要了解中国。美国要研究中国，这样才能更好地帮助中国。

"应该召回在日本的中国学生"

美国媒体注意到，吸引中国留学生最多的国家是日本。中国留学生开始赴日求学是在甲午战后，最初人数不多，六年间也只有591名。日俄战争的影响促使了更多的青年赴日本，1905年，该数字已攀升至8620人。此后数字持续增长，直至在日学生维持在1.5万至2.5万。这个数字由于各种原因逐渐下降。

大量外国留学生的到来，也给日本带来了许多难以解决的问题。大多数中国学生不熟悉日语，尽管在三个月的密集学习后，可以阅读书面日语，但是对他们来说，学习日语跟西方人是同样困难的。另一个问题是学校为大量的学生提供住宿也并非易事，过去大约98%的学生在东京学习，他们中有的在专门为中国人开设的学校里。中国政府还与日本签订协议，每年派遣50—60名学生进入在东京的日本公立学校，这项协议直至1923年有效。

通过入学考试进入这些学校的中国学生每月可以从中国政府获得18—22美元的津贴，以应付大部分必要的开销。1923年，中国留日学生大约有90%在东京，其余分布在京都、仙台、名古屋、大阪、冈山和长崎。基本上中国各省都有留日学生，其中以广东为最多。[1]

中国留学生到日本学习一些什么科目呢？进入师范及其他高等院校的学生学习一般课程，而进入商科的则学习商业。到1916年底，约有121名中国学生就读于帝国大学；1918年，据报道约有300名中国学生学习工业，他们大都只是学习书本知识，中国留学生抱怨说他们并不被允许参观或到日本工厂实习。同一年大概有800名学生就读于早稻田大学、明治大学、日本大学、法政大学等学校。其中,最受欢迎的科目是法律、政治、经济等,也有不少的人学习医药、农业以及蚕桑。[2]

1919年8月9日《密勒氏评论报》发表社评《应该召回在日本的中国学生》(Chinese Students in Japan Should be Recalled),评论对留日学生持十分保留的态度。作者称在过去几周,一直在日本,有大量时间与在东京的中国学生相处。在日留学生大约有5000人,其中超过4000人在东京。他发现"有越来越多的人相信,不应该继续留在日本学习",许多学生在今年夏天离校回国,其中还有一些人试图"阻止其他有意愿来日本求学的学生"。

这篇评论说,"个人而言,我对于想要去日本求学的学生没有意见,如果他们认为能得到想要的东西,那就让他们去"。但是作者担心他们虽然得到了理论,"但绝不会超过他们进入工厂时的匆匆一瞥,他们得到的文凭是用银子换来的,而不是因为他们的学业而应得的"。他们想去上课就去,不想去就不去,尽管他们仍会被授予文凭。[3]

《密勒氏评论报》的评论认为,"文凭是他们在中国生存的法宝"。而只有医学院学生是真正为了优异的学业和为了获得更好的收入,而真正在努力学习。这个评论指出:

> 中国每年又把成千上万的可能未来优秀的人才送到日本,并不是为了提升领导技能,却是慢慢地消磨他们的意志,被不道德的国家思想和行为所浸淫,许多人成为行尸走肉,成为日本娼妓制度的鼓吹者,做出对祖国不义的事。
>
> 在东京的4000多名学生中,现在一半的人不在大学里,而是

在私人开办的预备课程学习。"他们是不受任何控制的,没有道德或身体的约束,凭意愿自由地选择生活的地点和方式。"

这些私人课程吸引了很多年轻留学生来到这里,所留宿的地方"往往就是声色场所"。东京以及其他城市的红灯区,是最吸引人的区域。"先不论是非、道德与否,我想这种情况所造成的重大影响不只涉及个人,还有整个中国"。但从政治上讲,这种情况所带来的一件好处是,有些人在日本生活困苦,受到歧视,于是对日本产生了愤懑的情绪。[4]

看来,《密勒氏评论报》对于中国送学生到日本学习是很不以为然的,当然,这和该报所秉持的一贯对日的批评态度有关。在美国人看来,中日间一衣带水,以及日本吸收了西方文明的特点及力量,这都是中国选择赴日留学的原因。然而,由于两国间在过去的紧张关系,导致了留学生与日本人之间的摩擦。那些跟在日本的中国留学生有接触的人指出,"在日时间越长,中国学生对日本的批评就更尖锐"。

中国学生抱怨说,他们没有被以礼相待,但是日本也在改善条件,试图营造一个更为吸引中国人留学的环境。各省同乡会对中国留学生有很大影响,那些来自同一省的留学生团结在一起。同乡会对新来的学生提供帮助,保护他们的利益。更重要的组织是中国留学生联合会,该会由于其规模已然成为留学生的主要代表,设立有中心办公室,组织有序的政治活动,成为学生运动的领导者。[5]

"现代中国文明的一个要素"

正如前面蔡元培指出的,中国留学生是"现代中国文明的一个要素"。欧洲也是中国学生的一个重要留学地，特别是英、德、法三国。可能第一个留英的中国学生是黄宽，他1850年进入爱丁堡大学。后来国人也追随他的脚步，第一批被送往英格兰的中国留学生，应该是由福州船政局派去学习航海和造船技术的48名学生，其中包括以后的中国驻英公使罗丰禄以及海军上将萨镇冰。1881年，越来越多的中国人到达英格兰学习航海以及军事科学。

大约在同时，包括伍廷芳在内的四名自费生也到英国学习。1886年，福州船政学堂和天津船政学堂又派出18名海军学生赴英，各地方政府、学校等也不时派遣留学生到英国。除中国本土外，许多在东南亚英属殖民地的华人也到英国学习，包括到剑桥、爱丁堡以及伦敦大学。[6]

1916年，英国差不多有300名中国学生，其中大概四分之一由政府公费派遣。他们来自中国13个省份：广东所占人数将近一半，有142名；其次是江苏和安徽，各有24名和22名；福建和浙江排在第四和第五，各有20名和19名。在留英学生中，有50名学医，47名学经济和法政，42名学工程，22名学矿业，10名学化工，共计171人。还有67人在上预备课程。

在伦敦的留学生最多，有116人；其次是爱丁堡，有37人；然后是格拉斯哥（Glasgow），以25人排在第三，剑桥和伯明翰各有18人，纽卡斯尔（Newcastle）有15人，另外在阿伯丁（Aberdeen）、牛津、雪菲尔（Sheffield）、曼彻斯特（Manchester）、利兹（Leeds）及其他城市也零星分布着中国留学生。

在英国的中国留学生组织主要是"大英及爱尔兰中国留学生基督徒协会"（Chinese Students' Christian Union in Great Britain and Ireland），该会是由中国留学生中的基督教教徒建立的，其目的是传播基督教。同年，英国学生基督教徒运动的外国学生部（Foreign Student Department of British Student Christian Movement）在伦敦开了一家旅馆，为中国人提供住宿，保护中国学生的安全，使他们在国外生活时，有宾至如归的感觉。[7]

在法、德、比利时等国，也零星散布着一些中国留学生。1876年，福州船政局派员到法国和德国学习，1881年派出两人到德国留学，在1893到1896年间，京师大学堂译学馆派遣五人到德国学习法律和哲学。在1903年，两江总督派遣8人去德国学习军事课程；同年，张之洞派遣了28人去德国，一半学医药、语言和法律，另一半学军事。同时，张之洞还派遣25人去比利时学习自然科学、经济及铁路工程；派10人到法国学海军及军事，20人学习其他科目。在接下来的几年里，陆续有学生被派往法、比、德、奥、俄等国学习军事或科学。到辛亥革命爆发之时，在上述诸国的留学生约有250名，大部分由清廷或者各省督抚派遣。[8]

这样，在19世纪和20世纪前20年，不断有中国青年到欧美和日本留学，虽然他们的绝对数量还不算太多，但是已经显示出他们的影响力，成为五四新文化时代最活跃的政治、教育和文化的领导者。

那么，留学生是怎样发生政治转变的呢？辛亥革命之前，日本是中国最主要的留学地，造就了推翻帝制的一代革命者和知识分子；但是在革命之后，这个地位被美国所取代。而除美国以外的欧洲国家，特别是英、法、德等国，也成为中国青年的留学之地，也为中国的政治和文化转型提供了新的人才。

19 世纪的中美关系

1917年4月号的《大陆月刊和西部杂志》发表弗兰克·伦兹（Frank B. Lenz）的文章《美国化的中国学生：在未来中国的发展中他们将扮演的角色》（The Americanized Chinese Student: What Will He Play in the Future Development of China），对美国与中国的"传统友谊"进行了回顾，特别是对中国留美学生的发展的前因后果进行了一些交代。文章称，根据统计，1917年有1200多名中国学生正在美国的高校学习。为什么他们选择美国呢？文章说："美国人民最先用他们的公平正义的对待方式赢得了中国人的心"。作为长期一贯的对外政策，美国在半个世纪以来在太平洋地区执行"门罗主义"。

"门罗主义"是1823年12月2日美国总统詹姆斯·门罗（James Monroe）在致国会的咨文中向全世界宣称的三条重要原则，第一，不准殖民；第二，美洲体系；第三，互不干涉。这些原则对于近代中国摆脱殖民主义也是一个重要的依据，"中国者，中国人之中国"这个口号，就是从门罗主义引申出来的。[9]

1868年，蒲安臣和中国签订了一个"在国际间普遍尊重中国的中美条约，该条约开始承认中国作为世界各国中的平等一员的政策"。关于蒲安臣，我在第3章大段引用过他在美国关于对华关系的一个长篇演讲。这里所提到的条约，即《中美续增条约》，又称《蒲安臣条约》。《蒲安臣条约》主要内容有8款：

1. 尊重中国在通商口岸的主权，美国保证不在中国与别国争战，但保留美国的自卫权；

2. 中国于原定贸易章程外，与美国商民另开商路，由中国自定章程；

3. 清政府在美国各埠设立领事，美国当照各国例予以优待；

4. 两国侨民在对方国度均不得因宗教信仰不同而受到欺辱；

5. 两国均不得禁阻人民互相往来、贸易游历、久居入籍；

6. 中美相互给予在对方国度的人民以最优的待遇；

7. 两国人民均可在对方国度进入大小官学，并设立学堂；

8. 美国不赞成无故干涉别国内政，中国需外国帮助时，美国自愿帮助。[10]

《蒲安臣条约》被认为是中国近代史上与西方签订的第一个平等条约，对以后的中美关系都有深远的影响。"受此条约影响"，美国国务卿海约翰（John Hay）在1900年提出门户开放政策，以确保日本、美国及其他西方列强"尊重中华帝国的完整和独立"。文章在这里说得不准确，实际上1899年海约翰就第一次提出了门户开放政策。

美国人通过一个世纪以来的积极传教努力，"打破了种族偏见，并建立了他们与中国人之间的伟大互信"。美国所选择的驻华公使对中美关系都有积极的促进，包括蒲安臣、伯驾（Peter Parker）、安吉立（J. B. Angell）、邓比（Charles H. Denby）、康格（Edwin H. Conger）和芮恩施（Paul S. Reinsch），"都在中美友好关系中有巨大影响"。格兰特总统、罗斯福总统和威尔逊总统"都是中国的真心朋友"。[11]

不过，文章也指出，目前在两国的友好关系间的"唯一障碍"是《排华法案》，这一法案不仅排斥所有的中国劳工或苦力，而且造成其他阶层，包括商人、旅行者、学生、教师以及官员等造访美国的极大困难。犹如一位中国官员在洛杉矶所说的："进天堂都要比双脚踏上美国土地容易得多。"文章指出这项歧视性法案必须被修正，对每一个国家都公平实行，同时将确保所有来美的移民融入这个社会。天使岛位于旧金山湾，曾被用作移民等待遣返站。美国国会在1882年通过了《排华法案》，从此开始限制华人入境。1910年此地开始用来囚禁华人，先后有17万多中国人被关押在这里。现在已经开辟为一个历史纪念地。[12]

早期中国留美学生

19世纪以来，西方对中国产生重大影响，为了学习其他国家的成功之道，人们开始离乡背井到异国他乡。另外，西方基督教传教士对中国的教育产生了深远影响，其对中国新式教育以及中国学生到欧美留学起了巨大作用。《南京条约》签订五年之后，香港马礼逊学校（Morrison School in Hong Kong）的鲍留云牧师（Rev. Samuel M. Brown）带了容闳、黄胜和黄宽三人到美国，他们经过好望角，经历了98天的航行，于1847年4月12日到达纽约。这三名男孩进入马萨诸塞的孟松学院（Academy at Monson, Massachusetts）学习。来年秋天，黄胜因健康问题返回中国。1850年，其余两人从孟松学院毕业，黄宽接着去了苏格兰，进入爱丁堡大学学习，以排名第三的成绩毕业。他在1857年返回中国，直到1879年去世之前，一直享有"很好的职业声誉"。[13]

容闳则进入了耶鲁大学，成为第一个从美国大学毕业的中国人。

回国数年后，容闳成功说服两江总督曾国藩派小留学生赴美国留学。1871年，曾国藩去世后，其继承者及门生李鸿章继续推进这个计划。学生人数暂定为120人，分四批，每批30人，按年分送出洋。学生年龄定为12岁以上，15岁以下，须身家清白殷实，身体健康，并通过中英文考试，在离开前一年要参加一个特殊预备学校。学生出洋留学15年，自抵美入学之日起至学成止，皆由政府出资供给。但是15年中，如有疾病死亡及意外灾害，政府皆不负责。

1872年，第一批30名幼童留学生到达美国，其后三年，另外90名学生赴美，使得总数到了既定计划。这些幼童按两人或四人一组，被安排住在新英格兰地区的家庭，以便他们最大限度地接触美国社会。[14]然而，由于当时朝廷内外的反对声，出洋留学运动于1881年终止，大概一百名学生被下令返回中国，回国后也得不到重用。但是甲午战败后，这些学生开始崭露头角并逐渐身居要职。他们是改良和革命的参与者，这些年轻的学生，"是一股不可忽视的力量"。

在立宪运动中，他们"在起草新宪法时起着领导的作用"，其中最为突出的是唐绍仪、梁敦彦、梁诚以及伍廷芳，"得到袁世凯强有力的支持"。对于清醒的中国人来说，这是一份礼物，"这说明制宪运动的思想并非主要来自在日本接受教育的激进学生"，而是少数"在民主美国及英国接受教育的清醒的保守学生"。[15]

这句话的意思是，参加辛亥革命的革命党人大多是从日本留学归国的，而参与制宪的改良者则多是从欧美留学归国的。这句话的言下之意，大概是想说，要论对中国的长远影响，改良者的作用并不亚于革命者。

庚款、清华与留学美国

众多中国学生在美国完成学业最直接的原因,就是1908年美国将部分庚子赔款的1000万多美元归还给了中国。当美国驻华公使柔克义(W. W. Rockhill)宣布归还赔款的这一决定后,庆亲王回应道,这将促进中国学生到美国学习的渴望,并深信美国学校教育对中国的重要价值,清政府将在今后每年向美国输送更多的学生,让他们在那里接受教育。

中国政府决定在今后四年每年向美国输送100名学生,并从第五年开始每年输送不少于50名学生。派出学生的80%攻读工艺、农业、机械、采矿、物理、化学、铁路、建筑以及银行等行业,其余将攻读法律及政治学。在两国协议中,第一批留学生赴美时间是1909年,是由游美学务处(即清华大学的前身)以严格考试选拔的。1909年8月,630人在北京参加了考试,48人被录取,他们于10月被派遣至美国。[16]

由于庚子赔款的资助,到美国的中国留学生逐年增多。1914年5月10日《华盛顿邮报》(*Washington Post*)提供了具体的数字:1913年共有4222名外国学生在美国的大学留学,两年内增加了577人。这些学生不仅集中于知名的研究型大学,还分散在275个其他大学中,若加上预科、短期课程、暑期学校和职业教育中的注册学生,总数将会更大。其他东方及亚洲国家留美人数如下:印度162人,土耳其143人,朝鲜13人,波斯21人,以及暹罗13人。[17]

美国人发现这些中国学生留美之前,需要进行培训,因此有了

中国棒球俱乐部（Chinese Baseball Club），摄于夏威夷，1910 年。

资料来源：George Grantham Bain Collection, Library of Congress。

建立留美预备学校的打算，选址在清华园，于 1911 年完工开学，有些老师是从美国招聘的，以补师资的不足。开学不到两个月，武昌起义爆发。清华关闭，师生离校，直到 1912 年 5 月学校重新开学。随后学校取得了全面的发展，到 1917 年，学生数量已增长至近 500 人。1914 年，美国政府决定归还中国更多的庚子赔款。清华学校校长周诒春（Ye-Tsung Tsur）自己就是一个受过美国教育的学者，在威斯康星大学和耶鲁大学取得学位，能力出色。

刚到美国，中国学生会遇到许多困难。他们最基本的需要是日常生活的指导，许多事情如在酒店住宿、托运行李、买火车票、送站、买东西、换钱或寄信，都需要帮助，基督教青年会（YMCA）为他们提供了支持。旧金山的青基会帮助每一拨到美的庚款留学生，也帮助自费生。到达的学生经常担忧会在天使岛（Angel Island）的移民局遇到麻烦，每次青基会都会提供必要的帮助。

到达大学所在城市后，学校的青基会帮助学生找食堂和宿舍、选课、注册、熟悉校园习俗和传统等。学生会获得关于社会、道德、体育以及宗教等各方面的建议。青基会使学生认识并熟悉新环境，结交一些理解他们、能真诚相谈的朋友。

青基会还组织了一个"留学生友好关系委员会"（Committee on Friendly Relations Among Foreign Students），提供北美大学生活的信息给准备留学的青年。委员会经常举办招待会、联谊会以及宴会，以增进留学生的社交。在假期及其他课余时间，委员会带领留学生参观社区、医院、运动场以及青基会的办公楼。[18]

为了帮助留美中国学生，还出版了有关指南。1921年8月13日《星期评论》（Weekly Review）便介绍了由清华学校教务长王文显博士所编译的《留美指南》（Educational Guide to the United States）。[19] 王文显（英文名John Wong-Quincey），清华大学、圣约翰大学教授，曾任清华大学副校长、代校长等职。

人们常常批评送中国学生到美国学习，学生的目的并不清楚，他们关于美国的知识，上什么课程，要达到什么结果，应该做什么，都非常模糊。这个指南便是为了解决上述问题所编写。书评称"没有谁能比王文显更适合编这样一本手册了",因为清华是用美国退回的庚子赔款建立的,这些年来对留美预备教育"已经有了相当的经验"。

为编辑这本书,王文显 1920 年还在美国待了八个月的时间。该指南介绍了为什么中国学生要选择去美国留学,这是因为美国的发展对留学海外的中国学生来说"极具参考和实用价值"。美国巨大且快速的发展被称赞为"美国是年轻的、精力充沛的、敏锐活泼的、渐进和乐观的,年轻人有极大的用武之地。"[20]

王文显建议,在留学生的专业选择方面,要进入美国顶尖的学院或大学,经过一段时间的训练,逐渐专业化。然而他没有抛弃中国悠久的传统,而建议在选专业前先获得一个文科学位,相信通识教育,认为不应直接进入技术类的学习。

王文显将各专业分门别类,指出它们的优点和缺点,然后留给学生自己做选择。该指南最有趣的部分是向不同美国院校的学生发出的一份问卷调查,问题包括:

在选择专业和学校时,什么帮助你决定要选这个专业,又是什么改变了你的选择;

你属于哪一党派,是否对中国学生有包容态度;

在你看来,最便宜的学院的最低生活花费要多少;

你住在哪个区,你平时如何交际;

中国学生是否很排外;

是否认为学习是为了工作;

东部学校的优点,中西部、西部学校的优点;

你认为哪所学校的哪个专业最好;

中国学生去美国留学的最好年纪；

专业实践有什么样的机会，等等。

这些美国学院或大学的毕业生对这些问题的回答非常有趣，对留学生选择学校，是非常有用的信息。在确定专业、选择学校、选课方面，清华学校似乎做了大量的准备，希望这些优势条件可以被广泛地运用。该指南最后还包括有关旅行、护照和其他有关事项，以及一份美国学校和学院的名单。指南对于开始在美求学的中国学生提供了极有价值的帮助。[21]

《密勒氏评论报》还积极促进中国教育理念的现代化，倡导中西教育交流，发表评论说，虽然中国不可能在一夜之间变成西方人眼中那样的有秩序的国家，但在中国那些最困难的阶段，美国是给予帮助最多的国家，将来会是从中国新发展中获益最多的国家。这里言下之意，就是如果美国能够善待中国，一定能得到更多回报的。该报提出应该改革留学生的选拔制度，抨击越来越多显贵家庭子女进入清华，呼吁将庚子赔款用于资助中国教育之时，要关注选拔留学生的公平与公正。[22]

不过，也有研究认为，虽然中国留学生在美国受到了精英的教育，但是作为中国人，他们在美国也是受到歧视的种族，这有可能影响到他们对美国的观感。在20世纪头几十年，中国留美学生发现他们身处微妙和矛盾的种族环境中：作为中国人，他们生活在美国种族歧视的阴影之下；作为留学生，他们受到美国法律的保护，得到了美国教育精英的善待。[23]

1924年4月，美国国会举行的听证会，对归还赔款的效果进行评估。教育、传教以及国务院的代表讲述了种种好处，包括与中国加强联系，培养未来的领导人，提高美国声望，在国际舞台上扮演道德领袖等，以及从 1922 年，中国教育部采用了美国教育体系，也是成功之一。也有人提出了其中存在的问题，如美国国务院主管远东事务的约翰·麦克莫里（John MacMurray）认为，这些学生在美国生活和学习之后，使得他们与其他同胞格格不入。他们既没有中华传统的根基，又没有对美国的深刻了解，变成了"不中不洋"。

一位普林斯顿大学的美国历史教授，曾于 1916 年和 1917 年到中国（包括到清华学校）讲演，建议美国教育家教给学生有关中国的知识，而不是有关美国的知识，这样他们的所学才能帮助中国人。他的意思是中国人多了解自己的国家才能为中国服务，但是对于美国教育者教中国人关于中国的知识，倒不一定是一个好的选择。一位来自密苏里的国会议员，曾于一年前到中国旅行，他说有太多学生学习法律，目的就是为了进入政府，而学习工程帮助中国发展工业的人却不多。

虽然有各种疑虑，但所有的人都支持将赔款中的剩余部分继续用于支持教育，这样可以加强两国之间的友谊纽带。国会投票赞成建立中华教育文化基金会（China Foundation for the Promotion of Education and Culture），由十名中国人和五名美国人组成，负责管理这笔归还庚款。大多数中国成员都是受过美国教育的外交家和教育家，包括总理颜惠庆、外交总长顾维钧、北京大学校长蒋梦麟、南开大学校长张伯苓、学者胡适；美国方面有哥伦比亚大学教授杜威、孟禄（Paul Monroe）、北京协和医科大学的罗杰尔·格林（Roger Greene）、交通部驻北京代表 J. E. 贝克尔（J. E. Baker）、国际银行驻北京代表查尔斯·R. 贝内特（Charles R. Bennet）。由清华前校长周诒春任基金会首任执行主席。

一名在美国的中国学生说:"一边是颐和园,那里的断壁残垣依然记录着八国联军在1900年义和团动乱时所造成的无情破坏;另一边是用多余的庚子赔款建立起来的大学。"但是南方政府领导人孙中山似乎更能看到问题的实质,指出真实的动机不是美国的慷慨,而是担心苏俄的影响。[24]

留美学生对美国的批评

一些在美国学习的中国学生,开始发现美国存在的问题,而对美国持严厉批判的态度。这些态度也在《中国留美学生月报》上表现出来。《月报》有着广泛的读者群,包括在美国、欧洲、亚洲的中国留学生,美国教授、学生、商人和传教士。随着留美中国学生和美国读者的数量迅速增加,《月报》发行量几乎增长了十倍。为了与归国学生保持联系,《月报》还在国内设立了15个发行点,上海有5个、北京有3个,天津有两个。1923年至1924年间,中国国内的发行量显著上升,因为越来越多的人想了解留美学生的活动。

从《月报》上反映了"政治倾向"的两极分化。1919年,一名学生承认中国的内部纷争是"如此可怕,以致最坚强的心也会在它面前感到恐惧"。但他对未来仍然很乐观:"这一天终将降临,到时一些爱国领袖就能在愚昧、腐败和无能的土壤上生长出来的多年荆棘中砍出一片开阔地;同样的这一天,我们将看到有着民主传统和民主性格的中国人民完全意识到自己的责任,充分利用自己的丰富资源,谋取进步。"[25]

历史学家洪业写的小册子《熟悉》(*Get Acquainted*)于1923年春被《月报》转载。他描写了一位中国留学生，见到一个美国大学生，以为他是日本人，在校园里向他打招呼，他的笑容从脸上散去，"带着一种与儒家的以和为贵、道家的无为而治思想背道而驰的精神，这位来自遥远东方的学生走到他的同学面前说：'叫我中国人，或者哪怕是中国佬，如果你不知道什么是礼貌用语的话。我是中——国——人，中国人。不要把我和小日本弄混了！'"

洪业认为，更有某些美国政治家有意造成这样的混淆，"他们想通过讨好反华组织获得劳工阵营的支持，他们的手段是在小说、电影和舞台上把中国人刻画成神秘、奸诈的形象。"他批评道，美国人和中国人的唯一接触点，就是在大城市的唐人街，这里有"取之不尽的浪漫、阴谋和冒险素材"，供小说和媒体加工。因为他们据说有不少"秘密地点、烟馆、赌馆、关押复仇者的地牢，还有从事其他令人憎恶勾当的帮会"。中国人的形象似乎只有洗衣店老板和中国餐馆老板。这些错误概念必须"彻底清除"，才能使美国人理解中国人。

洪业不赞成在美国城市中生活的中国人，通过各种社会活动，如演讲、英文课、做礼拜、基督教青年会和基督教女青年会，"被轻易地美国化"。在洪业看来，大多数美国人通过间接方式了解中国人，如从到过中国的旅行者、商人和传教士。虽然传教士由于在中国待的时间较长，人们认为他们知道得更多，但洪业指出他们基本上不与"更好、更聪明的那一阶层人"打交道，也基本上没有时间学习中文，而读写汉语能够打开"中国文明智慧、道德和美学的宝藏"。

不过，洪业也认识到，传教士还是中国能找到的向美国人解释中国的"最佳朋友"。他鼓励传教士通过讲述两国的共同点和不同点，加深了解，加强两国之间的友谊。洪业强调中国人和美国人之间其实"有相似之处"，但是他们都感觉"对方很神秘"。他们应该认识到，人性是相同的，但也有些细微差别，所有的人都面临着同样的问题。他强调两国人民的共同点是：诚实、自由、爱好和平。[26]

闻一多1912年进入清华学堂，便积极参加社会活动，1915—1916年间担任《清华周刊》的编辑，1919—1920年间担任《清华学报》的编辑，"五四"时期也积极投入运动。1922年赴美留学，去国之前，他写了题为《美国化的清华》的文章，认为美国文化完全不值得中国效法，"笼统地讲，物质主义；零碎地数，经济、实验、平庸、肤浅、虚荣、浮躁、奢华。"他呼吁"国魂"的归来。

他先在芝加哥美术学院学习西方绘画，又转到科罗拉多大学（University of Colorado），但是这时他对诗歌的兴趣已经超越了艺术，出版了第一本诗集《红烛》。没有从科罗拉多大学完成学业，他于1924年去了纽约，加入了大江社，这是一个由清华毕业生组织的社团，期望通过民族主义、民主改革和经济发展来使中国变得强大。

作为社团章程的重要起草者，闻一多写下了下面这段直接批评清华宗旨和清华学生的话："事实上，这些受过教育的学生养成了西式的演讲、作文、观点以及思维习惯。就是他们以后会危及中国的未来，因为他们忘记了自己的文化根基……进行文化侵略有多种方式。打着归还庚子赔款的借口，外国势力妄图控制中国的教育和出版事业。"[27]

"建设新中国"

美国人相信，现在清华学校和美国大学接受教育的数百学生将会成为"建设新中国强大的因素",已经有一批受助于庚子赔款的学生返回他们的祖国服务。尽管他们要不断与保守和落后做斗争,人们能够感到这些因素的无处不在,特别是"旧中国毫无进取的精神"。当他们从美国归来时,这些生活在西方世界的学生"对他们国家的落后感到震惊与失望"。他们的第一个冲动就是"立刻改变旧的体制"。他们突然认识到,改变成百年来的习俗和制度是需要时间的,他们中的很多人不愿意忍耐和牺牲,于是变得悲观。有人则"退回到原来的生活方式",仅仅为了谋生而丧失了理想。

回国学生需要那些曾在海外学习、已在他们自己的社会团体中建立了声望的人的帮助,"应用其知识和经验去解决人民最迫切的问题"。留洋的中国学生将是引领中国取得成功的人,"但是这些年轻人不了解中国和中国独特的生活方式"。只有打破锁链,未来才会有希望;"只有思维受到西方学校训练的中国人,才能领导中国走向安全与伟大"。[28]

顾维钧回忆说,辛亥革命后,归国的欧美留学生在北京非常活跃,他们都有自己的团体。留美学生团体每年聚餐三四次,请美国或中国各界著名人士讲演,或对大家关心的问题召开讨论会。顾维钧向清华学校校长周诒春建议,也成立一个英国留学生同学会,可以定期聚会。周毕业于耶鲁,"专攻教育,对公众事务极为热心"。由于周的赞助,虽然顾是美国哥伦比亚大学的毕业生,却组织了留英同学会,会员包括英国各大学毕业的中国学生。[29]

回国留学生感兴趣的第一项活动是建立图书馆。会员缴纳的会费有限,在北京也无法为此筹募资金。顾维钧求助于美国公使芮恩施,芮曾任美国威斯康星大学政治学教授,有些中国留学生是他的学生，对这个想法很支持。他认为中国这个亚洲第一个共和国，需要对治理国家和政府机构问题加以研究，提出先办一个政治学图书馆，并帮助跟美国卡内基基金会（Carnegie Endowment）联系，这个基金会有一个推进全世界图书馆的计划。

在周诒春的帮助下，在北京太庙找到一个庭院，极为优美，卡内基基金会资助了几千美元，这样图书馆得以开办，购买了英、法和中文书籍。随后，在顾维钧和周诒春等人的推动下，留美、留英和留法、比、德三个同学会决定联合起来，组织了"欧美同学会"。当时留美的八九十人，留英的五十多人，留法、比、德三个国家的一百人左右。这个组织日益引起政府和公众的注意。[30]

美国的新闻媒体和杂志不仅发表记者的报道，也发表中国留学生的文章，向西方世界介绍中国的情况。在1915年的《美国亚洲协会杂志》（Journal of the American Asiatic Association）上，发表了一位留学生的文章《一个中国学生看今天的中国》（A Chinese Student's View of Present Day China），描述了种种令人担忧的中国情况。根据文章的描述，除了自然灾害，许多百姓饥寒交迫，无家可归，加上官员腐败，国力羸弱，不足抵抗外来入侵。政治上更是混乱，尽管是一个共和国，但"没有国家议会，没有省议会，所有权利集中于一人之手"，所以西方世界对中国都抱悲观的态度。但是中国也有光明的方面，所以对中国的前途应抱乐观的态度，特别是下面四个方面值得重视。

首先，人民今天比之前任何时候都方便获取信息，对当前情况更加熟悉。他们不仅通过学校，而且通过大量的报章杂志得到知识。在现在中国不仅能找到综合性杂志，而且专业杂志也不少，包括科学、工业、商业、铁路、各行各业的改革等等。不但有供提高文学修养的杂志，也有针对商人、儿童和女性的读物，这种需求是民众渴望知识的证据。这种知识的供给，将不可避免地引领对民众的启蒙，而启蒙"毕竟是一个国家走向发展的第一步"。[31]

第二，中国的经济状况有了很大的提高。一战爆发不久，许多了解中国经济情况的外国人预测，没有外国贷款的援助，中国将会破产。但是战争爆发一年之后，中国的国民收入不但足够支付现有开销，而且也能偿还外债，财政还有所盈余。总之，中国已经证明自己可以在经济上自立。[32]他的这个观点，与本书第4章已经提到过的，《纽约时报》1915年8月22日发表的采访司瑞尼瓦斯·威格尔的说法非常相似。

不过，这位留学生的文章发表以后，中国的财政情况进一步恶化了，并没有能解决财政危机。在1915年以后，北京政府数次向日本借款，而这些借款经常是以主权作为交易的，结果造成了1919年巴黎和会上中国收回山东主权的被动局面。我在本书第10章中讨论了这个问题。[33]

第三，民众的道德标准正在上升。中国人在过去"缺乏公共精神和爱国情怀"。但幸运的是，今日中国许多受过高等教育的人给"未受教育的民众义务授课"，还有人捐资开办学校和工厂；许多经济活动不是为了赚钱，而是赈济穷人；还有许多腐败官员受到了惩罚。这些都是"民众公共精神昂扬"的证据。随着公共精神的强化，爱国主义也迅速兴起，特别是在学生和商人中间，"爱国主义兴起的证据数不胜数"。[34]

最后，民众从未像现在这样充分认识到中国"在世界中艰难的政治地位"。近来我们的民众开始"真正从他们的长梦中醒来"。他们开始行动起来自救，真正的觉醒在政府内和大众中都能体现出来。在政府方面，体现在对一些腐败官员的严厉处罚，以及许多对中国未来发展的规划。在民众中，这一觉醒的显著证据是救国基金的设立和鼓励民族工业的国货运动，再加上全国范围内的抵制日货风潮。民众在觉醒之后开始行动，展示出他们的力量，列强在与中国打交道的时候，"必须认真考虑到站在政府背后的四万万民众"。

这位中国学生还想告诉世界的是，中国鼓舞人心的进步，包括民智大幅度提升、经济状况改善、道德标准提高，以及民众的真正觉醒，这些都是对中国未来保持乐观的理由。这些鼓舞人心的变化，"成为中国伟大而荣耀未来的起点"。[35]可以看出，在那个时候，一些学生对政府还抱有相当程度的信任，甚至认为中国民众会做政府的后盾，一致对外。但是很快这种幻想便破灭了，"五四"时期学生已经成为反对北洋政府的主要力量。虽然巴黎和会是引起这次运动爆发的原因，但是运动实际上主要是对政府内政外交的一种否认和反抗。

留学生共同体

位于安娜堡（Ann Arbor）的密歇根大学，是全美中国留学生数量最多的学校之一，他们还成立了中国学生俱乐部，并于1912年、1920年和1924年举办了中西部会议。在准备1920年年会时，鉴于当时中国正南北对立，学生中间也难免有南北之争，因此会议呼吁大家为了中国，有必要统一起来："欧洲和美国人说我们中国人无法合作。日本人也鄙视我们，说我们中国人的爱国热情只能维持五分钟。

不管这些评价多么夸张，多么刺耳，我们必须痛心地、老实地承认，这些关于中国过去的话有几分道理。"

他们不希望这种偏见最后被证实，成为"对中国未来的预言，那就是我们最大的耻辱和错误"。因此，中国的国内和国际环境"不允许我们自由散漫，对彼此漠不关心"。有200多名学生参加了这次"内容丰富、宗旨民主、合作爱国"的会议。[36]

1920年9月16日《基督教科学箴言报》(*Christian Science Monitor*) 发表《在美国的青年中国》(*Young China in America*)，报道了这次会议，称"他们的表现令人欣慰"。中国留学生思考祖国的未来，"强烈的民族意识使他们所有人变得生气勃勃，参与到中国现在正面临的政治问题的讨论中。"他们拒绝与日本妥协的任何想法，"归还山东，或一切免谈"。他们研究经济学、社会学、商学等等。在所有正式辩论中，他们用的都是中文，非常犀利，显示了"铁肩担道义的严肃的年轻人形象"。

他们是有智慧的，放松的时候充满着活力。来自几个大学的年轻人在大学礼堂上演着"创意和幽默的即兴表演"，显示了"东方的狡黠和幽默"。他们的大部分表演都穿着本民族的服装，模仿着他们熟悉的中国戏剧唱腔，扮演着悲剧、喜剧、武打中的各种人物。

这次聚会共有九天，大家交谈、开会以及举行网球、游泳、篮球和足球的运动。这个报道描述了一个拿着扩音器的年轻人，他是大学里的啦啦队队长，一个与众不同的鼓动高手。当他指挥时，从头到脚都有感染力。学生们都喜欢他，仿佛他的手指轻轻一挑，就足以把他们带动起来，伴随着有节奏的欢呼。许多密歇根大学的美国学生坐在赛场上，也被这些年轻人的活力所感染。

"中华!"他喊着,双脚分开,身体的姿势表示希腊字母,随着他的节奏,200个声音跟他一起喊,"中华!""加油!"这些口号对这些远离家乡的年轻人,"特别是对于那些准备学成后报效祖国的人来说意义重大,很快他们就要回到故土,把他们所学用于改造旧中国。"

参加本次会议的200名学生中,大概四分之一是女性,她们没有缠足,笑容安详,洋溢着自由,带着东方式的自信,"与她们的中国同胞保持平等的、同志般的关系。"在美国的中国年轻人中,女生是非常有意思的一个群体,"她们比男人更欢迎西方的道德准则,更勇于接受各种形式的现代进步,但又拥有传统方面不可征服的魅力。在美求学的整个时期,继续穿着她们简朴而美丽的民族服装。"

他们"开始离开正统的第一步及最大的一步",是男女配对跳美国狐步舞。"跳舞不是中国社会能接受的消遣"。一位活泼的女青年学生说,她身着绿色丝绸外套、戴着佩玉发卡。她说"要将这第一步引进厦门",但是她认为,"在厦门引进狐步舞是一项极大的冒险",因为1920年代在中国的女性还受到各种限制。美国给了她们自由的空间,她们的思想和身体都不可避免地得到了解放。[37]

1924年再度举办了会议,这个会议得到了许多美国政要的祝福,包括美国总统卡尔文·柯立芝(Calvin Coolidge)、密歇根大学校长、密歇根州州长、安娜堡市市长,以及当地商会主席。有150名学生与会,然而J. A. L. 万德尔(J. A. L. Waddell)有关复兴中国的演讲,可能是他的观点不是很中听,只有12人去听。《月报》的编辑批评这是"无礼"的表现,这是对他们"诚实智力的背叛,不管别人的观点如何不中听",他们也应该"尊重这些诚恳的意见"。这说明他们"缺乏对爱国主义的了解,爱国主义不仅欢迎赞美,也欢迎像万德尔博士这样尖锐的批评"。

不过,为什么学生对万德尔的观点十分反感呢?也是有原因的,他提出让美国人暂时治理中国,扫除中国的派系,镇压各路军阀。中国学生猛烈抨击了万德尔的计划,指出那只不过是又一次的国际干预。《月报》编辑肯定了学生们对万德尔计划的憎恶,"中国一切罪恶的基本根源是缺乏爱国主义——特别是在受教育阶层"。这位编辑进一步指出,中国学生过于热衷跳舞和其他社交活动,顾不上关心中国面临的重大问题。"如果会议真正努力去解决其中任何一个问题,就能证明自己存在的必要。"[38]

有一些留美学生回国以后,在中国的政界、教育界、文化界、科学界扮演着重要的角色,对1920年代的中国产生了深刻的影响。如张彭春(Peng Chun Chang 或者 P. C. Chang,教育家张伯苓的胞弟),在美国哥伦比亚大学学习教育和哲学。1920年《基督教科学箴言报》采访了当时任中国教育会秘书的张彭春,张在回答记者提问时表示,中国的民意是支持四国贷款,如果此方案成功,这将非常"有助于中国的政治自由"。但是,中国人不想为政治目的而贷款,而是想把贷款用于发展中国铁路以及产业和教育,也渴望收回海关和关税的控制权,并从军阀的统治下解救出来。这里,张彭春游说西方媒体支持对中国的四国贷款。[39]张彭春后来成为中华民国驻联合国安全理事会代表,《世界人权宣言》的主要起草人之一。

斯坦福大学教授、日本问题专家帕森·崔特(Payson J. Treat)指出美国所做的回报最高的投资,就是归还庚子赔款,鼓励中国学生赴美留学。洛克菲勒基金会也正在提供的一项对中国"价值不可估量"的医疗教育的服务（这应该是指建立北京协和医学院，见本书的第 6 章）。美国的传教机构也通过所办的学校，给中国学生提供教育。一些美国人募集资金支持中国的学校，或在中国学校中提供各种服务。目前估计约有 4000 名中国年轻人在美国留学，美国的学校给他们提供各种便利条件，他们除了在课堂里学习，还有机会去了解并研究美国的政治和社会机构。[40]

根据研究，这些留学生的留美经历造就了他们的素质和能力。根据 1917 年对 340 名留美中国学生所做的调查，他们回国后主要在两个领域就业：教育占 39%，政府机构占 32%。也就是说大批的留美学生被政府部门所吸纳。1925 年在各个政府部门工作的归国留学生中有半数甚至以上，能够部分或全部应用他们在国外学到的知识。[41]

《密勒氏评论报》一直对中国归国留学生的影响给予格外地关注，例如该刊报道在 1918 年 6 月 20 日和 21 日两天举行的参议院第一阶段选举，有 3 名留美学生当选议员，另有留英 2 名、留日 2 名、留德 1 名、留法学生 1 名。该报评论称：这是在共和国的历史上，首次有如此多在海外受教育的人当选议员。[42]

归国留学生在国内政界非常活跃，在孙中山南京临时政府的 18 名内阁成员中，就有 15 名阁员有留学经历。中华民国首届内阁总理唐绍仪是第一批赴美留学幼童之一，毕业于耶鲁大学；王宠惠年仅 32 岁就成为民国政府的首任外交总长；财政总长陈锦涛也是一个归国留学生；伍廷芳在英国学习过法律，先后担任过民国首任司法总长和外交总长。[43]

1920 年《基督教科学箴言报》采访了金韵梅（Kin Yamel 或

Chin Ya-mei，又叫 Y. May King），她是医院管理、教育和营养学专家，于 1885 年获得纽约医院附属女子医学院（Women's Medical College of New York Infirmary）的医学学位，是第一位在美国高校毕业的中国女留学生，也是第一位从美国大学获得医学学位的中国女留学生。在采访中，金指出中国把丝绸和茶叶贡献给世界，但是得到的回馈却是鸦片，西方强迫中国人接受毒品。她指出，两年前 21 吨毒品通过日本进口到山东，"给中国妇女带来了深重的伤害"。她敦促美国帮助削减鸦片贸易，"制止毒品消费的唯一办法就是让毒品远离这个世界"。[44]

当时中国的精英人物，特别是那些在西方受过教育的知识分子，通过美国的主流媒体，把中国人民的呼声和诉求传达给全世界，尤其是当西方对中国政府失望和不信任的时候，这种声音的表达就显得更为重要。美国通过退还庚款，鼓励中国青年去美国留学，对中国新知识分子产生了深刻和长远的影响。当时中国外交界的重要人物如施肇基、颜惠庆、王正廷、王宠惠、顾维钧等，都是留美毕业生。经过数十年的努力，在年轻人中间培养了对美国的好感，再加上威尔逊的民族自决、保障弱国独立，以及世界和平的理想，以至于在一战以及战后的很短的一段时间里，中国的亲美情绪达到了最高峰。

的确，在 1920 年代的中国，接受了新式教育的学生，特别是留学生已经开始在中国的政坛、教育界和文化领域扮演着十分重要的角色，引领中国发展的趋势和潮流。在这个时期，留学美国、欧洲和日本是主要的群体，其中留美学生阵容最为强大。许多五四和新文化运动的领导者就曾经留学美国，把在美国所学到的知识和思想运用到他们的各种活动中，他们还成为中美之间交流的桥梁，如杜威和罗素对中国的访问，就是当时的留美学生如胡适等所促成的，在当时的中国引起强烈的反响，推进了现代教育和民主思想的传播。

"美国急迫需要研究中国"

在中国青年学生到美国学习的同时，美国人也感到需要了解中国，才能更好处理对华关系和政策。1920年2月7日，《基督教科学箴言报》发表文章，其标题便是《美国急迫需要研究中国》（American Urged to Study China）。文章指出，由于中国巨大的贸易潜力，美国应该在北京开设一所学校。计划在未来的10年中，培训500至1000名美国人，让他们了解基本的中国文化。

这个计划是由在北京的美国公使馆商务专员居林·阿诺德（Julean H. Arnold）提出来的。他认为，目前世界的目光都聚焦在中国，这是"世界上最大的潜在市场"，然而只有极少数美国人学中文。美国比世界上任何一个国家的海岸线都长，从白令海峡到亚洲不过50英里，但是美国却对亚洲缺乏应有的重视。他批评美国人对中国发展的无知，他们几乎不知道"作为人类历史上最重大事件之一"的中国辛亥革命，将近人类四分之一的人口结束了延续几千年的王权，宣告成立共和国。[45]

像《箴言报》这样的西方主流媒体已经看到，现在"新中国"（The New China）拥抱西方的现代科学和工业成就，美国在中国的贸易有着巨大的机遇，而且还担负着重要的"责任和义务"。美国的大学则应该"引领和教育美国人了解这个古老又人口众多的国家"，要有一个长远计划，要有一大批大学建立"研究中国历史、文学和制度"

的系所，积极开展活动。甚至要在中学"讲授中国地理、历史和亚洲文明的基本概况"。虽然美国传教士和许多机构把西方知识和文化介绍到中国的努力，已持续了几十年，但却忽略了把中国介绍给美国人。[46]

美国媒体也认识到交流应该是双向的，也在探讨到底中国留学生在美国能够学到些什么东西。1921年8月26日《基督教科学箴言报》发表《美国可以传授给中国什么东西》（What America Can Teach China），报道了加州大学伯克利校区举行的中国留学生会议，参加者来自西部各高校，有200多人。这次会议是用英文进行讨论的，其中一项活动是英文演讲比赛，表现出了"掌握运用语言的非凡能力"。中国学联西部负责人特尼森·谭（Tennyson Tan）是此次会议的主办人，他归纳了中国可以从美国学到的四个经验："全国无论男女都关心政治；于公于私，官员都要诚信；良好的体育道德；无论言行，为理想而执着的战斗精神。"[47]

其实，美国对中国的了解，在五四运动以后已经有明显的进步，特别是与中国教育界人士的交往增多。1921年《纽约时报》发表题为《中国与美国》（China and America）的文章，指出最近在美国出现了对中国态度明显转变的趋势。例如，过去美国人所知道的中国人就是磕头敬祖，不关心自己以外的世界，仍然是"一种自给自足的荒僻的状态"。但几个月前，一个中国教育代表团来到美国，他们的服装不是东方的风格，而是"像伍廷芳那样"，穿着黑色外套和戴着圆顶礼帽。

他们邀请了教育学的顶尖学者哥伦比亚大学教育学院的保罗·孟禄教授，帮助中国提高教育管理水平；杜威在中国待过两年时间，介绍了教学理论和实践；约翰斯·霍普金斯大学的校长古德诺被邀介绍西方共和体制。这一切都表明中国人已经准备接受世界上最先进的科学。正如芮恩施所说，"发展中的中国工商业和社会力量，正在建立一种新的生活。"[48] 当然，美国人给中国兜售的政治哲学和文化，也是千姿百态的，取决于中国人自己的评判、理解、拒绝和接受。

五四之后，中国知识分子发生了转向，不少开始转向了布尔什维克。虽然美国出现了某种担忧，不过媒体基本上还是对美国在华影响和正面形象充满了信心。《华盛顿邮报》1921年11月20日发表《中国学生被视为帮助美国》（Chinese Students Seen As Aid to U.S.）的报道称，中国驻伦敦代办出席了一场由扶轮社（Rotary Club）主办的午宴。扶轮社是一个全球性的商人和职业人员组织的慈善团体，1905年创立于芝加哥，成员定期聚会，每周轮流在各社员的工作场所举行，所以便以"轮流"（Rotary）作为社名。他谈到美国在其高校中培养中国年轻人，"言必称美国"，他们回国后必然推动他们所学方向。他问道："英国为什么不能仿效美国当下的做法，来吸引更多中国学生？"这对双方都有好处，不仅会帮助中国，为其未来的发展和企业培养年轻人，还有助于英国制造商扩展他们在中国的市场。比起超过2000人在美国高校留学，英国只有约250名中国学生。[49]

这并非因为中国学生偏爱美国的教育，而是美国为吸引他们赴美留学提供了良好的设施环境与足够的奖学金，例如美国政府用庚子退款资助中国学生。美国为中国留学生提供的其他便利条件很多，美国制造商欢迎中国学生去他们的工厂工作或实习，一批太平洋沿岸城市的美国工厂正在直接与中国进行贸易往来，邀请中国青年前去，资助他们在大学学习，让他们在美国积累实践经验，然后派遣他们回国担任代理人或在中国分公司任职。

这样，美国已经持续成为中国人心中最有好感的国家，获得了难以估量的利益，这是因为我们的年轻人回国之后，宣扬

中国教育代表团到达华盛顿。摄于1920年3月15日。代表团的目的是考察美国的教育系统。

资料来源：National Photo Company Collection, Library of Congress。

这个他们曾留学而又有所成就的国家有诸多好处的缘故。今天你可以看到数以千计熟悉美国商业运作模式的留学生从美国返回中国,其中的许多人已经在他们的工厂里采用了美式的机械。简言之,他们都亲美。[50]

  不过,这篇报道没有提到的是,从1919年巴黎和会中国收回山东主权失败开始,中国青年知识分子亲美倾向已经开始变化。这种变化从一定程度上来说,促进了中国共产主义运动的兴起,甚至可以说是走西方欧美式的政治民主道路,还是走苏俄布尔什维克的道路,他们已经逐渐做出了自己的选择。对于这个问题,我将在本书第27章详细讨论。

注 释

[1]　H. F. Macnair, "China's Students in Foreign Lands." *China Weekly Review*, July 14, 1923.

[2]　H. F. Macnair, "China's Students in Foreign Lands." *China Weekly Review*, July 14, 1923.

[3]　"Chinese Students in Japan Should be Recalled." *Millard's Review*, August 9, 1919.

[4]　"Chinese Students in Japan Should be Recalled." *Millard's Review*, August 9, 1919.

[5]　H. F. Macnair, "China's Students in Foreign Lands." *China Weekly Review*, July 14, 1923.

[6]　H. F. Macnair, "China's Students in Foreign Lands." *China Weekly Review*, July 14, 1923.

[7]　H. F. Macnair, "China's Students in Foreign Lands." *China Weekly Review*, July 14, 1923.

[8] H. F. Macnair, "China's Students in Foreign Lands." *China Weekly Review*, July 14, 1923.

[9] 郭双林:《门罗主义与清末民族主义思潮》,《史学月刊》2006年第7期,第20—22页。

[10] 关于《蒲安臣条约》,史学界有不少研究,参见吕桂霞:《蒲安臣与中美关系》,《历史教学》2013年第5期;王国强:《华侨史视野下的〈蒲安臣条约〉》,《历史教学》2003年第11期;刘华:《评1868年中美〈蒲安臣条约〉——以华工出国及华侨保护问题为视角》,《华侨华人历史研究》2003年第1期。英文著作见 Guoqi Xu, *Chinese and Americans: A Shared History*, chap. 1。

[11] Frank B. Lenz, "The Americanized Chinese Student: What Will He Play in the Future Development of China." *Overland Monthly and Out West Magazine* vol. IXIX, no. 4 (April, 1917), pp. 14-21.

[12] Frank B. Lenz, "The Americanized Chinese Student: What Will He Play in the Future Development of China." *Overland Monthly and Out West Magazine* vol. IXIX, no. 4 (April, 1917), pp. 14-21. 关于19世纪的中美关系,见王元崇:《中美相遇》。

[13] H. F. Macnair, "China's Students in Foreign Lands." *China Weekly Review*, July 14, 1923.

[14] H. F. Macnair, "China's Students in Foreign Lands." *China Weekly Review*, July 14, 1923. 关于容闳,见 Guoqi Xu, *Chinese and Americans: A Shared History*, pp. 76-77。

[15] H.F. Macnair, "China's Students in Foreign Lands." *China Weekly Review*, July 14, 1923. 关于这时期中国留美学生的研究,见 Guoqi Xu, *Chinese and Americans: A Shared History*, chap. 2。

[16] Frank B. Lenz, "The Americanized Chinese Student: What Will He Play in the Future Development of China." *Overland Monthly and Out West Magazine* vol. IXIX, no. 4 (April 1917), pp. 14-21.

[17] "Prefer U.S. Colleges." *Washington Post*, May 10, 1914.

[18] Frank B. Lenz, "The Americanized Chinese Student: What Will He Play in the Future Development of China." *Overland Monthly and Out West Magazine* vol. IXIX, no. 4 (April, 1917), pp. 14-21.

[19] "New Books and Publications." *The Weekly Review*, August 13, 1921.

[20] "New Books and Publications." *The Weekly Review*, August 13, 1921.

[21] "New Books and Publications." *The Weekly Review*, August 13, 1921.

[22] 郑保国:《密勒氏评论报:美国在华专业报人与报格(1917—1953)》,第153、155页。

[23] 叶维丽:《为中国寻找现代之路:中国留学生在美国(1900—1927)》第2版,第103页。

[24] 以上见史黛西·比勒:《中国留美学生史》,第88—89页。

[25] 史黛西·比勒:《中国留美学生史》,第219页。

[26] 史黛西·比勒:《中国留美学生史》,第126—129页。

[27] 史黛西·比勒:《中国留美学生史》,第87页。

[28] Frank B. Lenz, "The Americanized Chinese Student: What Will He Play in the Future Development of China." *Overland Monthly and Out West Magazine* vol. IXIX, no. 4 (April, 1917), pp. 14-21.

[29] 顾维钧:《顾维钧回忆录》第1分册,第135—136页。

[30] 顾维钧:《顾维钧回忆录》第1分册,第136—138页。关于欧美同学会的研究,见马建标:《"进步主义"在中国:芮恩施与欧美同学会的共享经历》,《复旦学报》2017年第2期。

[31] P. H. Hsu, "A Chinese Student's View of Present Day China." *Journal of The American Asiatic Association* vol. 15, no. 11 (1915), p. 334.

[32] P. H. Hsu, "A Chinese Student's View of Present Day China."

Journal of The American Asiatic Association vol. 15, no. 11 (1915), p. 334.

[33] 参见唐启华:《"中日密约"与巴黎和会中国外交》,《历史研究》2015年第5期,第75—95页。

[34] P. H. Hsu, "A Chinese Student's View of Present Day China." *Journal of the American Asiatic Association* vol. 15, no. 11 (1915), p. 334.

[35] P. H. Hsu, "A Chinese Student's View of Present Day China." *Journal of the American Asiatic Association* vol. 15, no. 11 (1915), p. 334.

[36] 史黛西·比勒:《中国留美学生史》,第206页。

[37] "Young China in America." *Christian Science Monitor*, September 16, 1920.

[38] 史黛西·比勒:《中国留美学生史》,第206—207页。

[39] "Awakening of the People of China." *Christian Science Monitor*, March 16, 1920.

[40] Payson J. Treat, "How We Can Help China." *Overland Monthly and Out West Magazine* vol. 74, no. 6 (December 1919), pp. 412-415.

[41] 叶维丽:《为中国寻找现代之路:中国留学生在美国(1900—1927)》,第68页。

[42] 郑保国:《密勒氏评论报:美国在华专业报人与报格(1917—1953)》,第165—166页。

[43] 徐国琦:《中国与大战:寻求新的国家认同与国际化》,第35页。

[44] "Awakening of the People of China." *Christian Science Monitor*, March 16, 1920.

[45] "American Urged to Study China." *Christian Science Monitor*, February 7, 1920.

[46] "American Urged to Study China." *Christian Science Monitor*,

February 7, 1920.

[47] "What America Can Teach China." *Christian Science Monitor*, August 26, 1921. 关于 Tennyson Tan 的情况不是很清楚，不过查到他在 1932 年出版了 *Political Status of Mongolia*。出版该书的出版社 Mercury Press，应该便是第 13 章所提到的美国在华宣传的主角克罗先生（Mr Carl Crow）所创办的出版社，和他办的英文报 *Shanghai Evening Post and Mercury*（中文名《大美晚报》）应该是同一个系列。

[48] "China and America." *New York Times*, September 13, 1921.

[49] "Chinese Students Seen As Aid to U.S." *Washington Post*, November 20, 1921.

[50] "Chinese Students Seen As Aid to U.S." *Washington Post*, November 20, 1921.

第 19 章　燕京大学的奇迹

以真理得自由而服务。

——燕京大学校训

在五四新文化运动时期，美国媒体认为，中国正面临不可避免的社会变革。在这个变革中，青年扮演着关键的角色，决定着中国未来的走向。他们希望，中国年轻一代通过现代教育，摆脱传统的约束。许多在欧美受教育的年轻一代开始展示他们的积极影响。从美国媒体所反映的舆论来看，美国所能帮助中国的地方，主要体现在促进中国的民主化，鼓励青年人追求新知，推动中国的现代教育。创办燕京大学就是一个非常成功的范例。

司徒雷登创办燕京大学

1919 年 1 月 31 日，司徒雷登抵达了北京，准备创立一所教会的联合大学。由于是四所美国及英国基督教教会联合在北京开办的大学，所以出现很多不同的意见。校务委员会包括外国人和中国人，在所有的矛盾都化解掉之后，他正式宣布就职。

四个布道会董事会各自拨款 5 万美金作为基础设施建设投资，

买地并且进行修整后，那些钱已经花光。只有不到100个学生，只有两位中国教师在合并后留了下来。这时大学可以说是一贫如洗，理事会撰写了一封急信寄往纽约，还派人去美国筹款，搭建人际网络。

司徒雷登就任后的第一件事情，就是为学校找到一个合适的校址。他通过走路、骑驴、骑自行车等各种方式，将北京周围转了个遍，但还是没有找到合适的地方。北京城外的荒野有一片私人墓地，这些墓地一部分已经破败，成为无主的坟墓。当寻找校址时，都会撞上不知道是谁家的坟墓。在中国的文化中刨坟掘墓是被认为伤天害理的，因此这类地方不能作为校址。

一天，司徒雷登应朋友邀请去清华学校做客，有个人对他说：把学堂对面的那片地买下来，问题不就解决了？听了这话，他立即跑到通往颐和园的大道上去看，此处距离北京城约8公里，一条马路直通这里。从交通来看，甚至比之前考虑的那些地方还要理想。这块地环境也很好，位于北京著名的西山脚下，那些矗立在山坡上的美轮美奂的亭台楼榭，似乎是在向后世讲述中国悠久的历史。"清朝某位王爷的花园就建立于此"，到现在这里成了一座消夏别院和宗祠，它的主人是陕西省督军陈树藩。

有一位司徒雷登认识的官员，声称有法子将这块地弄到手。在这里建校的决定得到了理事会和董事会的批准后，司徒雷登亲自到陕西拜访陈树藩，花了6万块大洋将那块地买了下来。陈还设立了奖学金，大概是这笔钱的三分之一。最初，那块地有40英亩（相当于240亩）左右，结果后来的面积居然是40英亩的4倍还要大，因为揽进了邻近的年久失修的花圃和空地。那么按照这个说法进行换算，燕京校园所得到的地差不多快近1000亩了。

为了解决资金不足的问题，司徒雷登通过各种关系，在美国筹集到了大笔的资金，并得到了哈佛大学、福特、洛克菲勒基金会的支持。[1]

实际上，燕大新址的选定和购买过程，并非如司徒雷登在回忆录中这般轻描淡写，过程非常复杂。董健吾在他的一篇遗文里，对司徒雷登这段经历，提供了更多的细节。董健吾是上海市青浦县人，毕业于上海圣约翰大学，与宋子文是同窗好友，曾任圣彼得教堂牧师，后来在冯玉祥部任秘书兼英文教师，1927年加入中国共产党，1929年在上海参加中央特科，从事秘密情报和联络工作。

1920年，董健吾到西安去接办中华圣公会所属的西安中学时，司徒雷登找到了他，托他和陕西督军陈树藩商量，是否可以将陈在北京所置的产业勺园，割爱与燕京大学作为校址。据董健吾回忆，司徒雷登那次赴陕，准备了20万美元的巨款，决心买下勺园，扩展燕大。经过董健吾与陈树藩联系，陈答复说购买勺园是为其父晚年养老之用，他难以做主。

恰巧在那一年中，董健吾常于晚间同陈树藩的父亲一起去易俗社听秦腔，并和陈父、易俗社创办人李桐轩三人结为忘年交，来往频繁。于是，司徒雷登就托董健吾找了李桐轩约陈父面谈。在痛饮三杯之后，李问陈父："柏生（陈树藩别号）为你在北京购置的花园别墅，现在谁在享用？"陈父说："我不去住，柏生不去住，只有雇几个园丁，打扫清洁，保护树木，费用倒不少。不如卖掉它，倒去掉我一桩心事。"

李说："既然如此，为什么不卖掉它呢？"接着就告诉他，燕京大学校长最近亲自到西安,想与勺园的主人见面商谈,看可否让给燕大做校址。陈父表示,可以与其子联系,但说"价格方面,对方知我们的购价是20万两银子,实际上外加中间代笔和两年的保养费等,合计起来将近30万两银子"。

董健吾带司徒雷登到督军府见陈树藩。宾主相见,即入席会谈,李桐轩和成德中学校长董雨麓也被邀出席。陈致欢迎词后,司徒雷登恭敬地站起来,用漂亮的京腔表达了来意和谢忱。此时陈父出来,大家纷纷起身打招呼。

重新落座后,陈督军说:购置这块地是为父亲晚年退休养老之用,故"绝无出让之意,也无谋利之图,有朋友劝我价让燕大,这是违反我聊尽孝意的初衷,我们坚决不肯,毫无商量的余地"。司徒雷登听到这里"呆若木鸡,不知所措"。不料督军继续讲下去的是:"我遵照家父宏愿,不是卖给燕大,而是送给燕大。"司徒雷登听到这里,真是"出乎意外,如释重负"。

但陈话锋一转,接着说:要求司徒雷登答应三个条件:(1)在燕京大学内立碑纪念捐献地的家严;(2)要承认他在西安所创办的成德中学为燕大的附属中学;(3)成德中学有权每年保送50名毕业生到燕大上学,享受免费待遇。司徒雷登向督军鞠躬,这个善举,一举四得。[2]

不过,关于上面的这段故事,也有不同的说法。其实燕大得到这块地还是花钱买来的,只不过仅象征性地花了四万银圆而已。这以后,燕大以该园为中心,又陆续购买了周围在明代勺园旧址上改建的集贤园、镜春园、鸣鹤园、朗润园、蔚秀园,后又增建了农园、燕南园、燕东园等。朗润园、镜春园与睿亲王园、鸣鹤园、蔚秀园等,号称清代的八大古园，几乎都是皇族亲王或公主的赐园。燕京大学给这些古园带来了新的生机。

镜春园当时是民国第二任大总统徐世昌的别墅，燕大从徐家买下来以后，连同朗润园一道经过修缮、疏浚河湖，被划为教职员住宅和单身教授宿舍。接着就是大批的燕京人搬了进来，他们惊喜地发现居住环境是一座有山有水的大花园，特别是外籍教师尤其喜欢住在朗润园、镜春园。[3]

燕京大学特意请来毕业于耶鲁大学的美国优秀建筑师亨利·墨菲（Henry Killam Murphy）担任新校园的总设计师。墨菲1899年毕业于耶鲁大学建筑系，他在中国的第一个作品是1914年清华学校的扩建工程，清华第一个校园的总体规划就是由他制订的。在当时的教会大学中，雅礼大学、福建协和大学、金陵女子大学的校园建筑和规划，多数出自墨菲之手。值得特别指出的是，1921年之后，墨菲还曾经接受时任广州市长孙科的邀请，完成广州市的城市规划，并于1926年得到批准予以实施。

他的燕京大学的校园设计以花园的山水为依托，融中西建筑为一体，湖光山色交相辉映。1922年春，燕大新校园开始破土动工，一座座教学楼和宿舍楼相继建成，池塘和湖泊整修一新。还修建了一座13层的宝塔，而水塔就藏在里面。恢复了破旧的老花园，又加入了新的设计，还把废墟里的玉砌雕栏搬来做装饰。在风景雅致的地方，盖了一些小亭子。还在湖中心填了一个湖心岛，洪亮的大钟将钟声传递到校园的每个角落。整个校园到处是朱栏碧瓦、雕梁画栋，显得古朴典雅、庄重宁静，前来参观的人们赞不绝口，称这是全世界最美丽的校园。[4]

办学的资金哪里来？

为了使燕京大学的建设顺利进行，司徒雷登派副校长亨利·卢斯（Henry Winters Luce，中文名路思义）到美国筹款。卢斯的儿子生于山东烟台，就是后来著名的传媒大亨亨利·鲁滨逊·卢斯（Henry Robinson Luce），《时代周刊》（1923年）、《财富》（1930年）与《生活》（1936年）三大杂志的出版者。

当时陪同卢斯一起在美国募捐、后来出任燕大教务长的史学家洪业在晚年这样回忆当年和卢斯一起募捐的情况：洪业演讲完了，他便站起来说，"我代表一个在国际人士管理下很好的大学，这所大学设在全世界最新的共和国，也是人数最多的国家的首都里。你们若捐钱给这所大学，便在这大学有股份。"听众相信他所说的，因为他是一个诚实的人。

在他们的旅途中，卢斯为了替燕大省钱，总是只在旅馆订一个房间，分睡两张床。洪业带了一大堆书，看半个小时才睡觉；卢斯则早睡，用洪业不看的书筑成个小墙挡住了灯光入睡。他一早就醒了，因为怕吵醒洪业而不起床，从床边纸盒子里拿出小卡片慢慢整理。那些卡片是捐款人的档案，他称之为"我亲爱的老太太们"，因为捐款人大多是老太太。他把卡片分成一堆一堆的，今天要见这些人，明天要见那些人。他每天早晨都费一个半小时静悄悄地整理这些卡片。洪业在回忆当年和卢斯募捐的情况时，也不无调侃地说："我是在街头演戏的猴子，卢斯是摇着风琴、等猴子演完戏向观众要钱的乞丐。"

从1922年开始，司徒雷登开始亲自回国筹款，"十五年内往返十次"。募集资金,则难免遭逢尴尬,但司徒雷登觉得,即使募捐不成,也要和对方成为朋友,以便燕大之后的道路走得更加顺畅。但其内心的感受则冷暖自知,以至于他曾经发出和洪业同样的感叹:"我每次见到乞丐就感到我属于他们一类。"[5]

美国著名的铝业大王查尔斯·霍尔(Charles M. Hall)去世前留下遗嘱,其遗产除留一部分给亲属外,剩下的部分将一分为三。其中三分之一捐赠给铝的发现者所在的奥柏林学院(Orberlin College);另外三分之一捐赠给南部各州的中学;其余三分之一捐赠给美国人在亚洲和巴尔干地区创办的高等院校。遗嘱执行人之一阿瑟·戴维斯(Arthur V. Davis)是卢斯的朋友。经过卢斯的介绍和安排,司徒雷登与这位遗嘱执行人在纽约见了面,争取到了150万美元。为此,戴维斯曾连续几年出任燕京大学校董事会主席一职。后来又从这笔遗产的剩余部分中拿出一笔钱,创办了哈佛燕京学社(Harvard-Yenching Institute)。

在燕京大学建造新校舍的几年当中,在司徒雷登的说服下向燕大捐款的政要有:段祺瑞、颜惠庆、孙传芳、张作霖、张学良、冯玉祥、陈树藩等。1926年,司徒雷登在北京以私人名义举行了一个募捐会,请来了梁启超、顾维钧等社会名流讲话,替燕大做宣传,使到会的各界人士纷纷慷慨解囊。1920年到1936年间,司徒雷登通过各种渠道,为燕京大学筹款总额达2000万元。[6]

司徒雷登后来回忆一些帮助创办燕京大学的人,其中有颜惠庆博士,他是一位美国圣公会牧师的儿子,毕业于圣约翰大学,曾担任过中国驻其他国家公使和北京政府首脑。不吝对他使用许多赞美之词:"是中国政坛上的显赫人物","有高尚人格魅力的人,并且拥有超凡的政治才能"。他供职于燕京大学理事会多年,并且还曾几次出任主席。在司徒雷登与他第一次见面时,试图说服他帮助为修建男生宿舍筹集资金。1926年,大学迁往新址,那年北伐战争爆发,又用颜惠庆筹集来的钱对学校围墙进行了修葺,"这样做是为了将校园包围住,免得受到社会动荡的牵连。"[7]

普林斯顿的一个校友会——普林斯顿—燕京基金会,为法学院提供了主要的资金。基金会不仅提供了资金,还提供了人力资源,在燕大教书的老师中,有很大一部分是来自普林斯顿的教授和应届毕业生。而燕大的学生也去普林斯顿读博士。很多人在取得博士学位之后返回母校任教。法学院包括政治学系、经济学系、社会学系等等,培养出来的毕业生,成为社会和政府机构最需要的人才。[8]

理想大学的四点原则

司徒雷登要想建立一座理想的大学,要遵守以下四点原则:一、必须遵循基督教的宗旨;二、需要确立职业课程和学术标准;三、需要确定中国社会的关系,还得在国际上得到理解和支持;四、需保证硬件的齐全和财政方面的稳定收入。[9]

其实,在司徒雷登看来,燕京大学是整个传教大目标的一部分。他说:"这是它生存在中国土地上唯一的理由。其实也正是因为这个理由,才让我们有了活的外部资金援助的希望。"燕大既要为教会成员的子女提供教育,还要培训教会的职工。

在如何看待外国传教士在中国传教的目的上,司徒雷登并不像保守的传教士那样只关注是否信奉上帝,他更看重的是中国潜在的发展。他在金陵神学院工作时,写了《圣教布道近史》的中文著作(由司徒雷登口述,陈金镛执笔,1910年完成,并于当年9月在上海用中文刊印出版,1916年再版)。在这本书中,司徒雷登特别指出在中国传教应注重的两个问题:第一是要拯救受苦的中国人;第二是去训练他们掌握一定的工作和谋生手段。这也应该就是他后来投身中国教育的动力。

1915年,司徒雷登在美国长老会传教大会上做关于中国问题的讲演时,指出问题不在于中国有多少人信基督教,而在于中国有四亿人口,在未来世界所发生的事件中,他们必须被考虑进去。他在担任燕京大学校长时,使这一观点在理论和实践两个方面达到了统一。[10]

不过,司徒雷登认为,燕京大学既要贯彻维持基督教的氛围和影响,又要远离那种枯燥无味的说教行为,更加不能强迫员工和学生参加礼拜和其他的宗教活动。他还希望大学不要对基督教徒有任何优惠政策,也不应该歧视学校内的无神论者。不管怎样,燕京大学"应该是一所真正的大学,传授它应该传授的真理"。他不反对宗教信仰,但宗教信仰只是个人的事情,只不过学校经常用设备和政策的优惠,吸引学生主动参与到宗教事务中来。毕竟只有拥有一群积极的基督教学生骨干,燕大才能称之为基督教大学。

燕大的教学研究是高标准高质量的,司徒雷登作为校长,"尽量给教师自由空间,让他们自由发挥之外,几乎什么都没干"。燕京大学的学生都应当有能力用两种语言听课,同样,教师也可以自由选择用哪种语言讲课。

新闻学是司徒雷登"一直热衷的科目"。在设立新闻系的时候,董事会表示绝不负责筹资。他"对新闻学一直寄予厚望,可能是因为它那前途未卜的命运。在那个时候的中国，报业发展方兴未艾，千家万户都逐渐地接受了报纸，可是新闻业却刚刚开始发展，社会急需高素质的记者和职业道德的教育"。新闻系在创办之初，在学校中就是最热门的专业之一。新闻系非常成功。后来几乎中国在所有大国首都的常驻代表，都是这个系的毕业生。

司徒雷登办学的宗旨之一，"就是这所大学一定要融入中国社会，切断与西方的特殊关系，抵抗一切外界因素的影响。我们不需要享受额外的保护，我们需要的只是和中国人平等共处，彼此分享交流"。他认为，"传教活动和帝国主义是需要分开的，外国人和中国人都享有平等的发言权，大家住一样的房子，邻里之间需要和睦相处。"这在当时被视为非常激进的观念。但是他始终也坚信，燕大是国际性的，形成某种程度上的"世界村"，也就是说，"燕大在中国化的同时，也能更加深入、明确地走上国际化道路。"除了美国以外，燕大也同其他国家接触。还引进了牛津大学荣誉课程的辅导方法，这也给燕大带来了一些英国的资金。

南京国民政府成立后，燕大在教育部注册，受到教育部全权监管。司徒雷登主动去和当局打交道，很多大人物都和他成了朋友，这样燕大得到了官方和民间的许多支持，这也让燕大"成功融入了中国社会"。司徒雷登在回忆录中写道，在办学的过程中间，他主动拜访中国的官员，为的是让他们了解基督教大学的宗旨，为了示他们对于基督教教育的友好，有时也会向他们筹集资金。司徒雷登的目标是"使燕大成为一所中国大学"，所以，他极力让中国人在教育、行政、宗教、财务和其他方面起到领导作用，结果中国人在燕大表现得十分出色。

燕京大学的校训是"以真理得自由而服务"。这是根据耶稣的两句话:"人本来不是要受人的服侍而是要服侍人"和"你们必晓得真理,真理必叫你们得以自由。"将这两句耶稣的圣言结合起来,表达宗教信仰、科学的精神和方法、求知的自由信念。

校园的每个角落都看得到校训,还出现在出版物、设计和校歌中。对于很多人来说,"校训明确了他们的人生哲学,学生们能够将这种精神运用到实际生活中,并以它为标准去衡量自己和身边的人。一些学生和共产党接触后,迸发了激情,并告诉我们共产党是多么努力地服务劳苦大众,他们正实践着我们的校训。"也就是说,这种崇尚自由的理念,其实帮助学生接受了马克思主义。

那个时候经常发生学潮,司徒雷登主动接触学生运动的领袖,倾听学生团体发言,"看到台下的热情时,也能感到极大的鼓舞"。他还经常受邀主持婚礼,甚至在司徒雷登家举行,按照基督教的仪式操办。他很骄傲地回忆,经过他主持的校园婚姻,"最后没有一例以破裂告终"。他说,作为一个美国人,深有感触的是,"不管走到哪里,都能从学生寄来的信件中看出浓浓的真挚情谊"。[11]

中国化过程中的燕大

1923年的秋天,燕大行政部门开始进驻新校园。1926年6月,燕大迁入新校园,"燕京大学"的匾额由北大校长蔡元培先生亲笔书写。搬入新校址后,建设工程并没有停下来,直到1929年,耗资约360万元的燕京大学新校园正式建成。

非基督教运动从1922年春开始到1926年秋冬结束,持续了近五年的时间,正是非基督教运动的发展,迫使司徒雷登对燕大进行了大刀阔斧的改革。他理智地去寻找一个既不违背信仰，又能为广大学生接受的解决方法，如取消强令学生参加宗教仪式的校规，减少选修宗教课程的时间，以及后来发动学生开展基督教团契活动，等等。

对于在非基督教运动中提出的收回教育权问题，司徒雷登采取的态度也与其他教会学校的领导人不同。他既没有抵制，更没有拖延，而是积极地履行了有关规定，于1926年11月和1928年12月分别向北洋政府和南京政府申请，表示愿意接受中国教育部的有关规定，完成了在中国的注册登记手续。在司徒雷登眼里，收回教育权的举动，与他的主观愿望没有矛盾。[12]

在为数众多的教会大学中，燕大在实行"中国化"的办学方针方面是起步最早的一所学校。到1920年代中后期，燕大几乎所有的院系领导都由华人担任。1927年，中国籍教师所占比例已由创办时的三分之一增加到三分之二。有了中国教职员工的加盟，燕大的中国化进程远远超过了其他教会大学。

如以与外籍教师同等的薪金水平聘来的留美学生洪业，他在俄亥俄州卫斯理大学（Ohio Wesleyan University）获得文学学士学位，转入哥伦比亚大学读研究生。1919年，获文学硕士学位，次年在纽约协和神学院（Union Theological Seminary in the City of New York）获神学学士学位。神学院毕业后，为收回青岛而争取美国人民援助之事，在美国四处演讲。司徒雷登对年轻的洪业非常欣赏，随即聘他为燕大教师。自1923年回国后，他在燕大历史系执教达23年之久，还先后兼任过燕大文理科科长、历史系主任、图书馆馆长、研究院文科主任等职，并参与创办了哈佛燕京学社。[13]

非基督教运动使司徒雷登加深了对教会大学"中国化"的理解。

他认识到选择走"中国化"的道路不仅是教会大学生存与发展的需要，更是时代的呼唤。为此，他在继1922年11月做出取消强迫学生参加宗教仪式的规定后，1923年又做出了缩减学生必修的宗教课程时间的决定。1925年，燕大进一步改革，把原来规定必修的宗教课程改为选修课，同时规定学生在60个要求必修的学分中选修12个学分的中国文学和10个学分的中国历史课程。[14]

与哈佛大学的合作

哈佛大学看中了司徒雷登所领导的燕京大学的发展潜力。1926年，霍尔基金会拨款640万美元，作为燕京学社的研究和活动基金。哈佛燕京学社成立的目的，在于"通过哈佛大学与燕京大学以及中国其他研究机构的合作，保证为学术研究提供便利，资助出版那些经学社董事会赞同的有关中国学方面的研究成果。它期望学社保证在中国的研究中心里对从事研究的学生在各方面有所帮助，并将与中、美两国其他学校的研究所协作"。哈佛燕京学社于1928年1月4日正式成立。

美国的哈佛燕京学社成立后不久，燕大的哈佛燕京学社国学研究所也于1928年2月10日宣告成立，聘请著名历史学家陈垣出任研究所所长一职。燕大的哈佛燕京学社组成了一个五人的学术委员会，包括陈垣、洪业、博晨光、伯希和（Paul Eugène Pelliot），以及哈佛大学哈佛燕京学社主任叶理绥（Serge Elisséeff）。伯希和是法国语言学家、汉学家、探险家，敦煌文献的发现和早期整理者之一；叶理绥系法籍俄裔东方学家。

从1928年夏季开始,哈佛大学同燕京大学开始互相派遣研究生和访问学者。洪业和博晨光就是第一批被哈佛大学聘为客座教授的燕大教师。洪业在哈佛讲授中国历史,并参与过哈佛燕京学社的创办工作。

燕大经常选派一些优秀的青年学者,利用哈佛燕京学社的奖学金到哈佛大学学习。哈佛燕京学社也为其他中国教会大学的学生提供过到哈佛留学的奖学金,他们中许多成为中国著名的学者,如齐思和、翁独健、林耀华、周一良、王钟翰教授等,都在燕大读完硕士学位后,又到哈佛大学读博或进修。[15]

学科系所的设立

从1922年起,司徒雷登与新闻学领军的美国密苏里大学联系,请他们协助燕大创办新闻系。当时美国著名的新闻记者兼教育家、密苏里大学新闻学院的创始人兼院长沃尔特·威廉斯(Walter Williams,即第6章提到过的"威廉博士")到中国访问,当得知司徒雷登要在燕大组建新闻系的事情后,极为赞赏。1924年,燕大新闻系正式筹建,在司徒雷登的提议和威廉博士的促成下,燕大与密苏里大学结成姐妹学校,由密苏里大学新闻学院参与燕大新闻系的组建工作,成立密苏里—燕京新闻学院。威廉博士亲自担任燕大新闻系筹款委员会主席的职务。在他的带动和号召下,美国的许多新闻界人士慷慨解囊,总共捐赠了6.5万美元。

两校还签订了相互交换教师和学生的协议。1924年秋,密苏里大学新闻学院派出聂士芬(Vernon Nash)和白瑞登(R. S. Britton)两位教授赴华,协助燕大筹办新闻系,是中国大学的第一个新闻系，培养了近代中国第一批新闻工作者。辛亥革命时期曾经担任过美联社特邀记者的司徒雷登，对新闻有特殊的情结。燕大开办之初正是新文化运动时期，各类报纸杂志的出版形成前所未有的高潮。司徒雷登立即看到了中国对新闻专业人才的需求。

国文系是燕大的重点学系之一，始建于1923年。在司徒雷登"中国化和国际化"办学思想的影响下，国文系的建设一直受到校方的高度重视。司徒雷登制定的"中外教师一律享受同等待遇"的用人政策，最初就是为国文系招聘中籍教师而推出的，为燕大吸引来一大批具有真才实学的教授，如吴雷川、钱玄同、周作人、钱穆、沈尹默等著名学者。哈佛燕京学社就是国文系和历史系与美国哈佛大学开展国际合作与学术交流的结果。

历史系也是燕京大学最早设立的一个系，建系初期，开设的课程范围就非常广。仅1924年，就开设了14门中外历史课程，如"古代两河流域史及埃及史""古代希腊及罗马史""欧洲中世纪史""秦汉史""中国近代史"等课程。外国历史为主，12名教师中，也大部分是外籍人士。

随着在教育部立案和贯彻司徒雷登"中国化"的办学方针，历史系的办学方向也随之发生了变化。由原先注重学习外国史逐渐转变为以研究中国历史为重点，并注重历史方法的训练。

中国教师也增多了，除洪业、陈垣等早已在历史系任课的教授外，又于1926年聘请了王桐龄、孟士杰、梁启超三位名师到系里任教。从1927年开始，张星烺、容庚、许地山、顾颉刚等也被请到历史系授课。同时，历史系自己培养出来的毕业生和归国留学生也不断地充实教师队伍。[16]

中国社会学的先驱

燕大社会学系始创于1922年,是继沪江大学创建社会学系之后设立的中国第二个社会学系,是在美籍教授步济时(John Stewart Burgess)的倡议和主持下进行的。步济时1909年来华,在北京基督教青年会任职。辛亥革命后组织"北京社会实情会"(Student Social Service Club)。除了进行社会救济和慈善工作外,还开展社会调查和研究工作。

1919年,受普林斯顿燕京基金会的委派,步济时到燕大神学院教授社会学。同年,他领导下完成的调查报告《北京,一个社会概况研究》发表。该报告是在进行了广泛而深入的实地考察的基础上完成的,确定了他在中国社会学界的地位。1922年,为了给美国在华教会和社会福利机构培养工作人员,步济时提议创办社会学系,得到司徒雷登的大力支持,并任命步济时为燕大社会学系的主任,该系最早的6位教师都是步济时从美国聘请来的。最初,燕大社会学系设有理论社会学和应用社会学两个专业,共开设了宗教学、社会工作和社会调查等十几门课程,都使用英文版的美国教材。1925年,社会学系改称社会学与社会服务学系。

1926年,步济时举家返美,在美国爱荷华大学(The University of Iowa)获得哲学博士学位的许仕廉教授继任系主任。在继承了步济时重视社会调查的同时,许仕廉对社会学系的专业设置进行了改造,在系下分设了社会学本科和研究科、社会服务科、研究科和专修科、宗教社会服务专修科、函授科及速成科等8个学科,以及暑期学校。各科开设的课程增加到 42 门，内容涉及社会学理论、社会学研究方法、社会问题、社会工作、社会调查等各个方面。聘请了国内外许多著名的社会学专家和学者到燕大执教，开设了一系列颇受学生欢迎的课程。包括陈翰笙的"农民运动"、吴文藻的"社会学原理"、美国芝加哥大学派克（Robert E. Park）教授的"集体行为和都市社会学"等。

社会系曾多次组织学生在学校附近和北京郊县进行社会调查。如 1928 年，燕大社会系学生在教师的带领下，对北京西郊的黑山扈、挂甲屯、海淀和成府地区的 146 户农民家庭进行调查，并于次年写出了中国最早的一份有关农民家庭情况的调查报告《北京郊外之农村家庭》。

1928 年，为了对农村的社会问题有一个系统的了解，在洛克菲勒基金会（Rockefeller Foundation）的资助下，由燕大社会学系主持，经济系和教育系参加，在北京市的清河开办了一个乡村社会实验区，由社会学系的教授张鸿钧任实验区主任。开办这个实验区有若干目的：帮助贫苦农民的家庭改进生活状况，引发人们对社会工作的兴趣，显示知识与科学在社会服务方面的力量，为学生从事社会调查和实习提供一个基地。[17]

学生的政治和社会参与

从"五四"到"五卅"等学生运动中，燕京大学的学生表现出极大的爱国热情，始终站在学生运动的前列，扮演了重要的角色，学生的爱国运动一直得到司徒雷登的同情和支持。司徒雷登到燕大上任时,正是五四运动爆发不久,在一封写给美国朋友的信中,表达了他对学生运动的看法:"我亲眼目睹了南京、天津、北京三地的学生示威,学生们的态度热诚,而且有组织、有纪律,感动了百姓……中国的学生运动是全世界民主运动的一环。"

五卅惨案发生后,全国各地掀起了一场规模浩大的罢工、罢市、罢课的浪潮。燕京大学学生率先成立了"五卅惨案后援会",斗争前后延续了三个月。这段时间司徒雷登正在美国募捐,得到消息后,两次写信对学生表示支持。1925年9月中旬,司徒雷登在美国霍普金斯大学举办的中国问题讨论会上发表演说,对中国学生在"五卅"运动中的表现给予充分的肯定,他说:"华人对于争回主权一事,群情热烈,万众一心,以予所知,绝无例外。莘莘学子之奔走狂号,引为己任者,特以血气方刚,受激尤深耳。此其民族自觉心理,潜兹蔓长,亦既有年,暨乎近岁,益郁积不可复遏。至本年五月卅日,上海惨杀事起,于是磅礴激荡,立成如火如荼之势。察其组织,秩然有序,旗帜鲜明。"

在演讲中,司徒雷登还对美国的对华政策提出了忠告,建议美国应主动放弃不平等条约和特权,以赢得中国人民的友谊,并警告西方列强,不要试图使用武力解决问题。不久,司徒雷登向美国国务院主管远东事务司的内尔森·约翰逊(Nelson Johnson)递交了一份备忘录,建议即将出席北京关税特别会议的美国代表:一是做出美国政府对于修改不平等条约,尤其是取消治外法权的承诺;二是在做出上述声明后,美国代表团应邀请中国政府在"公平、公正及满足两国人民的基础上进行条约细节的修改"。

1925年12月,司徒雷登在纽约出版的《中国基督教学生》(The

Chinese Christian Student）杂志上发表题为《基督教与民族独立运动》的文章，再次阐明了他对中国人民反帝斗争的立场：

> 随着目前中国人民民族自觉意识的觉醒，他们理所当然地要反对任何削弱其追随者爱国热情的组织和信念。为了使我下面的讲话不致被误解，我首先表明我的立场和中国人民要求修改外国条约的立场是一致的，即一切不平等现象都应该被改正，一切不公正的权益都应该被取消。我承认这些要求是公正而合理的，我也确信那些对此问题采取积极友好承认态度的国家将和中国一样从中获取真正的利益。不仅如此，我还认为现在支配着中国人民思想的民族主义感情正是这个国家最有希望的现象。

在1926年发生的"三一八"惨案中，司徒雷登用自己的实际行动，证明了他是言行一致的。燕京大学二年级的女学生魏士毅被军警杀死，3月19日，司徒雷登派博晨光教授领回魏士毅的遗体，并在燕大校园里为魏士毅举行了由全校师生员工参加的追悼会。燕大迁到新址后，在司徒雷登的支持下，学生自治会在新校址的化学楼附近为魏士毅烈士立碑，以示永久的纪念。抗战期间，日寇占领北平后曾要求燕大将魏士毅烈士碑拆除，遭到司徒雷登的坚决拒绝。[18]

所以在这个时期，反基督教和反基督教教育的运动，实际上和它们所反对的刚好背道而驰。在教会学校中，虽然不鼓励学生参加政治运动，但是学校中所讲授的自由、平等、博爱，又为学生参与政治打下了思想和知识的基础。教会学校在中国的思想启蒙和民族主义兴起的过程中，扮演的就是一个复杂的角色。它们所培养出来的学生，可能和其在华兴学的初衷并不一致，也就是说他们把西方的宗教带到中国，但是所培养的学生又成为反宗教和反基督教的一个重要力量。

注　释

[1] 以上来自司徒雷登：《原来他乡是故乡：司徒雷登回忆录》，第4章。
[2] 以上见陈远：《燕京大学1919—1952》，第2章。
[3] 关家麒：《朗润园与镜春园的喜乐悲愁》，《燕大校友通讯》第47期，2006年9月。
[4] 郝平：《无奈的结局——司徒雷登与中国》，第3章；陈远：《燕京大学1919—1952》，第2章。
[5] 以上见陈远：《燕京大学1919—1952》，第2章。
[6] 郝平：《无奈的结局——司徒雷登与中国》，第4章。
[7] 司徒雷登：《原来他乡是故乡：司徒雷登回忆录》，第6章。
[8] 司徒雷登：《原来他乡是故乡：司徒雷登回忆录》，第4章。
[9] 司徒雷登：《原来他乡是故乡：司徒雷登回忆录》，第4章。
[10] 以上见郝平：《无奈的结局——司徒雷登与中国》，第2章。
[11] 司徒雷登：《原来他乡是故乡：司徒雷登回忆录》，第4章。关于燕京大学的建立，还可以参见陈远：《燕京大学1919—1952》，第1章。
[12] 郝平：《无奈的结局——司徒雷登与中国》，第4章。
[13] 以上来自郝平：《无奈的结局——司徒雷登与中国》，第3章。
[14] 以上来自郝平：《无奈的结局——司徒雷登与中国》，第5章。
[15] 以上来自郝平：《无奈的结局——司徒雷登与中国》，第5章。
[16] 以上见郝平：《无奈的结局——司徒雷登与中国》，第5章。关于燕京大学各个系的建立情况还可以参阅陈远：《燕京大学1919—1952》，第6章。
[17] 以上见郝平：《无奈的结局——司徒雷登与中国》，第5章。
[18] 以上见郝平：《无奈的结局——司徒雷登与中国》，第6章。

第 20 章　往事的回忆

> 他们对本国的政治毫无兴趣，只希望不受干扰地好好过日子。
>
> ——史迪威

对 1920 年代的中国，不少到中国来的美国人都留下了他们的记录。这些记录多是个人的观察，不像报刊的报道或者官方的文献所描述的重大事件，而他们更多地看到了城市和乡村和社会层面，以及个人的生活。由于他们从西方人独特的眼光来观察，和中国人所描述的社会和文化具有不同的角度、不同的理解，以及讲述着不同的故事，为我们了解当时的中国社会，留下了非常珍贵的资料。

少校的北京印象

在辛亥革命期间孤身第一次造访中国近 9 年之后，1920 年 9 月 18 日，辛亥革命爆发后到达中国的那个年轻军官（见本书第 1 章）再次来到中国。不过，这个时候，他已经是戴着少校军衔的美国陆军的驻华语言教官，就是我们在第一章中见过的史迪威。这一待就是将近三年，直到 1923 年 7 月 9 日。这三年里，中国正在激烈的动荡之中，他也经历了许多事情。

他这次远航前往中国，不再是孤身一人了，而是携全家出行。1920年8月5日，他们乘船从美国加州出发。经过了一个多月的航行，9月18日，他们乘坐的陆军运输船在黄昏时绕过山东半岛，史迪威看到了"玫瑰色的斜阳映衬着曲折的海岸线和中国帆船的棕色的、像蝙蝠翅膀一样的帆"。

他们一家两天后在秦皇岛登陆，这是渤海湾的重要港口城市，属于当时的直隶省（后来的河北省）。他们往南行，在天津坐上了火车，差不多40公里，就到达了他们的目的地北京。

马车在石子路上颠簸，骆驼在城里慢慢行进，经常看见穿黄色袈裟的和尚和红色的喇嘛庙。由于沙尘暴的不断侵袭，天空、建筑和街道，都是灰蒙蒙的，到处是尘土。

城墙以外，颐和园和西山，碧云寺和其他寺庙，倒是郁郁葱葱。玉泉山的泉水流下山后一直流入紫禁城的湖里和护城河里。北京有许多外国人，使馆区充斥着外国人的住宅、宾馆和娱乐场，威严的各国公使馆、高大的银行，以及办公楼。这里没有上海那么多的商业气息。

除了外交使团、记者、教育家和传教士外，北京还吸引了不少来了之后就留下来的西方旅行者，"因为这里的生活优雅安逸而且钱很经花"。他们使用仆从，在西山避暑，还有高尔夫球俱乐部、赛马俱乐部，夏天可以野餐，冬天可以打野鸡。对外国人来说，北京正如有人所说的"那美好的岁月"。当然，那美好的岁月只是对那些西方来的冒险家，对中国人来说，那是一个艰难的岁月，所以他们想变革。

他和当时来华的大多数外国人一样,根据自己名字的发音,起了中文名字"史迪威"。他花了10天时间找到一个宅院。在北京,上层的住宅都有围墙,有庭院,有荷花池,有假山,有茶室,院子里有盆栽的牡丹。

史迪威一家和朋友一家在使馆区外靠近东皇城根北,找到了满意的房子,即总布胡同三号。他们合租了一座多进的套院,每个院落都是个小四合院,窗户是用纸糊的,没有玻璃。当时租这样一座有四个卧室、外加餐室、书房、办公室以及下人房组成的院落每月需15美元,此外,还有相应的雇用仆人的费用。通常一个军官家雇用五六个仆人,需要约35美元,此外还要给回扣。在当时的中国,回扣在任何交易中都是少不了的。

在1921年2月史迪威的第四个孩子、女儿艾莉森(Alison,中文名史文森)出生的时候,他们一家雇用了一个管事,下面有一个男仆、两个厨师、一个洗衣服的女仆、一个带孩子的保姆和一个苦力。

史迪威先进入华北协和华语学校(North China Union Language School)学习中文。这所学校成立于1910年,最初是为了教传教士学汉语,后来扩大后也招收在华的外国人,包括军人、商人以及其他想学中文的人。

这个学校,学生总共有300多名,但是雇用了上百名教师,采用的是适于速成的直接听说教学法。第一年的课程每周上五个小时的课,前半年集中在听说、发音、字义等练习;后半年是阅读、翻译和跟老师对话。一年结束时,学生差不多掌握了约七百个汉字和基本对话。每年年末都要考试,在完成三到四年的学习后,作为语言教官应当能够认识3000个汉字,并能够流畅地说汉语。

此外，史迪威作为未来的语言教官，还要参加有关中国历史、宗教、经济和时事的讨论会和演讲。一年后还要学习技术和军事词汇。还有安排旅行，一方面是为了深入了解这个国家，另一方面作为武官要收集情报。

史迪威在离开美国到中国之前，在加州伯克利大学学了一年的汉语。到北京以后，语言学校的创办人兼校长威廉·佩特斯（William B. Pettus）抱怨说，史迪威在加州把发音学坏了，他到达北京之后，才发现在美国他学的是广东话。他就雇佣了一名叫管文纯的先生做他的家庭教师，除了教史迪威外，也成了几个孩子的家庭汉语老师。

口音纠正起来比较麻烦，中国人听不懂他们的话。一个朋友告诉史迪威自己的经历：有次在乡下，他问两个农民到长沙的路怎么走。结果他们一脸茫然，重复了几次后，仍然不得其解，只好放弃。当他走开时，听到一个农民对另一个说："好像这个洋人刚才在问'这是去长沙的路吗？'"

课余时间史迪威喜欢逛集市，他第一次买的是牙雕，然后开始收集镶嵌扇柄，甚至还为他将来在美国的家收购家具。

对他来说，北京魅力与残酷并存。到处有人放风筝，风筝被做成龙或者蝴蝶，蝴蝶的翅膀用薄纱做成，染上各种色彩。风筝上挂着哨子或者铃铛，让空中充满了色彩、音响和动感。仿佛是"东方的小天使"，发出了柔和的天籁之声。

但是，处决犯人的场面，同样吸引着人们，很受民众欢迎，往往有大群人围观。刽子手把双手捆着的犯人一脚踢在地上跪着，然后刀起头落，博得一阵叫好声。当鲜血涌出，妇女和儿童冲上前去，用一串串铜钱蘸在血里，据说这种钱挂在孩子的脖子上可以驱邪。

在街头的凉棚下，可以看到身着长袍、头戴瓜皮帽的说书人，周围蹲坐着上百的苦力和工人，他们鸦雀无声，听得津津有味。讲的故事往往是古代英雄事迹或传说。说书人往往会随着节奏，敲击竹板，以烘托气氛，讲到打仗的地方则会敲起了鼓点。

显然，史迪威喜欢上了在中国的生活。他到北京还不到一个月，陆军部对他进行了问卷调查，问他最喜欢的职位是什么，他只划了"武官，中国"，而包括"西点军校"在内的其他选择，他都勾了"否"。

那些年的北京，处于动荡之中。1922年，冯玉祥与张作霖的战争就发生在北京的郊区，结果城门有时会关闭一周。住在北京饭店的客人们站在屋顶上，可以看到炮弹划过夜空，爆炸使宾馆颤抖。有一次，街上的子弹竟然飞进了史迪威的家里。史迪威夫人温妮让所有的孩子趴在桌下，自己冒险跑到隔壁的一个传教士家里给公使馆打电话，紧张地报告遭到了射击。公使馆对这样的混乱局面似乎见惯不惊，让她回家去，说过一会儿就没事了。

史迪威要考察的内容之一，是中国士兵的情况。他看到吴佩孚的士兵穿着灰色军服，列队开赴前线，都戴着红色的袖箍以示忠诚。袖箍不是缝上去的，而是用别针别上的，这样当军队倒戈的时候，很方便地取下好蒙混过关。他们装备精良，骡子拉着军火和供给。而另一些军阀则只能用咯吱咯吱的独轮车运输。

吴佩孚的士兵，和其他军阀的士兵一样，有许多年龄不到14岁，不过他们装备不错，有背包、镐头、铁锹、马灯、茶锅、油纸伞、闹钟和热水瓶。可笑的是，还有用扁担抬棺材的苦力，这样为了保证他们战死疆场，也不会暴尸荒野。

史迪威发现他们的战斗力不强。士兵在战场上，取下步枪也不瞄准就随便放几枪。炮兵也是胡乱开火，炮弹落地往往距离目标四五百米远。如果忽然下雨，士兵都打起了油纸伞，"就像突然冒出了很多蘑菇，战斗也戛然而止"。[1]

史迪威的筑路经历

1920年，中国经历了严重饥荒，红十字会国际赈济委员会（The International Relief Committee of the Red Cross）为了赈灾，需要在山西修建公路。他听说这个筑路工程之后，便要求参与。这个工程加深了史迪威对中国的了解。赈济委员会把他从陆军部借出去，到山西担任筑路的总工程师。就这样，史迪威得到了一个了解中国社会的机会，他可以走出去，亲眼看看中国的境况。

据说这是40年来最严重的灾荒，到处是肮脏、衣衫褴褛、骨瘦如柴的灾民，他们被饿得摇摇晃晃地、连绵不断地涌向城里。农村一片荒芜，看不到作物的播种。褐色的土地上，只有显眼的一座座坟丘。大风裹挟着黄色的沙土，刮向被遗弃的家园。

国际赈济委员会在北京开会，报告食物运输的情况非常糟糕，官吏腐败，通过粮食牟利。威尔逊总统呼吁美国公众捐款给中国赈灾，认为"中国人民在极大程度上依赖我们给出建议并进行有效的领导"。在传教士的鼓动下，美国的募捐活动获得了大量款项，使得筑路工程可以进行。不过，史迪威认为那些传教士有意夸大了饥荒的情况，其目的是通过赈灾推动传教事业。

为山西设计这条道路，部分是为灾民提供工作机会，也是为了防止灾荒。通过改善交通，将来可以把西北各省的剩余粮食送到灾区来。除了铁路和河流外，几乎没有供车辆通行的公路。当时中国政府也没有修建赈灾工程的长远规划，即使开仓赈灾，也往往不及时，耽误了赈灾。

史迪威发现，施工过程中，当地的官员由于利益的关系，愿意帮助筑路工作，这是由于山西督军阎锡山的影响。他认为，阎锡山是个"进步的重实务的物质主义者"，号称"模范督军"。阎意识到，通过改善本省的状况，能够比通过盘剥百姓积累更多的实力和财富。由于道路必须从一些人的土地上通过，阎把修路的好处讲给那些人听后，他们竟然同意平掉老坟筑路。

其实，史迪威除了在西点军校做学生时学过的一点基础之外，在工程方面并没有受过训练，也没有这方面的经验，但是他很有自信，急切地想在现实生活中使用他刚刚掌握的汉语。

道路规划约长130公里，自汾州开始，直到黄河边上的军渡。史迪威要求路面宽6米，石子铺面，坡度不得超过六度，8月1日前完工。他有12名外国助手，包括美孚石油公司的土木工程师、瑞典籍的采矿工程师、挪威传教士以及英印籍的预备役军官。沿途石头多、山多，农产丰富，到处都可以看到中国农民用牛和犁在山坡上耕种。

1921年4月到7月的这四个月里，他都待在工地现场，每天跟中国官员、村长、承包商、工头以及劳工一道工作。他每天步行或者骑马督工，不断发号施令，讨价还价，还要处理复杂的人际关系。和当地人斗智斗勇，防止他们玩鬼把戏。

史迪威非常尽心尽力，每天要步行或者骑马走上十公里，按照中国的方式吃住，每晚都睡在不同的地方。他顶着尘土和酷暑在筑路工地上，带着野战背包，里面装着筷子、汗衫、罐头食品和换洗的袜子。为了躲避臭虫和虱子的骚扰，经常睡在露天。他指挥着6000人工作，参与测量，工段施工，找到位置，确定坡度，决定什么地方削山，什么地方填土，还要努力听懂当地方言。

这儿，人多住在山坡上的窑洞里，里面用石头砌成弧形，正面是石头墙。史迪威经常跟一些小承包商打交道，让他们承包砸石头，筹集石灰等建筑材料，制作标记木桩，以及提供骡子、水桶等工具。他有意躲开那些态度圆滑、穿着丝绸衣服、试图独揽工程的大商人。

大多数干活的人都是为了养家的农民。他们每30人被编成一个组，每组有一个监工和一两个厨师。而监工则经常偷奸耍滑，拿着一根棍子，头戴草帽，身着干净衣服，躺在阴凉地呼呼睡大觉。他们派人放哨，一旦史迪威来了，就通风报信。如果活没有干好，史迪威会批评监工，而监工则对干活的人大喊大叫。干活的人也知道这是玩把戏，监工不过是做做样子，如果史迪威在监工的背后"对他们眨眨眼的话，他们还会咧嘴笑起来"。

一次，史迪威受当地军事长官的款待，席间上了57道菜，有些连名字也叫不出来。大家不断用小酒盅喝当地产的高度酒。他们还邀史迪威检阅当地一所军校的学员。学员伴随着响亮的军号声表演队列，小号走了调，但人们毫不在意。早晨他们很客气地把他送到城门口，穿着崭新军装的军官和穿着绸缎长衫、身材魁梧的长官作揖，送这个穿着旧衣服、骑着一匹瘦马的洋鬼子离开。

史迪威在山西看到了一个真正的中国，中国缺少什么，需要什么，以及当地的一个权威人士是怎样解决问题的。他觉得阎锡山能够攫取大权，靠的是一种"值得效仿的、成功的机会主义"。阎锡山在山西修路搭桥，开挖灌渠，种植树木，发展棉花生产，推行制丝业，采用了在加州试验过的拓荒方法，从不同国家引进羊、谷物和草类，提倡读书识字和公共健康，建立小学和职业学校，反对留辫子、缠足和吸食鸦片，还发行了一本公民手册，山西的1000万人都必须阅读。

史迪威来到泉水汇集而成的玉涛河谷地，这是传教士带家人避暑的好地方，他也很喜欢这个地方。在这里租一间庙，或者租一间老磨坊，只需40美元。于是，他在6月份回北京把家人接了过来。他们先乘火车到达晋中，然后他带着妻子、大一点儿的孩子、装在篮子里的婴儿，驾着一辆老福特车继续赶路，仔细避开坑坑洼洼。仆人和行李都在后面的大车上。沿途很多农民穿过庄稼地，甚至不惜踩踏了成熟的麦子，就是为了看一眼史迪威的汽车。

每到停下的地方，他们都被一些惊奇得目瞪口呆的人团团围住。婴儿老是哭，他妻子经常要给她喂奶，这时人们就会围上来，看看洋人是不是也是那样喂奶的。卡车有时陷住了，这些乡下人就会帮着把车推上高高的陡坡，或者从沟里拖出来，并对车子遭遇这种意外而大笑。

他们帮忙的时候，史迪威会给他们一些铜钱，而他们总是不愿接受。一路上看到了许多笑脸、肮脏和疾病，他看到一个"乐呵呵的妇人的下巴下面长了一个甲状腺瘤，足有一个橘子那么大"。

史迪威一家住进了一间磨坊。房间大，通风好，墙壁经过粉刷，屋梁都是粗木头，外墙上爬满了牵牛花。屋外，小鸟在丛林中唱歌，一口清泉可供饮用，草地上点缀着金凤花，远处还有成群的绵羊和山羊。

7月底，史迪威把已经进入正轨的筑路工作，交给自己的一个助手负责，自己则在这个磨坊里打发剩下的夏日。除了野餐和跟其他外国人打网球之外，他还从事自己喜爱的写作。他根据自己的见闻，创作短篇小说以及异域生活的游记。他把一篇有关筑路的文章投寄给《亚洲》（Asia）杂志，还挣了100美元的稿费。但是第二篇关于中国生活的文章，则遭到了退稿。这挫伤了他的积极性，不再试图投稿了，不过他仍然在写作。

他留下了有关中国生活的一些描写，生动地刻画了在中国旅行看到的情形。如在一个火车站，下车和上车乘客这两股人流交织在一起，他们大声尖叫，拼命地挤上挤下，有些人把箱子、篮子和行李从火车窗户上往下扔，而其他人则把他们的东西往上扔，并竭力想挤上去。等乘客们把自己和行李安顿好，便开始很有礼貌地打听彼此的名字，来自哪儿，以及干什么营生的，等等。

在一个小客栈，院子里到处是骡子、驮子和鞍，鸡和猪。在一个大屋子，顾客围坐在木桌旁低头把面条吸溜吸溜地吃了下去。厨师把面汤从一个有将近一米直径的大铁锅里盛出来，刚刚客人用过的碗也不洗，不过用一片抹布抹了一下。厨师把一双筷子在自己的裤腿上擦了一下，就放在碗上，交给跑堂的，跑堂的便吃喝着端给了客人。

史迪威则要用开水洗洗自己的碗，"还假装要把开水倒在厨师的头上。开了这样一个大玩笑之后，在座的人都认为他是个很有幽默感的人，之后他就可以随心所欲了，甚至在用筷子前还用小刀把筷子削了一下"。

到处是臭虫，他不敢睡在炕上，而是把自己的小床放在院子里。

在一群人好奇的围观下，在周围的猪叫、骡吼、人吆喝，时不时还有夜行的驼队经过的驼铃声中，他渐渐地进入了梦乡。

这年11月，史迪威带着一群记者和赈济委员会的人，第一次乘汽车通过他主持修筑的这条道路。但是11年以后，当时曾经是参观团成员之一的国际新闻社记者约翰·格特（John Goette）寄给他一张《字林西报》(North China Daily News)的剪报，其中谈到了中国疏于对公路的维护，那篇报道说史迪威修的那条从汾州到黄河的公路，从来没有进行过任何维护，"实际上已经不复存在"。[2]

* * *

1922年，作为这条公路的总工程师的史迪威，引起了邻省陕西的基督将军冯玉祥的注意。那里是山区，有窑洞和梯田，出产棉花、羊毛和小麦，富于矿藏，本来这里应该是富庶的地方，但由于当地人吸食鸦片，土匪猖獗，交通落后。唯一一条所谓的路只有144公里长，即从黄河转弯的潼关到西安，不过是用铁锹挖出的一条小道而已。冯玉祥跟赈济委员会的人协商，决定修一条从潼关到西安的公路，仍由史迪威任总工程师。

史迪威先乘火车前往，河南距离陕西约160公里的地方，火车便没有了，于是他跟着骡车队走。车队有50辆车，还有各类骆驼、驮载的牲畜、独轮车，外加20个士兵护送，浩浩荡荡。车队需要通过匪患地区，每天都在焦虑，飞扬的尘土，大声的吆喝，和噼里啪啦的鞭响声中行进。

由于道路非常差，交通拥挤，队伍只能慢行，要不断跟对面来的独轮车分享狭窄的道路。这些独轮车装着棉花，婴儿被包裹好放在一边，婴儿的母亲坐在另一边，前面还有一两个男孩用绳子拉车。路边躺着乞丐，还有小男孩拿着粪叉和粪篮捡拾人畜粪便。花了四天时间，一行到达陕西边界；又用了四天，才到达了省会西安。

沿途，史迪威每天要跨过各种沟沟坎坎，冒着尘土，前进十几二十公里。晚上就住在肮脏、到处是跳蚤的污秽的客栈，一次还在一个鸦片馆待了一晚。他看到，苦力不断成群结队地进来，花上10个、15个或者20个铜板过过瘾。10个铜板就差不多是他们一天工钱的30%，这对他们是巨大的财富消耗，更不用说对他们健康的损害。"为什么冯玉祥不制止呢？"史迪威愤怒地写道，"收缴并焚烧鸦片，并把那些卖鸦片的人拉出去枪毙"。史迪威自己的解释是：如果冯玉祥这样做，就会触发一场暴动，而且他通过征收鸦片税还能有可观的收入，这些收入一部分给了吴佩孚，还有一部分用来给他的士兵发饷。

穿过陕西的时候，史迪威立即感受到了"基督将军"统治的痕迹。士兵们在街上行进的时候唱着赞美诗，还唱"听啊，天使在高唱"，而《荣耀颂》则成了使国家免于堕落的呼吁。用蓝字粉刷在墙壁上的标语，劝诫公民"不抽烟，不喝酒""诚信经商""孝敬父母""耕地，织布，读书"。店铺的招牌上引用了各种富于教育意义的格言。

进入匪患地区后，史迪威看到一颗人头悬挂在树上，就在那天晚上，土匪穿着军服杀了两个军人。在城外，他们看到一具不久前被枪决的土匪尸体，在那里示众。在中国，"死亡就跟风刮起的沙尘一样平凡，随处可见的坟丘提示着这种死亡"。一个刚出生就被杀死的女婴的尸体，没有掩埋就扔在坟丘之间，等着被狗吃掉。

4月3日他进入了西安,被人带到督军府见督军冯玉祥。冯那时41岁,没有一般军阀的那种排场,住在整齐的小砖房里,说话慢吞吞的,身材魁梧,没有架子,很容易交朋友。

史迪威在西安待了四天时间,跟承包商、中外工程师及其助手商谈。冯玉祥分配给史迪威40名士兵,这些人是从冯玉祥部队中抽出来做监工的。他们一同奔赴城北32公里的工地上。史迪威让工头在黄河支流渭河以东,建造了一段样板路,结果令史迪威十分满意。这些人看来非常聪明,史迪威觉得他们稍经培训就能派上用场。渡口一片混乱,几条平底船上挤满了骡子、大车和乘客,船夫从船尾用力推,有骡子掉下河去,船夫时而大叫,时而大笑。

筑路开始了,800名劳工拿着的是镐头和木锹,此外还有很少的筐子,但没有打夯的。工人干得不好,工头也让人失望,一个星期还是没有进展。史迪威给他们讲了怎样施工,讲了20遍,还是弄错,工地一团糟。逐渐地,混乱变成了有序,工程正在取得进展。

可正在这时,军阀重新开战了。冯玉祥的部队奉命去帮助吴佩孚,开始往东开拔,筑路的大车被征用,工头也不见了。显然,由于战争,这个工程已经被抛弃了。

史迪威在4月21日东返,路上遇见了冯玉祥的几位参谋,他们都闷闷不乐,为中国的命运而感伤。史迪威想,如果能够给冯玉祥几年,那么他就可以增强控制力,扫除土匪,并可能成功地禁止鸦片贸易。但是现在他重新卷入派系纷争,这些希望都难以实现了。

潼关是黄河拐弯处的一个边境要塞,在这里,史迪威跟冯玉祥在一个旧庙里吃了一顿告别饭。冯玉祥召集了一个团的兵力供客人检阅,但是他向士兵介绍史迪威时说他是"欧洲的史营长"。在边远地区的中国人看来,外国人就是外国人,至于国籍,他们很少区分清楚的。[3]

*　　*　　*

就这样,史迪威踏上了回北京的漫长征途。他沿着汾河的河谷,奔向山西省城太原,在那里就可以乘坐火车回京。

在这段旅程中,他穿过荒地,以及种植作物、树木和葡萄的农田,冒着尘土和雨水,忍受各种臭味和肮脏,天气炎热。在一家客栈,史迪威被一只蝎子蜇了一口,一夜没睡着,浑身冒汗,"觉得满身都是蝎子"。

路上,他吃惊地发现石拱桥极多,但是经常看见拱桥的一半已经损毁。他问为什么不修一修?回答是,为什么修?他觉得今天的中国人是"过去修建了这些桥的中国人的不肖子孙"。

不过中国人的毅力和好脾气,还是令他钦佩。一个赶车人老是把车子赶进沟里,其他人就乐呵呵地帮着把车弄出来。为了把车子拉出来,他们把三头骡子架在一起,一个人牵着挽绳,然后开始拉,喊着号子,一边笑,一边滑倒在泥水里。为了临时搭个桥,他们把车轮去掉,把车子翻过来,然后架在沟上。尽管史迪威认为赶车人比骡子还蠢,但他还是慢慢喜欢上两个爱开玩笑的车把式,他们都不到40岁,对自己的职业很自豪。史迪威为他们每人买了一双鞋子,有一次还请六个赶车人一起吃早饭。

史迪威经过18天的颠簸和跋涉,冒着尘土和炎热,克服了种种不适,艰难前行。在接近目的地时,又下起了大雨,他不得不摸黑在一尺深的水里步行了两个钟头,到达时发现城门已经关闭。不过,史迪威终于抵达了太原,并从那里乘火车回北京。

虽然这次他没有筑成路,但是他跟中国士兵和老百姓共同生活、工作和长途跋涉。在回北京的途中,史迪威看到,为了跟冯玉祥和吴佩孚的部队作战,张作霖用火车运送他的部队从东北南下,结果这战争张作霖失败了。

1920年代后期,当史迪威再次来到中国时,冯玉祥已是一位举足轻重的人物。从那之后,只要史迪威来到中国,他们都会相见。[4]

东亚漫游

华盛顿会议之后,史迪威对中国东北进行了一次漫游,这次他是作为美国公使馆武官的特派员,受命就《华盛顿公约》的一项条款的执行情况做出报告。根据公约,日本必须在1922年9月撤出西伯利亚。执行期到了,史迪威于这年9月里开始了北部的旅行,去了东北、西伯利亚、朝鲜和日本。

东北是俄国和日本争夺的核心。这片土地比法国和德国加在一起还要大,有肥沃的土地,重要的农业区,大量的水资源,还有丰富的煤铁矿。俄国控制的中东铁路由西向东穿过东北,而日本控制的南满铁路则由南向北纵贯东北。日本关东军在东北驻扎,它实际上是一支独立的部队。

史迪威的第一个目的地便是东北的首府奉天,即今天的沈阳,这也是关东军和南满铁路的总部。他立即觉得不喜欢这个地方,在这里中国的邮件很难送出去。日本的邮政随处可见,为找到一个中国邮箱却颇费周折。作为南满铁路的煤炭和钢铁中心,奉天非常繁忙,充满了做大生意的机会,"每个人都有发财的计划,但是总有些阻碍"。

史迪威接着去了哈尔滨,那里有10万俄国侨民。他从哈尔滨乘火车往东去了海参崴。根据他一路上对城镇的观察,日本似乎并不忙着撤退。实际上谁也不知道日本的军队在干什么,飞机在天上轰轰地飞来飞去。他没有看见撤军的船只。

这里留下了战争的痕迹。史迪威通过调查、交谈和四处溜达,发现日本正在城西的山上挖掘,史迪威写道:"这些不可一世的小杂种……今天上午满城都是,他们坐着美国的汽车,布置宪兵岗,挺着肚子……真想狠命朝他们胸前踢上一脚。"史迪威心中有气,因为日本人故意就护照问题找美国人的麻烦,"好像有意让别人瞧不起他们,憎恶他们。"

史迪威还去了日本一周,并在回来的途中去了日本殖民统治的朝鲜。这次旅行让史迪威发现,"日本有种侵略性的沙文主义,而这在中国是没有的"。不过他也意识到,日本是亚洲唯一在自己国土上完全拥有主权的国家,同时按照现代标准管理,看起来很有效率。也可能正是因为它的成功,便"产生出一种统治其他民族的冲动"来。

那些在亚洲趾高气扬惯了的外国人,在日本人面前却吃了苦头,受到了骚扰。史迪威回忆:"叫我在船上等着吃饭,小日本却已经在吃了"。先给日本人服务,他们不用排队。而且对外国人的证件检查也很严,进行冗长的问话。他认为这些只是"小烦恼",也没有妨碍他游览日本名胜时的快乐。他在宫岛周围的山上享受着松林的幽静和香气,而且可以看到远处的海峡。史迪威觉得"我可以在这里躺上好几个月"。他表示喜欢这个国家,但是不喜欢这里的人,他们让他想起了德国人。他认为,日本人是"德国人拙劣的模仿者,没有德国人的头脑和能力。爱国,很有组织性,勇敢,富于艺术性,自高自大和愚蠢"。[5]

*　　*　　*

1923年,史迪威在他的语言教官任期就要结束的时候,又对中国进行了一次游历。4月,他乘船和步行,在没有翻译和伙伴陪同的情况下,对长江南岸的三个省进行了一个月的旅行,包括沿海的浙江、内地的江西和湖南。他看到交通的不方便,许多地方除了独轮车外,没有带轮子的交通工具。货物通过水运,或者由人用扁担挑,用背和肩扛。运货的人沿着水稻田埂行走,或者直接翻山越岭。

他在登高之中,透过云雾,发现群山突然映入眼帘,仿佛是一幅幅中国的山水画。这里的农村要比北方更加美丽,到处树木繁茂,鲜花盛开,帆板沿着运河缓缓流动,岸上是一片片翠绿的竹林,宝塔上的风铃叮当作响,地里豌豆花点缀着春天,还发出阵阵的清香……

他非常有兴趣地看到小孩子懒懒地躺在水牛背上,牛不慌不忙地挪着脚步,不是走在田埂上,就是赶着它们转圈拉水车,灌溉着准备播种的农田。农人在田里边劳作,大自然和人融为了一体。

在旅途中,他跟各类中国人都有交往,包括他隔壁船舱的富商,观察着他的排场,花样百出,还有四层之多的饭盒。他看到乐呵呵的船工,他们衣服经常被打湿,不管冷热、饥饱,总是蹦蹦跳跳,非常有活力,互相开着玩笑。船上还有梅毒患者,以及拉二胡的人。

他有时好几天在乡间徒步旅行,一天能走三五十公里。所谓的道路不过是独轮车道而已,状况极糟,推车人把装得满满的独轮车从这种道上推过去。人们对外国人挺友好,史迪威报告说,"都认为美国是中国最好的朋友。他们对本国的政治毫无兴趣,只希望不受干扰地好好过日子"。他还看到,百姓受到军人的欺负,"多为强奸和抢劫"。

史迪威看到,这些地区鸦片买卖盛行,这个生意受到当地督军的保护。在湖南,稽查鸦片的官员普遍收取保护费,那里有100多家烟馆,每家每天要缴纳40个铜板。史迪威的船夫也是个烟鬼,结果史迪威不得不给他买些大烟,否则就浑身无力,烟瘾难忍,而难以正常开船。每天要花50个铜板,要吸两三次,才能让他正常工作。

一个月后,即1923年6月,他又去了外蒙古。从长城脚下的铁路线终点万全开始,到外蒙古首都库伦,漫长的1000公里,乘汽车要走三天。路上史迪威睡在蒙古毡房里,实在受不了室内的气味的时候,就睡在露天,望着满天的繁星进入梦乡。白天他看到天苍苍,野茫茫,一望无际的草原。

史迪威在报告中说,这里苏联的痕迹处处可见,在库伦,有500名苏联红军,装备有机枪的步兵和骑兵,控制着这里的局势。库伦的喇嘛数量达1.5万人。史迪威观看了这些喇嘛拜佛,觉得他们"肮脏、堕落和颓废"。这里梅毒很常见,很多妇女因此失去了生育能力,很少看到小孩,对此他不无悲观地预测,"可能五十年后蒙古人就会绝种"。显然这个结论未免武断,这种危机也并没有出现。

到这个时候,史迪威在中国已经待了四年,他作为语言教官的任期也结束了。1923年7月9日,他跟家人一同乘轮船踏上返美的漫长旅途。在那天的日记里他写道:"我现在已经是个中年人了。"那年,史迪威刚好40岁。[6]

中国的鸦片问题

正如史迪威所看到的，当时中国是鸦片横行。其实这个问题，早就受到关注。1914年谢立山（Sir Alexander Hosie）出版了两卷关于中国的鸦片种植和贸易的书《追寻罂粟花的踪迹》（*On the Trail of the Opium Poppy*）。他曾任英国驻天津总领事，两次到罂粟产地进行调查，目睹了这些地区罂粟种植的情况，讲述了他考察的所见所闻。其实这本书，我在20多年前撰写博士论文《街头文化》（*Street Culture*）的时候，就有引述，不过这本书只是我使用的大量的19世纪末20世纪初西方文献中的一本，并没有对这本书进行一个系统的介绍。

不知道是什么原因，在该书出版多年以后，1921年《纽约时报》对这本书进行了比较详细的介绍。这篇文章透露了西方对中国鸦片泛滥的担心，称"在过去15年中，中国一直在与鸦片这个恶魔进行搏斗"。那么，正是因为鸦片成为中国的严重问题，所以这本书对西方了解中国的鸦片问题，提供了非常重要的信息和参考。

按照谢立山描述，晚清禁止鸦片种植起到了积极的作用。鸦片在中国危害极大，政府通过了禁止种植罂粟的法律，各地严格执行。不少地区摆脱了鸦片的危害，但并未根除这个祸害。有一些地方阳奉阴违，种植和走私大量鸦片。谢立山在书中加入了许多有趣的材料，旅行的艰辛，城乡人民的生活，奇特的地方习俗，生活方式，产品和贸易，等等。中国人不仅在生活方式上，而且在精神世界方面，与西方人完全不同，"到中国内陆旅行就像到了另一个星球"。

《纽约时报》关于鸦片的书评。

资料来源：*New York Times*, May 13, 1921。

在清末，四川和山西已完全没有了罂粟种植，陕西和甘肃的种植量下降30%和25%，云贵下降了70%以上。但不幸的是，"严禁鸦片所取得的成就，但却被1911年10月爆发的革命打断了。"革命后，政府失去严密控制，罂粟种植死灰复燃。

罂粟花五颜六色，以白色为多，但深淡不同的红色和紫色都常见。各省种植罂粟的季节不同。西南各省在10月末或11月初播种，四川的罂粟3月开花，云贵要比四川晚一到两个月。在西北各省，如山西、陕西和甘肃，罂粟6月开花。

罂粟花凋谢后，鸦片果成熟，切开表皮，划破果壳，但不要刺穿内壁，便可以收集流出的浆汁，然后提炼鸦片。在浙江，人们使用一种像木匠刨子那样的小工具，从下往上割破果壳取汁。每个果都可在间隔一定时间后，反复割几次。汁流出时呈乳液状，有粉红色，后变为深褐色，最后成了黑色。早上把汁收集起来，用一块扁平的竹片，将浓缩的罂粟汁，也就是生鸦片，刮到碗里或竹筒中，让多余的水分蒸发。可通过加热方式烘干。

中国交通不便，谢立山则依靠自己的旅行队，但在中国内地还必须应付地方官员制造的障碍。旅行队有1辆骡车、7匹骡子、4个骡夫，其中2人负责驾车，2人负责照管骡子。驾骡车非常辛苦，人骑在骡子上，常常摇晃着就睡着了。"赶骡子的人在上面摇来晃去，让人紧张万分，但他们从没失去平衡摔下来过"。为避免随身携带太多银两，谢立山尽量带地方钱庄的银票。如果他携带银钱和铜钱的话，那么他大概还要加上5匹骡子才行。

谢立山讲述了他在路上的许多遭遇。长途旅行非常艰苦，他们一行到达山西文水县，晚上仆人将他的床铺好后，到隔壁房间歇息。仆人路过谢立山的坐骑时,它突然抬起一只腿,把仆人的右脚踝踢折了。仆人被抬进房间,疼痛得喊叫。谢立山赶紧请来一个当地的医生,医生懂一点西医,用了麻醉剂,但不见效。谢立山把自己的安眠药给仆人服了,仆人才睡了过去。谢立山帮助医生给仆人的腿上了夹板,叫了一抬滑竿把他送到旅途的下一站,因为那里正好有个外国医疗队。

因为仆人受伤了,谢立山不得不在文水县多停一天,把许多事情交代给厨子,厨子不得不承担双份的工作。他说"一次旅行的成败,很大程度上取决于仆人的能力"。在人手短缺情况下继续旅行,显然不是最好的选择,但是他还是决定继续前行。

谢立山在旅途中找到了一些罂粟种植地。有时,罂粟和其他作物如豆类等混种,主要是为了遮掩。有一次,当他借宿一个乡村客栈,在客栈后面露天坝子吃饭的时候,突然发现眼前的山谷里,种有罂粟,大约有两亩地。他摘下一朵花放进口袋,然后回到客栈。当旅行队准备启程时,一位衣着讲究的男子走过来,表情很严肃地告诉他,这个地方没种植鸦片。他从口袋里掏出那朵罂粟花,围观的村民们都笑了起来,这位男子赶紧转身离开了。

谢立山发现多数人都不愿谈鸦片种植的事,总是王顾左右而言他。其实鸦片种植在中国是一个公开的秘密,但中国人对外国人四处打听很警惕。政府官员的态度要坦诚一些,并不忌讳谈论这个问题。但他们大部分人都坚决否认还有罂粟种植,或者就说已经减少到几乎可以忽略不计的程度。

到达西安后,谢立山拜访了陕西省主管,向他打听去渭河河谷是否安全。主管说这一路很安全,不过要走大路,并建议了好几条不同路线,但都避开了渭河河谷。结论那么就只有一个,当地的官员不想谢立山去那一带调查。结果,他后来发现渭河河谷种植了大量的罂粟。[7]

司徒雷登的西安之行

前面曾经讲到过,因为买燕京大学的校址用地,司徒雷登结识了陕西督军陈树藩。陈邀请司徒雷登去西安看看,并在1921年的早春启程。陪同司徒雷登一起去的还有一位仆人。先乘坐火车向西,下了火车,又走了一个星期,中途需要穿越过一个土匪肆虐的区域。督军为了安全起见,特意派了一班士兵来护送。他们乘坐的轿子非常别致:一台驴轿由两头驴身上绑着柱子,撑着一架有顶棚的小屋。里头铺好了床褥,地方足够一两个人躺着,也还算舒适,这是专门为司徒雷登准备的。督军还送来一匹马,仆人喜欢躺在轿子里,而司徒雷登喜欢骑马,这样两个人的需求都得到了满足。司徒雷登回忆,"这种旅行方式让我亲眼看到了未受到现代和西方文明侵蚀的土地上的朴实农家风情,这对我来说十分宝贵。"

司徒雷登在西安待了一个星期,在这段时间里,他逛遍了古都和周边的自然景观和历史遗迹。还出席了很多社交活动,陕西的达官显贵为他举办了多次盛宴。有一回,在督军和省长联合主持的宴会中,两人坐在同桌,"宴会为他们各自特别准备了食物,以防止对方下毒"。他们两人身后都跟着保镖护卫,而且这些保镖护卫都隐藏在不显眼的地方。有个护卫的枪不小心忽然掉在了地上,"顿时,全场一片惊慌。而在发现是一场虚惊后,大家又装得像是莫逆之交一样,稳稳坐好继续进行着亲切的聊天。"

西安的名胜令司徒雷登难忘,他甚至想让燕京大学与西安建立一种特别联系。在他离开陕西时,督军送给了他一匹马,他把这匹马带回了北京。回去后不久,就听说省长成功发动了对督军的夺权。后来陈树藩到天津,过上了隐居的生活,司徒雷登常常去拜访他。司徒雷登感慨地说:"这是一个时代的缩影,在中国那个动荡的年代,不管你有多足智多谋,最终都是竹篮子打水。这些事情经历过后,我就知道与当权者打交道的重要性了。"[8]

关于陈树藩的倒台,司徒雷登在这里语焉不详,这里稍作补充:由于北洋军阀的内部斗争,1921年5月,北京政府免去陈树藩职务,但陈树藩拒不下台,于是直系军阀曹锟、吴佩孚派军入陕。陈树藩认为自己的军力足以抵挡,然而省长刘镇华投靠了直系军阀,陈无力抵御各路军队的进剿,逃出了陕西。先从汉中入四川,后到汉口,再转上海,后在天津、上海、杭州等地当寓公。坊间说陈树藩离开西安前,放声大哭,自称做了几年的陕西督军,依然是个穷光蛋,自问对得起陕西父老。不过人传他携带了行李3000多件,连督军署的玻璃地板都被撬开带走。他的亲信还对人称,他所搜刮的财富也有500万之多。[9]

赛珍珠的南京世界

赛珍珠已经适应了在华北小镇新宿州的生活,而且在那里有了许多朋友的时候,她的丈夫决定到南京,去金陵大学当教授,那是1921年。[10] 赛珍珠在回忆录中说,"安宁而又充满乐趣的华北生活中止得很突然"。但对此赛珍珠表示理解,因为丈夫卜凯一直在困惑,在这个数千年形成的一套卓有成效的耕作方法的中国农村,如何推行他的西方农业技术。他希望在大学里传授知识,这样有更多的学生去进行实践,推动农业技术的改良。

离开她生活的这个城市,以及告别这儿的亲朋好友,赛珍珠心情难免有些沉重。但另一方面,她又为"重返现代中国而高兴"。新宿州毕竟是一个闭塞的小地方,她说几乎"听不到新文化的消息"。其实,南京当时也并不是剧变的中心,她也预见不到,后来它成为了蒋介石新政府的首都。

刚到南京时,它还是个"保守尚古"的城市,有着悠久的文化传统,甚至还是当时抵制白话文运动的"老学究们的堡垒"。然而南京还是中国历史文化的中心之一,很长一段时间是明朝首都。当赛珍珠到达那里的时候,南京已有一所大学和男女两所教会学院。

在离开新宿州到南京之前,她的朋友们纷纷设宴话别,互赠纪念品。大家流了很多泪,表示以后一定互访,保持联系。留下最后的恋恋不舍,关上了那座新盖的砖房的门,登上了南下的火车。[11]

在到南京定居之前,赛珍珠只去过那儿一次,那次的访问在她的记忆中很模糊,所以再次来到南京,她是用"陌生的眼光来打量这座城市"。

南京城很大,城墙是中国最雄伟的城墙之一。它用坚如磐石的大砖砌成,顶部很宽,上面可并行几辆汽车,全长40公里。赛珍珠发现,中国北方地区周期性地闹灾荒,当难民逃至南京时,由于无处安身,便把草棚搭在了寒风凛冽的城墙上。

她刚到南京的第一个冬天,就遇到了一场严重的饥荒。赛珍珠积极参与了救荒的活动,尽量帮助那些在城墙上遭受煎熬的成千上万的难民。为此她去找了杨太太,她年轻漂亮,穿着入时,住在一幢两层洋楼内。室内很整洁,铺着地毯,挂着窗帘,墙上挂着现代风景画。赛珍珠把城墙上难民的困境讲给她听,但她却根本不信。让她去亲眼看看,她又不肯。"她住的那条街是这座古城最摩登的地方,她从未远离过那儿。"

"我在芝加哥贫民窟见过你刚才所说的情景,"她自鸣得意地说,"但我敢说,我们这儿不会有的。"她不愿屈尊去看看事情的真相。她是典型的受过西方教育的中国人,浑身散发着洋气,"不再是一个真正的中国人了。她为自己创造了一个美好的小天地,那里的人都和她一样养尊处优。她们住着洁净的砖瓦房,她们的丈夫在大学教书,孩子在别的孩子不能进的幼儿园上学。别的事情她们一概不知。"

春天,难民纷纷返回自己的老家。清静下来的城墙,便是散步的好地方。站在城墙上,可以眺望广阔的乡村,田野上一片翠绿,远山重峦叠嶂,好一幅心旷神怡的景色。随着赛珍珠对这座城市的逐渐理解,那儿成了她的游览胜地。寺院隐于山中,是人们纳凉休息的好地方;离城市不远,还有明陵,通向陵墓的道旁,有巨大的石兽和石人护卫,似乎它们在诉说着往日的辉煌。

在晚年,赛珍珠远隔千山万水,年代虽然久远了,但是记忆仍然是常新的:"紫金山仍是我眷恋的地方,因为我曾在那儿度过了许多欢乐时光。"她还记得,七月的一天,她独自爬上紫金山的峰顶,举目眺望,风景如画:遍地盛开着野栀子花,蓝中透红,光彩夺目。此后,她每年都到山顶赏此美景,"这一奇观我将永生不忘"。

紫金山的南坡,青竹吐翠,古松参天,林间有为香客修的令人欢欣的石径。她喜爱庙里那超凡脱俗的宁静,哪怕她并不信奉那里的神灵，但她还是喜欢坐在神像前，冥冥之中，与神灵对话。神像前香火不断，烟雾缭绕，"坐在那里静听回荡在耳畔的祈祷声"。

和北方一马平川比起来，南京周围的乡村景色秀丽，让人心旷神怡。尽管南京城内有不少景致，但赛珍珠是那种在城市里待不住的人，总想远离尘嚣，对周围都进行了仔细的勘查。古瓷砖宝塔遗址是古代中国的一大奇观，可惜毁于太平天国战争，但那儿依然可以捡到闪闪发光的琉璃瓦。

距古塔遗址不远，有一座小而美的寺院，那是三姑庙。这座寺院因里面有口大铜钟而闻名于世，如今一般人知道这个地方叫"大钟亭"。那里的一个老和尚告诉赛珍珠，是三个姑娘的血肉之躯，使这钟发出洪亮的回音。

她们是钟匠的女儿，当年铸钟时，钟匠绞尽脑汁也未能使那金属发出悦耳的声响。这是皇帝命令造的大铜钟，全家人都为此坐卧不宁。一天夜里，钟匠的三个女儿梦见女神下凡，告诉她们，如果她们在下次父亲铸钟时跳进熔炉，把身体融入钟内，钟就可以发出深沉悦耳的乐音了。三姊妹没有将此事告诉父亲，决定牺牲自己。当父亲再次炼铜时，她们没让父亲知道就跳进了熔炉。钟成之后，声如仙乐。

赛珍珠还描写了在荷花开放的湖上泛舟，她在那儿度过了许多愉快的下午和黄昏。在盛夏的傍晚，她常跟一两个朋友租上一条小船，船夫摇桨，载她们穿行在荷间水道。在船上想坐多久就坐多久，粉红色的莲花在水面上怒放。夕阳西斜时，荷花才缓缓合上，但花香依然弥漫在空气中。船夫将船撑到巨大茂密的荷叶下面，采剥莲蓬给她们吃。月色中，掰开多汁的莲蓬，剥出杏仁般大的莲子。倘若饿了,船夫的妻子就会给她们煮面条,边吃边听飘荡在湖面上的歌声。

她还记得离她居住的房子不远,有一座多层的矮塔,底座是一个宏大的四方形建筑,上面涂了一层红漆,下面是一条又高又宽的门洞,大街从此穿过,直达长江边。冬天,乞丐们在这幽暗的涵洞里过夜;夏天,瓜贩子在这里摆摊卖清凉爽口的西瓜。[12]

赛珍珠特别喜欢南京夜晚的街景。那鹅卵石铺就的古老的街道,弯弯曲曲,两边的店铺鳞次栉比。店门开着,店内蜡烛或油灯映照出一幅幅充实的家庭生活画面。

炎热的夏天,吃过晚饭后,人们把竹椅竹凳搬到街上来,饮茶、聊天,最后在星光中进入梦乡。这里没有百货商店,没有大型商场,家家都有自己的生意,每个小店专营某种商品。如果有洋货的话,通常也只是日本货。[13]

* * *

赛珍珠的居室窗口,刚好对着紫金山,从那儿可以清楚地看见院墙外的乡村景色:几个菜园,一些农家砖房和一口大鱼塘;再往前看,左边是金陵大学的带飞檐的重重屋顶,远处是一座宝塔和城墙,再远处便是紫金山。城内绿树蔽日,花园处处。几个世纪以前最初设计这座城市时,已考虑到留下足够的空地,"以便在敌人围城时,城里的人可以关上城门,依靠城中土地安然地生活。"

她自己的院子周围是大草坪、小竹丛和菜园,佣人们住在后院一角。她还动手开辟了一个花园,种植了带茶香的中国玫瑰。每年春天,竹笋生长出来,密密麻麻的,厨师用竹笋做成了美味佳肴。

园丁很忠实地跟了她好几年,园丁的妻子个头不高,年龄比丈夫大,但她怎么也挡不住丈夫的赌博。他总是把工资输得分文不剩,所以,赛珍珠常偷偷地周济她些钱,免得孩子挨饥受饿。他们就住在院外边的一个小棚里,平均不到一年就生一个孩子。有一次"受尽拖累、可怜巴巴"的妻子说:"我们女人要怀胎九个月才能分娩,这真是上天的慈悲啊。要是一天就成,那我就该一天生一个了,我那口子就是那德行。"

每个夏天,"总有一个孩子病快快地生在园丁家里,但不知怎地都能活下来。"园丁妻子的奶水从来都不够。每天早上,赛珍珠都要冲几瓶乳粉,等她来取。赛珍珠经常开导园丁,劝他节制些,他满口答应,但婴儿还是一个接一个地降生。[14]

南京的夏季特别难熬。有一天,赛珍珠忽然闻到一种恶臭从墙外飘来,她原以为是施到田里的大粪的味儿,但那味儿日夜不散。最后邻居告诉她,那是池塘边的草丛里一个男人的尸体在腐烂发臭。

那人是一个有夫之妇的情人,那妇人的丈夫发觉了此事儿,便把两人都杀了。丈夫埋葬了妻子,却把这个男人的尸体扔到了草丛里。尸体一直在那儿躺着,尽管那男人家里知道这事,但却无人为他收尸,因为"人们不得不遵守古代家庭伦理道德的时代,那对情人得到这种惩罚也被认为是罪有应得"。[15]

*　　*　　*

赛珍珠的父母和妹妹仍然住在"老家"镇江。她母亲有严重的肠胃的问题，赛珍珠要送她去美国，但她却不愿漂洋过海，认定自己会死于那无药可医的晕船症。而且她感到丢开在中国已经习惯了的生活，再去过另一种生活已为时太晚。她已无法适应一种新环境，重新开始另一种生活，即便回到故国也不行，她开始平静地走向生命的尽头。

1921年10月的一个阴郁的下午，母亲不行了。全家只有她没到母亲床前，"而是站在走廊上，呆呆地望着窗外，窗外的景色已因我的泪水而变得朦朦胧胧"。每当她想起母亲的去世时，眼前便会浮现出那模糊的景色：摇曳的翠竹，远处的峡谷，矮小的农舍，褐色的田野，晚秋拾穗人，村妇和孩童，再远处是隐约可见的山峦。那几分钟是那么漫长，她"直觉得自己的血肉正被从母亲的躯体上撕扯下来"。她真想进屋去见她一面，但是她又做不到，没有勇气面对母亲的离去。

葬礼于次日举行，那是个灰暗的秋日，淅淅沥沥地下着秋雨。一支小小的送葬队伍走下山坡，穿过山谷，来到带围墙的白人公墓。她那早夭的哥哥几年前也是葬在这儿的。过去来给他送花时，她和母亲常常就是走在那些墓地小径上的，那些墓碑上的诗文她都能背下来。那儿最早的几个坟墓，已有一百多年历史了。

长满苔藓的坟墓下，有三个国籍不明水手的尸骸。他们三人合碑上的那首诗，赛珍珠直到晚年仍然还清晰地记得：

  Whoe'er thou art who passeth by，世间过客乱纷纷

  As thou art now so once was I. 昔日我亦过路人

  As I am now, so must thou be，而今我先下黄泉

  Therefore prepare to follow me. 明日来此轮到君

她母亲看到的却总是众多婴幼儿及许多死于分娩妇女的墓。那里有一位著名英国传教士坟墓，高大的石碑，他先后娶了三个妻子，她们及几个孩子就葬在他的周围。"这老混蛋！"她母亲愤愤地骂道。

现在，母亲到这儿来长眠了，她的墓位于一个空空的角落里，那儿有阳光，还有攀援在高大的砖墙的缝隙间的野生紫罗兰。晚年的赛珍珠，尽管时隔多年，"对那一天的记忆仍异常清晰"。[16]

上海的俄国难民

1922年的冬天，长江口外来了几艘神奇的轮船。[17] 听到这个消息，鲍威尔立即租了一艘游船，驶往长江口。那是由俄国海军上将斯塔尔克指挥的舰队，"那着实是一个神奇的舰队"，船只用油漆涂得乌黑，从小型战舰到拖船，无所不包，大约有30—40艘，还包括两只破冰船，体积庞大。

鲍威尔看到如此壮观的舰队，很是兴奋，于是告诉船长将游船靠近一艘大型战舰。船上的一位军官看见了他，走到船尾用俄语与他说话，但他听不懂，只好跟他打手语，表明想上船。在水手的帮助下，鲍威尔上了跳板，当时江风很大，扬子江洪波巨浪，令他胆战心惊，但顺利登上战舰。

他来到战舰上，四处走动，对舰上的景观更是惊奇，因为甲板上堆了各种家庭用品，"小到锅碗瓢勺，大到婴儿床，无所不有"。搞笑的是，刚好鲍威尔看到一位俄国母亲将孩子的尿布拿到炮筒上去晾。他又看到甲板上还有一辆几乎全新的美国汽车。

在俄国革命之前,上海只有五六家俄国人,经营茶叶公司,都很富裕。另外,俄国亚洲银行在上海外滩设立了一家分行,在一座富丽堂皇的大楼里面,所以有的俄国人也在那家公司服务。就这样,抵达上海的俄国官兵及其家眷,成为最早大批进入上海的先驱。在他们之后,更多的俄国人涌入上海。他们来自俄国各个地方,远至莫斯科和圣彼得堡。上海是一个开放的城市,外国人来甚至"不需要拥有护照和签证",因此大批俄国人蜂拥而至,持续了好几年,对此,中国政府束手无策。

那时,从俄国到上海的火车、轮船皆来往比较频繁,来者大多身无分文,特别是许多吉卜赛乞丐。也有不少沙皇贵族,"囊括了俄国社会各个层面的人物"。富裕的俄国人携带珠宝,因为他们将财产变卖了。抵达上海后,这些人入住豪华的旅馆,坐吃山空,过着奢靡的生活。所以那个时候,珠宝在上海当铺比比皆是,有珠宝收藏者,趁机将这些稀有的珠宝以低价买进。

到底有多少俄国逃亡者抵达上海,没有确切的答案,估计在25000—50000人。大部分俄国人十分贫穷,常忍冻挨饿。上海的慈善机构设立了不少施粥厂,这些俄国难民才不至于被饿死。俄国难民中不乏军人,大多是哥萨克人,他们曾在沙皇军队中服兵役,始终对沙皇忠心耿耿。他们携带父母妻儿,一路仓皇,从俄国经蒙古,逃到东北,然后转到上海。

令鲍威尔惊讶的是,"这些蜂拥而至的俄国逃亡者",并没有成为上海的负担。相反,他们在上海有了立足之地,而且迅速站稳了脚跟。这些哥萨克军人要么成为保镖,要么成为门卫。那时,有钱的中国大商人经常遇到敲诈和谋害的事件,他们纷纷雇佣哥萨克军人做保镖。上海的金融机构、公司也聘用哥萨克军人做夜间门卫。后来,公共租界干脆组织了一个俄国团,成为国际团的有机组成部分,旨在维护上海治安。

数以百计的俄国妇人也开起了时装店、女帽店、美容店、杂货店,商品琳琅满目,小到针线,大到婴儿车,无所不包。这些店主大多是俄裔犹太人。当时俄国饭馆遍布上海的大街小巷,鲍威尔说"每条街上至少有一两家",不知道是不是有点夸张。法租界的俄国饭馆最为密集,俄国菜开始在上海流行。在俄国难民的努力下,他们的地位发生了变化,人们对他们也刮目相看了。

俄语也在上海流行起来,俄国人在上海影响越来越大,以至于后来俄国人想用这种影响力干涉上海事务。鲍威尔刚到上海时,还没有俄国教堂。谁也想不到,10年之后,上海的俄国教堂已达到12座,有些非常宏伟壮观。鲍威尔发现俄国人是虔诚的宗教信徒,他还曾访问过好多俄国家庭,所有的家庭的每个房间里都悬挂着圣像,像前有香炉,香炉里的油灯永远点亮着。每逢圣诞节和复活节,俄国人都要举行礼拜,形式多种多样,场面非常壮观。上海的许多外国人都会前去围观。

由于居住于上海的外国人多数是单身,于是他们中不少人和俄国女人便有了恋情,成就了"无数的国际联姻"。那时,美国海军陆战队驻扎上海,一些官兵也因此有了家庭。一次,鲍威尔与美国海军陆战队的牧师聊天,当他问及这些异国恋人是否过得开心,他说官兵们的婚姻生活很美满。但是鲍威尔感觉"从说话的语调判断,他说得很牵强"。[18]

鲍威尔和《中国贸易法案》

《密勒氏评论报》逐渐在上海有了影响。为了在美国给这家报纸找一些固定的广告商,鲍威尔决定回美国一趟,于1920年秋天启程。

哈劳德·达兰(J. Harold Dollar)是美国达兰公司的亚洲代表,也是上海美国商会的主席。在鲍威尔出发的前几天,忽然收到达兰的邀请,说在美国俱乐部给他饯行。参加聚餐的除了鲍威尔和达兰之外,还有卡尔·舍兹(Carl Seitz),一位著名的经营木柴生意的商人。当聚会将结束时,舍兹站了起来,几句寒暄之后,就对鲍威尔说:他们草拟了一个《中国贸易法案》,旨在帮助上海的美国商人,希望他能去华盛顿走一圈,和联邦政府沟通,设法说服国会,使此法案获得通过。

舍兹又表示,倘若答应他的请求,在华府的住宿费将由上海的美国商会承担。他又解释道:要使国会要员清楚此法案的重要性与必要性,完成这个任务应该不需要太长时间,几个星期够了。鲍威尔还没有去过华盛顿,也渴望去华府走走,对政府和国会如何运作也比较好奇,当即便答应了。

在从美国西岸到纽约的途中,鲍威尔在芝加哥逗留,因为鲍威尔也给《芝加哥论坛报》写新闻调查,他拜访了罗伯特·麦考米克(Robert R. McCormick),提及说服国会通过《中国贸易法案》的使命。麦考米克说:倘若你今天坐半夜的火车,明早6点可抵达俄亥俄州的麦瑞昂(Marion)。现在给我们驻麦瑞昂的政治新闻记者费尔·金斯莱(Phil Kinsley)打电话,让他明天早上6点在火车站等你,而后引见你拜访刚当选总统的哈定。

次日早上 6 点半，鲍威尔与金斯莱在麦瑞昂的火车站碰了面，金斯莱直接带去哈定的家。哈定总统告诉鲍威尔，他对中国一直感兴趣，因为他的一位姑姑曾经在中国传教。但是后来鲍威尔考察了这件事情，发现其实他姑姑在印度传教，鲍威尔嘲讽地评论道："美国人混淆中印这件事不足为奇，而且我早已习惯了。"

为了使游说能顺利进行，鲍威尔还预先写了一本关于《中国贸易法案》的小册子，他将这本小册子给了哈定，向他介绍了美国在亚洲的贸易不断加大，很有发展前景。新法案的通过不仅可以进一步开拓美国在亚洲的商务，还可以为美国赢回名声。他向哈定进一步解释道："在亚洲的商务界，美国的名声因一些美国冒险家和小混混的为非作歹而受损。新法案的通过可以使美国在亚洲的商务有章可循，有法可依，从而树立一个崭新的形象。"

哈定听罢，很热情地回应道，他去华盛顿就职前，帮不了什么忙，不过就任以后，"我将尽力协助你，最终让国会通过你梦寐以求的法案"。哈定履行了他的承诺，就任总统后，尽一切可能帮助通过这个法案。鲍威尔与哈定总统也慢慢熟悉起来，逐渐建立了深厚的友谊关系。不论他何时遇到什么困难，只要收到他的书信，哈定"就会不遗余力地帮助"。

当鲍威尔到华盛顿，开始为法案进行游说的时候，才发现只要不是国家的紧急法案，要获得国会的通过，绝不仅仅是几个星期的事情，要经过漫长的过程，少则几个月，多则几年。鲍威尔向朋友们问让国会快速通过法案的秘诀，几位履历丰富的老记者告诉他，在华盛顿，说客们通常要等好久，最终等到饭碗都丢了。不过，鲍威尔觉得不必遵照行规,要随时随地地拜访一些国会议员和其他有关人员。

后来,鲍威尔通过共和党国会议员雷奥尼达斯·戴尔(Leonidas C. Dyer),在国会中提出关于对华贸易的这个议案。召开听证会是一项法案必经的例行程序,鲍威尔拜访了纽约若干进出口贸易公司的老板,邀他们各派一位代表赴华盛顿参加听证会。现任商务部长霍伯特·胡佛(Herbert Hoover)在中国当过矿务工程师,在召开听证会那天,胡佛也应鲍威尔的邀请前来参会。

当时亚洲贸易普遍增长,已经引起了美国各界的关注。为了最大限度地利用大众心理,就法案的名称问题,鲍威尔与戴尔进行了协商,最终商定以《中国贸易法案》(China Trade Act)命名。胡佛部长对法案很有兴趣,但是国务院和商务部则不然。鲍威尔拜访数不胜数的人,经过他不懈的努力,法案受到了全国各商会的欢迎。

在波士顿,他拜访了一位银行家。他去过亚洲,对与中国贸易的事件也相当关切。为了欢迎鲍威尔的到来,他在银行家俱乐部里设酒宴,赴宴包括波士顿市长和对外贸易代表。市长当即给马萨诸塞州的国会议员发电报,要求他们不遗余力地支持《中国贸易法案》。

在不长的时间里,美国参众两院审核批准了这个法案。这个法案的执行由商务部负责。鲍威尔没有明确说明这个法案实施的时间,我查阅了美国商务部的文件,找到这个文件的开始实施日期是1922年9月19日。[19]

《中国贸易法案》适应了欧洲战后在中国为美国商业开拓市场的需要。法案通过前,商务部仅派了一人作为代表驻华,那当然很难有所作为。法案通过后,气象大变,应商务部的派遣,各方专家前来中国，就中国经济状况问题进行分析调查，这为后来美国成为中国市场上的主导者奠定了基础。[20]

注释

[1] 以上见巴巴拉·塔奇曼：《史迪威与美国在中国的经验，1911—1945》，第73—84页。

[2] 巴巴拉·塔奇曼：《史迪威与美国在中国的经验，1911—1945》，第85—92页。

[3] 巴巴拉·塔奇曼：《史迪威与美国在中国的经验，1911—1945》，第93—98页。

[4] 巴巴拉·塔奇曼：《史迪威与美国在中国的经验，1911—1945》，第99—100页。

[5] 巴巴拉·塔奇曼：《史迪威与美国在中国的经验，1911—1945》，第101—105页。

[6] 本节资料见巴巴拉·塔奇曼：《史迪威与美国在中国的经验，1911—1945》，第106—108页。

[7] "On the Trail of the Opium Poppy." *New York Times*, May 15, 1921.

[8] 司徒雷登：《原来他乡是故乡：司徒雷登回忆录》，第6章。

[9] 参见丁中江：《北洋军阀史话》，第179章。

[10] 中文翻译本说是南京大学，虽然英文是 University of Nanking，但是应该是金陵大学。

[11] 赛珍珠：《我的中国世界》，第162—163页。

[12] 赛珍珠：《我的中国世界》，第164—167页。

[13] 赛珍珠：《我的中国世界》，第209页。

[14] 赛珍珠：《我的中国世界》，第167—168页。

[15] 赛珍珠：《我的中国世界》，第208页。

[16] 赛珍珠：《我的中国世界》，第171—173页。

[17] 鲍威尔的回忆录说是在1918年或1919年冬天，应该是他时间记错了。有关研究可见汪之成：《旧上海的俄国侨民》，《社会科学》1994年第7期。

[18] 约翰·本杰明·鲍威尔：《我在中国的二十五年》，第53—56页。

[19] "TOPN: China Trade Act, 1922." The Legal Information Institute, Cornell Law School. https://www.law.cornell.edu/topn/china_trade_act_1922.

[20] 约翰·本杰明·鲍威尔:《我在中国的二十五年》,第57—64页。

第六部
乌云笼罩，1923—1926

中国进入1920年代以后，可以说几乎没有严重的外患问题。在华盛顿会议上，中国收回了山东的主权。中国近代签订的一系列不平等条约，也不断地得到修改和废除。也就是说，国际局势出现了对中国非常有利的改变，这是中国走向富强难得的机遇。

第 21 章　震惊世界的绑架案

> 最容易产生匪徒的地方，是那些对劳动力的需求较少或穷得雇不起当地劳力的农村；换句话说，就是农村剩余劳动力过多的地方。游牧经济、山区和土壤贫瘠的地方是产生这种剩余劳动力最多的地区。
>
> ——英国历史学家霍布斯鲍姆

1923年5月5日晚上，鲍威尔乘坐火车，从南京出发，前往北京。为救济因黄河发洪水而受灾的民众，美国红十字会划拨了一笔款项，用于赈济灾民。他此行的目的，就是对赈灾作一个专访。

他搭乘的列车名为"蓝钢皮"（Blue Express），刚从美国买回不过几个月。"蓝钢皮"可以说是当时中国最先进的火车，也是亚洲唯一的一列全钢火车。有头等、二等、三等车厢。鲍威尔所在的头等车厢比较特别，带有卧铺的小隔间，非常舒适。乘客中有在中国经商的商人，有旅行家，来自美国、英国、法国、意大利、墨西哥、罗马尼亚和中国。不过，中国人居多，罗马尼亚人仅有一个。

其中包括许多妇女和儿童，露丝·奥尔达里奇小姐（Miss Lucy Aldrich）是其中之一。她是小洛克菲勒的表妹，也是已故参议员内尔森·奥尔达里奇（Nelson Aldrich）的女儿。除她的法国女仆外，一起旅行的还有麦克费丹小姐（Miss McFadden）。此外，还有几个法国人和美国商人，以及两位美国陆军军官和他们的妻儿。两名墨西哥人是安司纳·威瑞阿（Mr. and Mrs. Ancera Verea）夫妇，威瑞阿先生是墨西哥有名的企业家，这对夫妇新婚燕尔，此次来中国是度蜜月。

除此之外，还有一位来自意大利的墨索（G. D. Musso）先生，是一位有钱的律师，他在上海租界曾发了一大笔财，不过很少有人了解他是如何发财的。他的履历极其丰富，曾多年在上海鸦片烟公会担任法律顾问，与别人合营罗马一家有名的报社，拥有一半的股份，拥护墨索里尼。随他出行的还有墨索的秘书小姐，相貌出众。

法国人拜鲁彼（Berube）与鲍威尔共用一个头等车厢，他目前就职于中国海关。他们彼此过去并不认识，但当提及欧战和亚洲错综复杂的政治情形时，话突然多了起来，彼此聊得很投机，一直到凌晨两点都还兴致勃勃，没有睡意。

列车遭遇土匪

一轮皎洁的月亮悬挂在天空中，月光洒在光秃秃的山脉上，明晃晃的。打开窗户，一阵和煦的春风迎面吹来，他们很享受这种原野的气息。隔窗望去，列车正在进入山区。鲍威尔对这个地区比较了解，告诉拜鲁彼，这片山区是江苏、河南、山东三省的交界地带，土匪出没，列车目前正在"土匪窝"行驶。这些土匪多半是军阀出身，军队溃败以后，无以为生，便干起了抢劫的营生。一些土匪高举"劫富济贫"的旗帜,但事实上在附近城市和村庄打家劫舍,敲诈勒索,无恶不作。

就在谈话间,火车驶入了山东省,不过行驶的速度渐渐慢了下来。忽然一阵刺耳的汽笛声响起,列车猛然停了下来,乘客多半跌出了座位。紧随着车厢外一片混乱,叫喊声夹杂着枪声。出于好奇,鲍威尔将头探出窗外,想知道车外发生了何事,但是只听"嗖"的一声,一颗子弹飞过他的头顶,赶忙把头缩回车窗里。

鲍威尔可以看到窗外的情况,只见一伙人边喊边开枪,朝着列车飞奔而来。他们到达车窗跟前,竟相从窗而入,将乘客逐一赶出,而后挨个搜乘客的行李箱。面对此种情形,那位罗马尼亚乘客奋起反抗,竟然拿茶壶向土匪砸去,被土匪一枪击毙。其他乘客再也不敢有任何反抗了。

鲍威尔的行李袋里有一把手枪,是在华盛顿时买的,法国人也有一把。但是,他们知道和土匪的力量相比,反抗是没有用的,于是将手枪主动交给了土匪。他们得到手枪后,非常高兴,因而给了他们点儿小特权,即让他俩穿上衣服和鞋袜。别的乘客则没有此待遇了,都身穿睡衣或睡袍,被土匪押解到河岸上。

土匪们从容地抢劫旅客们的财物,从箱包行李到邮局的包裹,都经过了仔细的翻检。他们还打劫床垫、毛毯,翻看里面是否藏了值钱的东西。鲍威尔甚至看到一个土匪的口袋里满是电灯泡。

抢劫完毕,土匪押送旅客离开。后来人们知道抢匪头目是孙美瑶。队伍沿着一条草木凋零的峡谷向着山区进发。每一个乘客都由两名土匪押解着,左右两边各一名。"蓝钢皮"车上的旅客有200人左右,土匪却有1000多人。[1]

漫长的山路

峡谷中，草木凋零，乱石遍地。就在穿越峡谷之时，一阵女人的哭声传来。走近时，鲍威尔发现原来哭的女人是奥尔达里奇小姐的仆人。只见她手捂着肋骨，一瘸一拐地向前走着，貌似受伤的样子。鲍威尔和拜鲁彼搀扶着她，走了一段路之后，她悄悄告诉他们她的睡袍里搁着奥尔达里奇小姐的钱包，一些贵重的首饰和珠宝就装在钱包里，因而她不得不佯装受伤，手捂肋骨前行。

鲍威尔和拜鲁彼都认为这样风险太大，劝说这位法国女仆趁机把钱包丢掉。这样的话，或许有幸被一位老实的农民捡到，将来还有物归原主的一天。但是女仆不听劝，表示愿意以命相保。后来土匪劫了一头毛驴，鲍威尔和拜鲁彼想方设法劝说土匪，允许这位法国女仆和一个儿童骑上了驴。

天亮之后，在峡谷中行进的队伍显得十分壮观，像龙一样蜿蜒盘旋在山谷中，绵延半里路。紧随旅客的是土匪队伍，他们扛着从火车上抢来的箱包行李，还有卧车铺里的床垫，个个大汗淋漓。太阳慢慢升起，气温愈来愈高，山坡也渐渐开始陡峭。

在休息的时候，土匪们将垫子扔在地上，或坐或躺。然后把抢到的东西拿出来一一欣赏，像牙刷、牙膏、保险刀、胡子膏、照相机、胶卷、自来水笔、钥匙串、小刀、爽身粉、化妆品，等等。鲍威尔还看到其中一个土匪将抢来的一件女人的胸罩围在腰间，将他抢到的一些小物件放在文胸的两个罩杯里。

多数旅客都没来得及穿鞋，爬山时脚疼痛难忍，因而行动速度缓慢。由于鲍威尔和拜鲁彼穿着鞋子,走得还算快,走着走着,便到了队伍的最前面。在这儿,他们看见一位妇女狼狈地坐在驴背上,驴背上没有鞍镫,非常难以坐稳。他们感觉倘若一阵大风袭来,那么她身上的丝质睡袍或许会被吹跑,她是奥尔达里奇小姐。

上午 10 点钟光景,队伍登上了山顶。山顶有一座碉堡,众人经过长途跋涉,早已疲惫不堪,饥渴难忍,瘫痪在地上。稍微休憩之后,土匪才让众人从他们抢来的箱包行李中挑拣自己的衣服穿上。女士有的划破了脚,有的扭伤了脚踝骨,几位男士看到这种情景,将他们的睡衣撕扯成条子,给她们包扎,彰显了绅士的风范。

当女仆将那些贵重的首饰珠宝给奥尔达里奇小姐时,小姐四下察看了周围地形,趁土匪一不留神,迅速地将珠宝袋藏在一块大石头下面。为了日后寻回那些珠宝,她从土匪头目那里借来一根铅笔,画了一幅地形方位简图,并藏在鞋尖里。几周以后,绑架事件得以解决,奥尔达里奇小姐设法派人专门来到这个山区,居然真的找到了这个钱包。

在这个当口,土匪首领也聚拢起来,召开会议。后来鲍威尔发现,土匪开会的频率越来越高,以至于给他留下这么一个印象:对于如何劫车,土匪们做过周密的规划;至于劫车后应当如何行动,土匪们则没有详尽的策略。为了了解官方的动静,土匪不时派人下山侦察。在侦察人员报告官方的最新动向后,再次召开会议讨论。

自从头天列车上吃了顿晚餐后,他们便没吃没喝过,此时已经饥饿难忍。在天行将黑时,有几个人背着篮子和瓦罐走来,篮子里是鲜鸡蛋,瓦罐里装的是清水。土匪们分发给众人一人一个鸡蛋,并向大家展示了吃法:先在鸡蛋两端各敲一个小洞,之后将它放入嘴里，将蛋黄、蛋清一并吸去。水则可以随便喝。

在沿途，大家不断地听见枪声，显然政府派部队在追击这伙土匪。下午5点左右，一个土匪头目要求鲍威尔写一封信给吴毓麟和田中玉，那时吴毓麟任交通总长，田中玉则任山东督军，信的大概内容是：倘若不停止射击，那么土匪将把外国俘虏全部杀掉。鲍威尔告诉土匪说，除非将妇女、儿童全部放了，否则拒绝写信。

他是旅客中仅有的外国记者，旅客们一致说服他写这封信。其实，一起搭乘这列火车的人中，还有一名外国记者，不过当土匪劫车时，他藏在火车座位下，而后趁乱逃脱了。信件写好后，土匪头目把信交由他的一个贴身随从。随从手举一根绑着白布的木棍，小心谨慎地向山下走去。[2]

进入匪巢

夜幕降临时，土匪打算撤离山顶。天空突然乌云密布，顷刻间雷电交加，震耳欲聋，随之而来的是一场滂沱大雨。就在这时，土匪头目则要求大家启程，谁也没有敢提出异议。一道道闪电划破了黑暗的天空，就在这不停的闪电中，他们沿着一条陡峻的山路向下。途经一个山谷时，由于大雨，山谷里一片汪洋，雨水汇成了一条小河。在这湍急的河水中，步履维艰。几个小时以后，他们终于到达一个村子。

一阵狗叫声传来，人们隐隐约约看到了村庄里黑色的轮廓。土匪们押着他们进入一个四合院，里面一团漆黑。过了一会儿，人们的眼睛渐渐地可以看到一些模糊的景象：这是一个长方形的四合院，一堵不高的泥墙环绕在院子周围。土匪把大家押进屋里,只见干燥的地上平铺一层高粱秸秆。当晚,每人只喝到了土匪提供的一碗热茶。由于太困了,喝完热茶后,大家将湿衣服脱掉,在铺着高粱秸秆的地上倒头便睡,一觉醒来时,已经是第二天下午了。

当一切收拾妥当打算启程之际,突然一阵骚动,大家看到在四合院的前面,一个大胖子在担架上躺着,他便是那个意大利律师墨索。昨天他一不留神就跌到了山脚,伤及脊椎骨,无法行走,土匪们不想把他一人扔那儿,但又没有更好的办法,只能抬着他行走。鲍威尔对此评论道:"如此看来,土匪们还蛮有人情味的。"

这个时候,土匪已经将全部妇女儿童释放了,但是鲍威尔看到了女扮男装的威瑞阿夫人,她解释说,她要陪伴丈夫,坚决不肯离开。土匪们无可奈何,只好允许她留下来,并从行李箱包中找来一套男人的衣服,让她换上。此刻,除了这位夫人,土匪手上仅有20多个男性旅客了。

此后的日子,土匪总是强迫大家在夜间行进,往往是走在深山老林的小路上。小路上满是碎石,并且常常是绕来绕去,被土匪这么折腾,大家甚是难受。传闻说政府军就在后面紧紧追赶。然而,他们曾两次经过铁路,官兵都没任何动静。后来鲍威尔才得知土匪原来要把他们带到一个偏僻的地方,那里有一条铁路线直通煤矿,在被释放以后才得知,就在枣庄火车站附近。

在长途跋涉中,食物匮乏是主要问题。一次,土匪给他们弄来一些山东包子吃。鲍威尔发现包子里面的肉很是奇怪,便问一个土匪里边包的是什么东西。那个土匪将路旁的一块石头掀了起来,只见一只蝎子快速逃窜着,土匪解释说,乡下人往往拿蝎子做馅,先拔掉蜇刺,把蝎子放在盐水里煮,直至蝎子壳掉落,剩下一小块白色的肉,看上去像去头去尾的小虾。

这座巍峨的岭上满是山石,沿着山谷往上走时,越来越窄,路的两侧是陡峻的山崖。泉水从山石间涌出,汇集成一条湍流。山脚下坐落着一个村庄,水流从村庄中间穿过。

他们来到了一个幽静而深邃的山谷,只见树木丛生,还有一座寺庙,不过断壁残垣,没有和尚的踪影。在寺庙的后面有一些洞穴,这些长长的洞穴通向山里,是土匪用来储存粮食和抢劫物资的。

他们在山顶发现了一块石碑,它历经沧桑,显得很古老,碑上刻着铭文。一位中国人懂铭文,把内容翻译给了鲍威尔。碑上这样写着:由于土匪们时常袭扰此处,导致和尚们无法在此处诵佛念经。无可奈何之下,只好将此处拱手让给土匪,他们则另寻别处落脚。

土匪将众人安顿在山上的土匪窝里。几天之后,大家还获得了相当的自由权,可以四处走动。鲍威尔遇见了一位16岁左右的中国女孩,经过了解,才得知她原本在一个戏班演戏,那天也在"蓝钢皮"的火车上。一个土匪一眼相中了她,于是把她绑上山做了压寨夫人。目前,"她对自己的新家和夫君心满意足,而且非常想炫耀一下珠宝首饰。这些珠宝首饰是她夫君送给她的,不过它们多半是在洗劫案中从旅客那里夺来的。"鲍威尔还看见了她手上戴着一枚戒指,那枚戒指正是鲍威尔学校的毕业纪念。[3]

劫车的原因

以上所记录的,只是根据亲历者鲍威尔自己的叙述,也可以算是被劫旅客内部的情况的描述。那么到底为什么要劫车？这个事件已有学者进行过研究，那么根据他们的研究在这里补充一些信息。

关于劫车案发生的原因，系匪首孙美瑶为复仇与解围而来。抱犊崮山区盗匪之总首领原为孙美珠，受匪众拥戴。然而1922年7月误中埋伏，为山东第六旅旅长兼兖州镇守使何锋钰部下枪毙。何锋钰素以剿匪严厉著称，并在临城车站枭首示众。此举令匪众十分愤怒，推孙美珠之弟孙美瑶为总首领，厉兵秣马，蓄意报仇。

1923年春，山东地方当局在抱犊崮山区附近布置兵力大规模剿匪，当时兵分三路，主剿部队是北洋政府第二十旅，旅长吴长植，率其所属的一个团，进驻抱犊崮唯一出口——峨山口；第五旅旅长张培荣，第六旅旅长何锋钰则率部由东西两路夹击。声势浩大的进剿计划，持续数月，使山上食物困乏，有饿毙之虞。故孙美瑶等人商议对策，决定劫火车以解围。

正如前面鲍威尔曾经表达过的，这个地方土匪横行。抱犊崮，又名豹子谷，为山东峄县著名八景之一。山区跨峄、费、滕、临沂四县，绵亘东西约六十华里，南北约四十里，海拔在2000尺以上。山内区的居民，极为穷困。可耕地甚少，即使丰年也缺三四个月粮食；如遇荒年，则惨状不堪想象，凡是可食的树叶均为人们及时收集，晒干用以备春冬青黄不接时食用。除物产贫乏外，山区内教育亦极为落后，此地从未设有学校，甚至私塾亦少，造成该地居民之闭塞，不明外间事。再加上民风强悍，使得抱犊崮山区很早即为盗贼的根据地。

民国以后，天灾人祸接踵而至，民不聊生，故铤而走险。1920年的华北五省大旱灾，抱犊崮成重灾区，几乎十室九空。据时人估计，穷民因此而"落草为寇"者达20万人以上。农民唯有当兵一途，军阀为扩增实力,往往将大量流民、饥民,甚至盗匪招入军队。以抱犊崮山区为例,自民国成立后,各派军阀均曾来此招兵。军队虽暂时吸收了这批无法再靠土地为生的农民,但未能彻底解决其生存问题。特别是军阀一旦战败,则农民仍将面临困境,被迫为匪或再度为匪,亦自然之事。

为了吸引农民之支持,抱犊崮盗匪宣称其农民立场,领导农民对抗上层阶级的压榨,建立均平社会,以谋农民利益。如孙美瑶的安民告示,宣称以"平民为主义,均产为目的,志在除尽贪官污吏,杀绝劣董恶绅,将中国之腐烂病民政策,涤刷一新。"抱犊崮山区匪首曾共同议定十条山规:

1. 保护犊牛顷地以下的各地贫苦农民。
2. 不准奸盗邪淫。
3. 公平买卖。
4. 不准妄杀一个,私杀人者偿命。
5. 不准拉人家的耕牛和扒普通农民的粮食。
6. 不准抢劫行旅客商。
7. 不准擅自行动。
8. 要平等待人,不准打骂贫苦兄弟。
9. 不准欺软凌弱,要尊老爱幼。
10. 路见不平,要拔刀相助。[4]

外援的到来

这次绑架事件,历史上又叫临城劫车案。得知临城劫车的消息后,美国公使雅各布·舒尔曼（Jacob Gould Schurman）博士在5月6日夜即到达济南，现场处理此案。驻北京外国公使团领袖、葡萄牙驻华公使符礼德（Freitas）于7日晚和次日连续召集各国驻华使节会议，向中国政府发出抗议照会，提出四条要求：限期将被掳外人安全救出；死亡之外人应从优抚恤；惩戒肇事地方文武官吏；切实保障外人生命财产安全。

8日下午，符礼德向国务总理张绍曾及交通总长吴毓麟、外交次长沈瑞麟面交抗议照会，并严词责问。张绍曾等除深致歉意外，还保证"以保全外人生命为第一目的"，"勉日援救被掳各国人士出险，再派兵痛剿"。

9日，外交次长沈瑞麟会晤各国公使，说明对劫车案的处理方针，表示此案"实属意外事变，本国政府抱歉达于极点"，"已决定采用和平方法，务期先将外人营救安全出险，然后进剿，以免被掳人遭遇不测"。[5]

事件发生以来，外界有什么反响，被劫旅客一概不知。因为这14天以来，一直被迫随着土匪们奔波。大家到达以后，开始有食物吃了。鲍威尔从一张包着一根野猪火腿的报纸上，第一次读到关于这次事件的新闻，那是上海出版的英文报纸《大陆报》。而这根火腿和报纸，是一个传教士历经周折，托人送到这里来的。

更为有趣的是，这张《大陆报》关于这次劫车事件的报道，其中两篇就出自鲍威尔之手。这两篇报道都有广泛的传播，不但刊登在《密勒氏评论报》上，而且以电报的方式传到海内外。这两篇报道都是鲍威尔在山谷中随土匪奔走时，悄悄写的。他先在废纸上写好，然后在折起来的纸上注明寄往济南的美国领事馆。有一天途经一个村落时，趁土匪不注意时，他将文稿交给一个村民。这些稿子竟然真的被送到了领事馆。

美国驻华公使舒尔曼一得知消息，当即将事件的严重性告知北京政府，并向北京政府声明，为了确保被劫旅客的人身安全，早日还他们以自由，北京政府应当竭尽全力，迅速采取有效措施。那时，大军阀曹锟正在保定，为了与之谈判，舒尔曼亲自前往保定。

在一番商谈之后，舒尔曼得到了美国红十字会的支持。美国红十字会调派人员前往枣庄，将衣服和食品送达这些被绑架的旅客。舒尔曼与英、法、意三国的外交人员商讨后，达成一致意见，派遣使者抵达山东，目的在于与山东政府甚至土匪头目直接会面，以便就释放被绑架旅客的问题进行协商。约翰·戴维斯（John K. Davis）作为美国驻华公使的代表，被派往参与营救工作。本书前面提到过的卡尔·克罗（Carl Crow），他在上海《大陆报》担任过总编，现在他作为美国红十字会的代表也参与了这个事务。

美国人安德臣（Roy Anderson）也到场了，他的父母都是传教士，生在中国，通晓汉语，结识了许多中国官员，并与他们成了朋友。他们抵达了匪窝，与土匪首领进行初次协商。通过初次谈判，土匪首领应允外界可以给被绑架的人送食物，前提是要向土匪提供大量米和面。

不久，就有一支苦力队伍进入了山谷。他们背上扛的是几个大箱子，每个箱子上都粘着红十字会的标志，里面有面包、牛肉和青菜罐头、水果等。还有美国红十字会代表克罗的一封信，他要求被绑架的人核对食品的数量，以确定土匪们有没有从中盘剥。苦力队伍扛着这些食品，全程六七十公里。经核对之后，并没发现大的出入。

当天晚上，土匪们与被劫旅客在那里开起了联谊会，欢庆 21 天以来首次享用真正的食品。人人还赶着写信，便于次日清晨苦力们给他们捎回去。

美国在天津的驻军捐赠蚊帐和帐篷，由后续的苦力队送达。虽然在匪窝里，但由于受到了外界的接济，生活日渐宽裕起来。当土匪们不在的时候，他们就觉得十分舒坦，好像在山野郊游一般。食物的到来大大改善了被劫者和土匪的关系。后来，土匪们索取粮食成功的消息在山里迅速传播开来，土匪们更加贪婪，把人数从 1000 人，提高到 3000 多人。不过，也的确有邻省的逃兵也参加到了这个土匪队伍中。

有一天，鲍威尔从当地一个神父那里得知，山顶上有一座茅草屋，专门关押绑架来的儿童，威胁家长们拿钱来赎自己的孩子。有一天鲍威尔和神父找借口，沿着一条羊肠小道，爬上高耸入云的天梯，那是在花岗岩上开凿出来的。他们发现了那座茅屋。茅屋门前挂着一个草帘，掀起帘子向里望去，映入眼帘的是那些儿童，小的只有 8 岁，大的也只不过 15 岁，总共 23 个。

回到匪窝后，鲍威尔没向任何人提起在悬崖上所看到的一切，不过写了一篇文章，详细地阐述了悬崖上所见的情景，并托神父将文章寄送给上海的报社。文章一经发表，就受到了中国社会的普遍关注，举国上下无不为之震惊。后来，随着"蓝钢皮"事件的有效解决，被困儿童得以重获人身自由。

但是，其中一些儿童的父母却很难找到，费尽了周折，他们可能从遥远的地方被劫持。地方政府将这些无人认领、流离失所的儿童寄养在孤儿院。后来，鲍威尔从别人那里得知，有些男孩被土匪收为养子,长大后也成了土匪。[6]

大营救

为了清除匪患,政府派遣了一支8000人的部队,准备用武力解决这个问题。但是土匪首领扬言倘若政府军队步步紧逼,他们会杀了这些被绑架的外国人。因而,这支部队也不敢轻举妄动。

在被土匪绑架的那些日子里,受害者们"度日如年,时间仿佛停滞了一般"。那时,火车站附近就潜伏着救援人员,但是他们迟迟不敢动手。又有一批货品被运送到匪窝,在这批货品中,鲍威尔发现了一个给他的包裹,里面装着葡萄干,葡萄干盒子中间夹杂着一张纸条。

纸条来自美国公使馆的武官,这位武官要鲍威尔就救援计划与被劫旅客商讨。计划是这样的:当时救援人员驻扎在一所煤矿,他们将暗中派遣人员抵达火车站附近,包括美国陆军和海军陆战队,这支分遣队有50人左右。为了消除土匪的疑心,他们将身着便装从北京和天津赶到山东。在这支分遣队抵达之前,一批枪支弹药将会秘密送达,它们将被装到葡萄干的盒子中,由运输食物的苦力送来。在山顶的寺庙后面,有一个山洞。当救援行动那一天,旅客需要躲到山洞。救援队伍需要攻克60公里的土匪防区。

当天晚上,在寺庙里,在星星点点的烛光中,全部被劫旅客举行了秘密会议,鲍威尔告诉了众人这个计划。两个美国军官、两位英国旅客、墨西哥人威瑞阿夫妇赞成。但是多数反对,特别是意大利律师墨索,反对声异常强烈。他们担心,如果美国救兵极有可能无法突破漫长的土匪区防线,等待他们的或许是悲惨的下场。

在事件发生后,这些旅客一起经历了艰苦的日子,彼此间建立了友谊。然而,由于种族、宗教和国籍的因素,在这生命攸关的时刻,"此前的友谊顷刻间化为乌有",气氛紧张起来。鲍威尔对冒险救援计划的不同意见,一一做了记录,并秘密写了一封报告,悄悄捎给负责救援的机构。此后,冒险救援计划的事情不再提及了。[7]

一线曙光

不过,在那天晚上的商议中,有人提出一个新想法。也就是这项提议,"居然使我们脱离了苦海"。有位旅客说:"我们为何不邀请土匪首领过来,当面请教他绑架我们的用意究竟是什么呢?"此提议一经说出,就得到了大伙儿的应允。

次日一大早,人们便按照这个意见行动起来。先是组织了一个委员会,接着委员们前去拜访土匪头目,并向他们说明来意,约定晚上到寺庙进行协商。土匪头目们果然守约,晚上六人前来寺庙商讨,不过土匪最高首领孙美瑶没亲自赴约,派一个代表过来。鲍威尔被推选为会议记录。

土匪头目到达以后,旅客们给他们每人沏了一杯茶。旅客们表示,对于目前所处的境地,大家都再清楚不过了,倘若相信他们,他们愿意伸出援助之手,这么一来,他们也可以早日回家,然而,"我们并不清楚你们的具体条件,那么如何帮你们是好啊?"

一番犹豫过后,土匪头目打开了话匣子,鲍威尔逐一记下。那个记录本,他曾经保留了很多年。在他看来,"记事簿上的内容很有历史价值，因为它承载了当时中国北方诸省政治长期混乱的历史，尤其是中国山东的政治形势。"土匪头目的最后一项要求是，为了商讨被绑旅客的获释条件问题，土匪和旅客要各派一名代表前去和政府代表进行商谈。并且表示次日早上，他们的一位代表将带两匹马前来庙里，与旅客的代表会合后，一起赶赴火车站。

双方的商谈直至半夜12点左右才结束。商谈结束后，大伙儿长长舒了一口气，顿感轻松了许多。由于当时已被土匪绑架了28天，大伙儿都认为，此次谈判将会带来好消息，一定可以脱离匪窝，重获自由。大家推举鲍威尔作为代表，与土匪代表一道前去火车站进行谈判。

当天晚上，大家都几乎没有睡觉。次日，天刚蒙蒙亮，便起来了。土匪代表牵着两头骡子与鲍威尔在寺庙会合，前往火车站。在启程前，土匪举行了占卜仪式。之后，在土匪最高首领的号令下，被劫旅客排成了一排，土匪们也站成一列，从庙门一直蔓延到广场口。

土匪最高首领走到鲍威尔面前，递给他一封致山东省府谈判代表的信。接着，土匪最高首领拔出腰间的驳壳枪，朝被劫外国旅客走去，将枪口逐一对准每位旅客的胸部，言外之意是：倘若由于鲍威尔导致交涉未果，或者土匪代表被扣押，那么旅客将为之付出代价。

与这位土匪代表一起，鲍威尔骑着骡子开始了漫长的路程，全程60多公里。在经过山脚下的村庄时，村里的人不分性别和长幼，都站在街上看热闹，人群中不断爆发出欢呼雀跃之声。这时候另外一个土匪也加入了他们。

三人赶了一天的路，除了途经一个小村落稍作歇息之外，一直没有停下来。终于跨出土匪区的最后一道防线，进入三不管地带。

途经土匪区的最后一道防线时,他们与土匪区的最后一位哨兵打了声招呼。这个三不管地带大约有一两公里左右。

那时天色已晚,他们看到每隔一段距离就会有一个碉堡,每个碉堡都由一名哨兵看守,每名哨兵都配有一挺机关枪。两座碉堡坐落在大门的两侧,大门经过钢皮包装,戒备森严。

当他们接近目的地的时候,一个哨兵的吆喝声传来,探照灯照亮了前行的路。那两个土匪很是慌张,他们见势掉头就跑,赶着骡子横穿大路,朝着一边的郊野狂奔而去。此时,鲍威尔突然想到倘若因此失去两位土匪代表,后果不堪设想。鲍威尔忙赶着骡子去追,借着探照灯的一线光明,追上他们之后,才一同回到大门口。当大家都进入院落,钢皮大门关上之际,鲍威尔才如释重负。

在一位士兵的带领下,大家来到了一节火车车厢里。在那里,除美国代表戴维斯外,还有来自英、法、意各国的领事们和军事代表们。在这节火车车厢里,他们不但暂且设置了各自的办公室,还安排了临时寝室。

安德臣和克罗对鲍威尔的到来表示欢迎。随后,罗伊·班纳特(Roy Bennett)也来迎接他的到来,他与鲍威尔曾一起就读于密苏里大学的新闻学院,还是同班同学。班纳特原是经过上海前往马尼拉的报社工作,但是抵达上海时,恰巧发生了劫车事件,因而他更改了原先的计划,决定待在上海看是否能为解决这个事件做一些事儿,得到了批准,还暂代鲍威尔管理《密勒氏评论报》。

次日一大早,鲍威尔和戴维斯、山东省省长代表庞班,以及安德臣,进行了商议。庞班表示很乐意会见土匪头子,并与其就相关事宜进行沟通。庞班提议说,政府与土匪头目们的谈判会议适宜在一个村庄里举行,这个村庄需要位于彼此防守战线的中间地段。同时,他指出彼此派出同样数量的代表和守卫。庞班希望鲍威尔与安德臣做政府和土匪谈判结果的见证人。建议信写好之后,塞入信封,给土匪代表和鲍威尔各一份。

班纳特提出代替鲍威尔回土匪窝,鲍威尔费了九牛二虎之力才让班纳特放弃这个打算。鲍威尔说,如果他不返回匪窝,土匪头子就会认为不信守承诺,就会置其他旅客于危险之地。班纳特不相信鲍威尔"可以再次活着从土匪窝中走出来"。说话的同时,眼睛里充满着泪水,他是为鲍威尔的生命担忧。[8]

重获自由

随后,政府代表和土匪代表在山下的小村庄进行了谈判。按照预先的商议,鲍威尔和安德臣也在场作为见证人。

土匪们提出要政府支付巨额的银元。在土匪们看来,他们向政府索要的银元不是赎金,而是政府理应补发给他们的军饷。除此之外,土匪还要求为他们准备几万担的大米和面粉。土匪要求划出一块匪区,成为独立区域。这块匪区位于山东、安徽和江苏三省交界处,面积达到好几百平方公里。而且地理位置非常优越,不仅囊括了徐州府,还位于陇海铁路和津浦铁路的交通枢纽。土匪部队经改编后,驻守这个匪区。土匪在匪区享有特权,包括征税权、开采煤矿和其他矿藏的权利及修路权。

对土匪提出的这些条款,双方代表争得不可开交,会谈一度陷入僵局,但最后终于达成共识。北京政府始终没有向外透露银元金额和改编土匪的数量。几经周折之后,土匪最高首领孙美瑶和其他土匪头目先后在协议书上签字。当时,为了使这些外国旅客脱离匪窝,北京政府和列强们向山东省省长施压。在内外双重压迫下,山东省省长最终屈服,无奈之下接受了许多要求。

在签字之前,孙美瑶还举起右手,发誓效忠政府。接着,政府代表们相继在协议书上签字盖章。按照先前已经商定的办法,鲍威尔和安德臣做了见证人,以"确保双方信守承诺"。政府代表把双方协议书递到鲍威尔和安德臣跟前,"邀请我们两个见证人签名。"

在山上寺庙里的被劫旅客对会谈的结果翘首以待,苦苦等了一天,却没有一点儿音信。正在大家失望的当口,一个信使带来了好消息:释放所有外国旅客。于是,寺庙里一片欢呼雀跃声。

由于土匪们一再坚持为每位被劫的外国旅客配备一把坐轿,所以又耽误了一些时间。"土匪们之所以准备坐轿,是因为显摆他们的东道主之礼,使这些所谓的客人可以体面地走下山去。"如此一折腾,他们离开匪巢的时候,夜幕已经低垂。

救援大队人马在枣庄煤矿,旅客们抵达那里时早已过了半夜,政府特意为他们安排了列车。那天夜里,大家在车上都睡得很香,次日一觉醒来,火车在行进中,第三天,他们便顺利地抵达了上海。[9]

后续故事

6个月之后,鲍威尔忽然接到安德臣的来电,他刚得到一个出乎意料的消息，山东省省长没有信守承诺，违背双方协议书，缴了孙美瑶的武器，并将他和部下600多人用乱枪射死。事情发生后，"多半的外国人纷纷表示支持省长的做法"。但是在安德臣看来，这个举措将会产生严重的后果，此后被绑的外国人极有可能遭殃。安德臣的担心后来不幸言中。在一次事件中，土匪绑架了外国传教士，索取赎金。由于赎金没有及时送达，土匪将传教士全部杀死。"结果传教士成了山东省省长此举的直接受害者"。[10]

根据其他资料，我们知道了孙美瑶覆没的一些具体的细节。劫车案结束以后，孙美瑶的土匪被招安，编为一旅二团。孙任旅长，其手下郭琪才、周天松分任两团团长。每团三个营，每营四个连。孙以新编旅长的名义出榜安民，军民相安无事。北洋政府也并未处理任何人。

此事本应结束了，就连孙美瑶也认为事情已经了结。但山东督军田中玉、帮办郑士琦却认为事情并未结束，于是精心导演了一幕压轴戏。先分化瓦解孙的部属和卫队。孙美瑶对这些预谋活动竟毫无觉察，他当旅长后认为万事大吉，第一件事是回家祭祖，第二件事是去济南晋见田中玉，第三件事是忙着结交军政要人和地方豪绅，天天送往迎来。

一个突发事件为田中玉和郑士琦解决孙美瑶找到了机会。一次孙部士兵在枣庄街上与吴可璋的部属发生冲突，吴是北洋5师17团团长，兼枣庄驻军营务执法处处长。孙部人少，被殴逃回，孙当即带领手枪队六七十人包围了吴的团部，孙美瑶手执盒子枪沿街叫骂，吴可璋紧闭营门，严阵以待，双方剑拔弩张，一触即发，商店关门，市民走避。后经地方绅商名流出面劝解，方得平息。吴可璋乘机急电郑士琦,声称孙部哗变。郑密电兖州镇守使张培荣相机处置。

张培荣匆匆赶来枣庄,下榻中兴煤矿,声称要排解孙、吴纠纷,邀约当地绅商人士谈话,并告诉众人,过几天前来备酒与孙、吴双方和解,请大家作陪。众人齐声应诺,感谢他为地方做了件好事。临别时又嘱众人给吴可璋捎话,要大事化小,小事化了,万不可报告督军,闹大了都不好看。然后又电话邀孙美瑶晤谈,嘱孙约束部下,别再出乱子。

张当天返回兖州,很快枣庄附近的部队纷纷调往苏鲁边界郊城一带。几天后,张培荣轻车简从来到枣庄,请孙美瑶、吴可璋及两部校级以上军官次日赴宴,并广邀当地绅商名流作陪。

但是张暗地调遣军队,召吴可璋面授机宜,令吴明天负责招待孙部校级人员,借机歼灭,勿使一人漏网。要求各处埋伏人员一律穿便衣,除利刃外,每人带短枪一支,以防不测。

第二天早饭后,应邀作陪的各方头面人物陆续到齐。9点多钟,张培荣电话催请孙美瑶及所部全体校级人员速来赴宴,并特别嘱咐一定要把那只好鹌鹑带来斗斗,虽不在乎输赢,但也要赌个彩头。孙听后满心欢喜,迅速集合全体校级人员和少量随从前往。众人听说是赴宴,又斗鹌鹑,无不欢天喜地。

孙部一到,几名武装随从就被吴部几位副官连推带拉地让进厢房,里面酒菜早已摆好。接待人员赶忙把他们的武器摘下挂在墙上,推入座位就劝酒。二门外,吴可璋早带一群军官等候多时,见孙美瑶等人一到,便赶忙迎上行礼,热情地将孙部校级人员让进别院,并亲切地说:"张军门正在里院恭候孙旅长。"

此时只剩下孙美瑶一人,孙略一迟疑,手本能地伸向腰间,摸到枪身,长年的土匪生活使他警觉异常。这时二门有人一面让他进去,一面高声喊:"孙旅长到!"只听里面高声喊:"请!"事情都在瞬间,容不得孙再犹豫,便进入了二门。只见张培荣带领众人已在大厅前降阶相迎。

孙心中立刻平静了下来,正要紧走几步向前见礼,过堂内的两名便衣便尾随而上。一人疾步上前,伸手摸孙胸腰间,孙喝问:"要干什么!"言犹未尽,另一人一把石灰撒向孙的双眼。孙知不好,一手捂眼,一手向腰间摸枪。前一人顺势将其猛按,后一人迅速抽出刀来,手起刀落,将孙美瑶人头砍下。来宾见状,惊得魂飞魄散,有几个立时瘫倒在地。

张培荣平静地对众人说,此来是专为诛杀孙美瑶,别无他事,要众人在客厅静候,不要外出走动。厢房内,副官们也按计划将孙的随从们囚禁起来,只是没听见别院吴可璋的动静。急忙派人探望,只见孙部校级人员慌乱一团,吴可璋并没按计划行事。原来吴可璋另有打算,从张培荣处回去后,吴认为等张除掉孙后,自己以不杀之恩结纳孙部校级人员,使其拥戴自己为旅长,统率孙之旧部。所以吴根本就没执行张的计划,而是将张的计划和盘托出,并说明己意。

张培荣闻知吃惊不小,唯恐节外生枝,当即宣布戒严,断绝内外往来,并令吴锡九团迅速将郭里集严密包围,断绝内外交通,外窜者格杀勿论。同时勒令孙部缴械,发现孙部官兵一律扣押。这一切安排就绪,他才对孙部校级人员说:"枣庄事件罪在孙美瑶一人,现已伏法,与你们无关。我保证你们原职原薪在本镇使用,如不在本镇服务,可发给一定银饷,另谋高就,何去何从,悉听尊便。"所有校级人员均表示愿在本镇听从差遣,为镇守使效劳。

张说:"很好,我决不亏待你们。"然后又说,"郭里集现已重兵包围,你们可选代表,携孙美瑶首级回去劝谕部众缴械。凡遵命缴械者,赦免罪恶,资遣回籍,安居乐业;抗命妄动者,就地处决。"校级人员均表示遵命,派代表携孙的首级去孙部传令。孙旅部众毫无戒备,忽见有军队包围,陷于慌乱,群龙无首,不知所措。又见孙美瑶的首级,知大势已去,无法挽回,只得俯首听令,缴出武器,听候发落。

孙部士兵缴枪后,每人发三月饷银及免死证一张,由官方押送回籍。至此,轰动一时的临城劫车案才最后降下帷幕,孙美瑶集团被彻底消灭。孙部校级人员各奔前程,自谋出路。[11]

注 释

[1] 约翰·本杰明·鲍威尔:《我在中国的二十五年》,第79—82页。
[2] 约翰·本杰明·鲍威尔:《我在中国的二十五年》,第82—85页。
[3] 约翰·本杰明·鲍威尔:《我在中国的二十五年》,第85—92页。
[4] 以上见吴蕙芳:《"社会盗匪活动"的再商榷——以临城劫车案为中心之探讨》,《近代史研究》1994年第4期。关于这个事件的研究还可以参考岳谦厚、李卫平:《〈申报〉关于1927年南京事件报道之分析》,《安徽史学》2012年第1期;汪朝光:《临城劫车案及其外交交涉》,《南京大学学报》2005年第1期;赵炯:《民国初期临城劫车案的台前幕后》,《炎黄春秋》1995年第11期;张知寒、王学典:《临城劫车案述论》,《齐鲁学刊》1983年第5期;胡菊蓉:《临城劫车案文电一组》,《历史档案》1981年第2期。
[5] 汪朝光:《临城劫车案及其外交交涉》,《南京大学学报》2005年第1期。
[6] 约翰·本杰明·鲍威尔:《我在中国的二十五年》,第92—100页。
[7] 约翰·本杰明·鲍威尔:《我在中国的二十五年》,第101—102页。

[8] 约翰·本杰明·鲍威尔:《我在中国的二十五年》,第102—108页。

[9] 约翰·本杰明·鲍威尔:《我在中国的二十五年》,第109—113页。

[10] 约翰·本杰明·鲍威尔:《我在中国的二十五年》,第113页。

[11] 以上故事的结局,见赵炯:《民国初期临城劫车案的台前幕后》,《炎黄春秋》1995年第11期。

第 22 章　动荡时代的妇女

> 她们奇怪的小脚上穿上法国高跟鞋可以说是习以为常。
>
> ——美国演员爱尔希·弗格逊

妇女的角色和地位，经常反映了一个社会进步的程度，1920 年代的中国，处在一个动荡和社会急剧变化的时代，这也不可避免地影响了妇女的地位和作用。一些美国人，特别是美国妇女运动的参与者或者女作家，她们在那个风雨飘摇的时代，来到中国以后，对妇女进行了仔细的观察和记录，留下了具有重要参考价值的记录。从她们的观察来看，当时妇女的处境虽然有所改善，但总的来说还没有得到应有的权益，甚至还存在妇女的买卖，妇女的解放还有很长的道路要走。

饥荒和丫鬟的买卖

《纽约时报》在 1920 年 10 月 31 日发表了一篇关于中国丫鬟买卖的报道。报道说，在直隶、河南、山东三省发生了饥荒，波及人口三四千万。传说在许多村庄里，有父亲毒死家人以免全家被饿死，有逃荒人家将自家孩子拴在树下，女孩仅卖 100 文。救灾估计需要

2亿美元，政府目前没有这个财政能力。

但是这篇报道怀疑数字的准确性。因为在中国18省中，人口过剩，人口密度非常大，此次饥荒发生的直隶、河南、山东最为严重。山东人口密度大约为每平方英里700人，河南为520人，直隶为500人。如果报道说受灾地区为9万平方英里，那么受灾人口应该超过4000万人；如果只有4000万人受灾，那么受灾地区面积应大大小于9万平方英里。

在中国，许多人家平均仅有2亩耕地，在好年景有足够的粮食过活。但在灾荒年，如近几年的灾情，便是悲惨万分，苦不堪言。在过去，虽然其他省有粮食可以救济，但也不能及时运到灾区，乃至及时分发到灾民手中。然而现在不一样了，有铁路、轮船运输，甚至可以从国外紧急进口粮食。然而，哪怕有最快的救助，仍然会有数百万中国人忍饥挨饿，甚至被饿死。

中国人喜欢大家族，也喜爱孩子。当然，中国也流行说养女孩子是赔本的买卖，因为她们出嫁后，就属于别的家族了，还要带走嫁妆。有些地区，姑娘15岁就嫁人了。当然，中国家庭普遍认为只有男性才能传宗接代，有无男性子孙延续香火，是十分重要的。男孩刚长大就会娶妻生子，儿子越多越好。在中国没听说过溺死男婴的，但是溺死女婴却非常普遍。

丫鬟被主人纳为姨太太或小妾，是经常可见的。东家应"根据法律，丫鬟到了婚龄就给她找个丈夫嫁出去"。这样的描述有所误导，实际上所谓的这个法律，在清代是的确存在的，就是规定主人可以给丫鬟婚配，而丫鬟的父母不能做主。瞿同祖《中国法律与中国社会》对这个问题便有所讨论。

记者接着的描述应该是准确的:"在中国,公众舆论和习俗是大家都必须要遵守的",但是又过于理想化了中国对待丫鬟的态度,认为"不允许虐待丫鬟",东家也不能"将丫鬟赶出家门"。其实,如果我们翻看历史记载的话,虐待丫鬟的情况是随处可见的。我在《袍哥》那本书中,有专门的章节讨论这个问题。[1]

西方记者观看中国问题,有的时候是出其不意。在一般情况下,妻子认为丈夫纳妾是理所当然的,妾的地位也不低,她的子女是有继承权的。不过通常来说,纳妾应该得到妻子和亲友的认可。"父亲和母亲在孩子们眼中是同样受到尊敬的"。一般父亲比较严厉,而母亲则很慈祥。其实这篇文章没有提到,母亲在家族里边的地位,是远远不及父亲的,哪怕是在小孩的头脑中。

荒唐的缠足习俗导致中国女人身体残缺,以便于受到男人的控制。但20世纪初,清政府宣布禁止缠足。尽管的确有贩卖女孩的现象,但不像许多西方人所描述的那样,"她们只是女奴"。报道说,在中国,卖女儿只是无路可走的情况下的一个选择,是为了生存的最后的挣扎。即使在出卖女儿的这种情况下,也比过去"英国的契约奴隶好许多"。在记者看来,父亲毒死家人的传言是不可信的。

由于交通的改善,财政的好转,腐败的减少,灾情应在不久的将来得到缓和。但是人多地少的问题却是难以解决的,这就需要改善农业,提高粮食产量,开发矿产资源,发展制造业,消化吸收过剩的劳动力。这篇文章还提到其他可能的解决办法,例如移民和节制生育。

有人提出建议,要国际联盟帮助制止中国的丫鬟买卖,这显然是不可能的,因为国联没有向中国下达强制性的命令的权力。国际联盟的条款的 C 部 23 款："国联会员委托国联监督禁止妇女儿童的买卖的实施"。但是，这个报道认为，这不过是一个美好的意愿。这个问题到底怎么解决，目前找不到一个正确的答案。[2]

一个女佣的罗曼史

当时，妇女的地位也在发生变化，特别是大城市的妇女。赛珍珠在她的回忆录中，讲了一个女厨子的罗曼史。这个厨子是李嫂。李嫂负责厨房。由于长期在赛珍珠的身边，所以也比较自负和有了一定的话语权。她声称，她手下已经有了三个女佣供她调遣，完全能够应付日常事务了。如果她以后还需要一个男佣的话，"必须由她自己选择"。不过赛珍珠家里一时不需要雇用一个男人。

一天早晨，听到从李嫂的地下室传来一阵吵嚷声，一个男人在大声吵闹。哪儿来的男人？家里的佣人全是女的。"李嫂子，"赛珍珠喊道，"出了什么事？"李嫂才说出了事情的缘由。前年冬天她爱上了邻居的一个男佣，两人频繁传递情书，海誓山盟。后来那个男人却不见了踪影。

她宣称，另外一个女人乘机把他勾走了，再也没有找到他。可是昨天李嫂在市场买菜的时候，看见了那个男佣和那个女人在一起。李嫂"当着那女人的面抓住了他，把他带了回来，锁在我的房间里。我们就要结婚了"。

"把他叫来，"赛珍珠说，"我要跟他谈谈，看他是不是愿意跟你结婚。我们可不能让他在这房子里大喊大叫。"李嫂显得很不情愿，但还是去了。不一会，她便领进来一个魁梧的漂亮小伙儿。

"这是怎么回事？"赛珍珠问他，尽量口气显得很严厉。那年轻人无可奈何地说："两个女人都想要我做丈夫。的确，她们都是寡妇，但这样的女人这年头都不顾羞耻。""可是你要谁呢？"赛珍珠问道。

"谁都行，"他说得挺坦率，"我也想找个老婆，但找一个大闺女还要花不少钱，而找一个寡妇却不用花钱。我愿意这么做。"他表示，"李嫂子也不比那一个差"，但是"可我不愿被锁起来"。

李嫂这时从门口伸进头来对他吼道："我要是不把你锁起来，你这个窝囊废就又会去找那个女人！"那男人笑得很自然地说："那我们就结婚吧。"

写到这里，赛珍珠评论道："这完全是非正统的，但它是那个动乱年代的象征，至少在中国沿海是这样。结婚自立了，离婚也容易，在报纸上登个声明就行了。在我的房子里发生的这件事，使我突然意识到，旧中国已真正消失了。"

他们就这样结了婚，赛珍珠还为他们举办了婚宴。开始时两个人相安无事，李嫂像指使别人一样指使已成了她丈夫的那位男人，实际上成了家里的男佣。"可是，生活在李嫂压制式爱情中的新郎，越来越怀念另一个女人的温柔可爱之处了。"一天夜里，他告诉李嫂说他想离开，李嫂马上把他锁了起来。第二天清晨，赛珍珠又被他叫喊砸门的声音吵醒了。

赛珍珠问李嫂，"你不能把一个大男人总关在屋里吧？"她脸色很难看，"你知道他想干什么吗？"她问，"他还想要另外一个女人——要我们俩。""很多中国男人都不只有一个妻子呢。"赛珍珠提醒道。"不行，"她的话令人难忘，"革命以后就不能这样了。他不过是个普通人，他又不是蒋介石。"[3]

第六部 乌云笼罩，1923—1926

不过赛珍珠没有讲述李嫂罗曼史的最后结局,不过按照我们对李嫂的了解,看来这个男人是要在李嫂的管控下继续生活下去了。

美国女星的中国印象

1921年1月2日,《纽约时报》发表了一篇对美国演员爱尔希·弗格逊(Elsie Ferguson)的采访。她刚结束她的环球之旅,讲述了对中国的观感。

弗格逊刚到中国的时候,对街道上的嘈杂声很不习惯,但是,当她对中国城市熟悉之后,就感到是一个充满智慧的地方,以及中国人的快乐天性。她发现中国的女人很聪明。如果把受过良好教育的中国女性"与美国女性相比,不会比最聪明的美国女性差"。

弗格逊看到中国男人的特权,他们只要愿意便可以有若干妻妾,但是女子不能有任何"不忠"的行为。她看到了大多数中国女人被局限在家庭中,是"做家务的奴仆和负重的牲口"。从南到北,她都看到了这种情况。她认为只有中国进步之后,妇女才会意识到"她们只是奴隶"。她们在田地、码头、建筑工地上做苦力,像男人一样干重活,"这些女人犹如从地狱中走出一样"。

不过,弗格逊从妇女的衣饰看到了变化。她说每隔十年左右,中国妇女就会更新她们的服饰,一旦这种变化开始出现,"平静的家庭生活就会引起波动"。年轻姑娘迅速跟上潮流,时尚女性开始模仿美国女性,"她们奇怪的小脚上穿上法国高跟鞋可以说是习以为常"。她们小心翼翼、跌跌撞撞地走路,可看出她们长期所受的约束。

她还评论道,按照美国人的观念,中国女人的服饰看起来单调。

Elsie Ferguson on the Women of China

By ISHBEL ROSS

LIFE still rolls sleepily over the heads of the women of China. None of the fever of the Occident fires their blood. If they have problems and the vague discontent of the modern woman, no hint of these things is seen through their almond-eyed impassivity. Their daily routine is reduced to simple fractions. To her man the Chinese woman shows the fidelity of a dog to its master. She is proud to raise a large family. She drifts with the tide—never questioning, always accepting. She has no servant troubles to worry about, no divorce suits, no nerves. Simple acquiescence to the age-old order of things as they are is the basic principle of her existence.

Or so it seems to Elsie Ferguson, who is Mrs. Thomas B. Clarke Jr. off the stage. She has just returned from a tour of the world. The Chinese women and their strange attitude toward life interested the American actress of the stage and the films more than anything else she encountered in her travels. To one fresh from the febrile life of New York was like moving in a still, snowy atmosphere to go into their homes and converse with these placid women.

"It takes some time for you to absorb this atmosphere of peace," said Miss Ferguson. "At first you are absolutely bewildered by the noise in the streets and the harsh, shrill voices. But when you break through the crust you come upon a strange compound of intelligence and placidity. The Chinese really have happy natures. While there is no visible animation about them, there is a great deal of quiet enjoyment and a moderate appreciation of their own ability.

"The intelligence of the women is very high. If they could get on a communicative basis they would be

Canton. The country would have to be developed greatly before its women as a whole came to realize that they were slaves. They work in the fields. They help to coal ships and even to put up buildings. There is a coolie class that carries huge loads as readily as men. These women look like something out of hell. With raucous voices they shout epithets at one another and they seem to have certain characteristics of the women of every race, for they are quite ready to scratch and pull each other's hair."

The women of China are also feminine enough to change their fashions once in a decade or so, according to Miss Ferguson. It does not happen often, but when it does there is a mild flutter within the quiet home and mother and all the young debs get in the running as quickly as possible. The more advanced are trying to ape the American woman now, and it is no unusual thing to see their strange little feet in French slippers with high heels. Their walk still shows evidence of the long centuries of bound feet. They progress in an abrupt, stilted fashion and their feet are inordinately small.

"A crowd of Chinese women presents a monotonous aspect to the American eye," declared Miss Ferguson. "They all look alike and as if they were dressed in uniform. There is an utter absence of color about their costume and the only hint of coquetry is a blossom or pearl stuck artlessly in their hair. This is a pretty custom that has its advantages over our variegated headgear. Their jewelry is distinctively their own. They wear jade principally, and a great deal of gold. They are as much addicted to diamonds as Americans are, and one frequently sees a pretty Chinese girl with barbaric jade ornaments in her ears and the conventional diamond blazing on her finger.

to liven up the dull black material. The sternest censor of dress would delight in the excessive modesty of the Chinese costume. No bare backs in the evening, but a repetition of the tight, quaint affair that is worn through the day!"

Miss Ferguson remarked on the extraordinary fidelity of the women. Men may have two or three wives and as many concubines as they like, but it is a very serious offense for a woman to be unfaithful. The practice of throwing girl babies into the water when born is gradually dying out, she said. There are still convents along the river banks, however, where the nuns watch for stray babies floating down and save them whenever possible. Chinese

fathers are extremely tender and affectionate with their children, and it is no uncommon sight to see them playing with their youngsters around chairs and tables in the street.

"Women are going into the professions to some extent," said Miss Ferguson. "They are taking up law and medicine—more especially those who have completed their education in this country. The sciences are

The Altar of Heaven, Peking—and Elsie Ferguson.

ventional. It is a trait of their character to accept whatever is, and any improvement must come from themselves, without any suggestion of stimulation from the outside world. They are not trying to combat our ideas in any sense of the word, but they are immune from them and feel that they are on an equal footing with us. There is not the old-time resentment of intrusion, but the Chinese succeed in keeping up barriers of reserve that are difficult to approach, much less override.

"The poverty in Peking and Canton is frightful," continued Miss Ferguson. "Coolies lie starving in hundreds on the streets. I did not see much of the professional beggar, however. The Chinese are really a most industrious people. Laziness is foreign to their natures. It is true that they do not have the air of hustling that permeates our business world, but they believe that everything will come along in good time, and it usually does. The American says, in his peremptory fashion, ' I must have that tomorrow! ' The Chinese calmly replies, ' You shall have that tomorrow.' And he stays

The younger generation, returning from American colleges, are gradually introducing new customs and theories, but there is not even the suggestion of political awakening among the women.

"At heart they are still, and I believe always will be, extremely con-

A Caravan on Road to Peking.

every shop one entered. No matter how small the place, a retinue of five or six came running forward to wait on one. They seem to make their business a family affair, with every one taking a hand. They still make their fine porcelains, rugs and embroideries and they cling tenaciously to hand work, regarding the introduction of machinery with considerable distrust."

Their theatre is still a bit primitive, according to Miss Ferguson. Chinese drama is naturally somewhat obscure to the unusual visitor, but the physical aspects of the stage convey a sense of confusion and awkwardness. The humor is sometimes quite broad, and they go in for a good deal of slapstick comedy. In some of the larger theatres in Peking they now change the scenes. Every one sees the process, but even so, this is a step forward in the Chinese theatrical world.

"I found them very much interested in moving pictures," said Miss Ferguson. "Any one who thinks the Chinese lacking in animation should see them in the picture houses. They sit on long wooden benches and raise a most barbaric din as the films are run off. Their orchestras help to create bedlam. Apparently the whole family turns out and has a good time. They seem to like melodrama best of all, but slapstick comedy, both American and Chinese, goes off with excellent effect. They laugh themselves into fits over our comedies, beat their wooden benches and make no end of racket."

Speaking of the social side of their life, Miss Ferguson said that she found the Chinese at their best within their homes. Apartment houses are rare except in the European sections. Fine old Chinese homes and slums seem to be mixed quite promiscuously in the large cities. One of their strange customs is to have their home in one part of the city and their tea house and labyrinthine gardens quite remote from their residence.

"The Chinese make perfect hosts and hostesses," said Miss Ferguson. "They retain the fine spirit of hospitality that seems to belong to another age. They have poise and grace. You are their guest and you

美国演员爱尔希·弗格逊的中国观感。

资料来源：*New York Times*, January 2, 1921。

衣服颜色灰暗,唯一装饰就是在头发上插上一枝花或别一个发卡。她们的珠宝完全是中国化的,佩戴玉石和金银首饰,也像美国人一样喜欢钻石。她说经常看到漂亮的中国姑娘戴着玉耳环和宝石戒指。

一些中国女性开始进入职场,特别是那些从美国学成归国的女性,进入了法律、医药、科学等领域。但是令人奇怪的是,女性很难进入工商业界。中国人还不是很习惯女人走出家门工作。从美国留学归来,她们将新的想法带到中国,把理念介绍给国人。弗格逊认为,还看不到中国女人的政治觉醒。

从她的描述看,中国妇女很少参与到政治之中。当然这也说明美国人在中国看到的东西是不一样的,正如本书第2章所讨论过的,1912年《纽约时报》就报道过国际妇女选举权同盟主席和创办人卡瑞·凯蒂女士的观察,她看到了中国妇女的积极参政。以及下一节要提到的1920年广州妇女要求投票权的运动。但是弗格逊却没有看到这一点。这其实也反映了,当时中国妇女的政治诉求应该还不是很明显,或者弗格逊还没有感受到。

弗格逊发现,中国人仍旧很传统,接受现实,她提出了一个很有趣的观点:"进步的动力只能来自他们自己,而不是外界的介入或推动。"她觉得中国人"会继续固守堡垒,难以接受外部世界,更难超越堡垒。"

弗格逊看到中国的贫困。在北京和广州,穷人饿倒在街头。不过,她说并没见到很多职业乞丐。中国人民"确实是世界上最勤劳的民族,天性便辛勤劳作",但是却看不到美国商业界那种忙碌的气氛,似乎他们相信"一切都顺其自然"。与此形成鲜明对比的是,美国人总是坚定地说,"我必须明天就干!"她还觉得中国人缺乏原创力,但是他们是很不错的模仿者。他们与外国人打交道,满足自己的需求,非常精明。

她还记录了对中国社会和文化的一些观察。中国人的砍价给她留下了深刻的印象:"对于卖家的出价总是毫不客气大砍一刀"。还有一件让她吃惊的事,是中国店铺里店员数量之多,哪怕很小的店铺,都会有五六个伙计为一个顾客服务。这些一般都是家庭生意,用手艺制作精良的瓷器、毯子和刺绣品,他们很不信任机器制造。

作为一个演员,弗格逊觉得,中国的戏院仍然显得落后。对于外国人来说,中国戏剧自然不容易懂,舞台布置也让人难以理解。一些幽默喜剧经常上演,北京的一些大剧院开始讲究布景,这是中国戏剧的一个进步。中国人非常喜欢看电影,在中国的电影院里,人们坐在条凳上,电影一结束就高声叫喊。他们最喜欢传奇剧。但和美国人一样,对喜剧的热情也很高。美国喜剧让他们乐不可支,"手击木凳,笑个不停"。

在中国的大城市,旧式庭院与贫民窟混杂。她发现中国人有个习惯,住所在城市一端,而茶室和花园则离住所很远。弗格逊表示,中国人待客非常周到,是完美的主人,"保留了过去时代的热情待客之道"。一切以客人为重,中国人的这种待客的态度如今在美国已经消失了。中国人聚在一起,抽烟、传播小道消息、唱歌跳舞,"保留着自然的庄重"。她感到他们"有极大的魅力和潜能,不希望被打扰,但如果你是外国人,他们对你就非常有兴趣。"[4]

妇女要求参政

1921年6月26日《纽约时报》转发了《密勒氏评论报》董显

两个美国女演员在北京天坛的舞姿。拍摄于1924年12月4日。

资料来源：Prints and Photographs Division, Library of Congress。

光的文章，报道中国妇女要求参政的诉求。文章指出对中国妇女的概念应该改变了，今天的她们不再是观念陈腐、三寸金莲，已经开始参政。她们用最明确的方式提出自己的诉求。董的这个报道讲述了广州的妇女争取选举权的故事。

　　董的报道说，许多持进步思想的中国妇女，有坚定的参政意愿。在广州的女学生向全中国发出倡议，要求大家支持妇女的参政权，其他各省的妇女也都非常赞同她们的斗争,中国妇女"参与政治的时代即正在到来"。广州是这个新运动的发源地。自从桂系军阀被赶跑后,广州和其他南方城市的妇女要求性别平等的呼声日益高涨,从一个城市波及另一个城市,激励了陷于家务中的妇女,让她们看到了未来的希望。

今年3月,数千名妇女走到前台、面对公众,向广东省省长陈炯明请愿,要求他允许所有中小学向女生开放。随后,一个更激进的建议提了出来,要求所有女校也招收男生,建议取消女校,"以消弭教育之间的男女差别"。这种新想法得到大家的认同。

但广州的妇女并不满足于男女同校,或者职业平等,她们要求参加选举,有当选为地方官、议员的权利。"中国女性争取参政的强硬态度,并不比欧美的女性差。"争取平等和社会认同是一个长期的过程,她们还有许多工作要做。在西方,女性参政权的道路也是曲折艰难的,所以对中国女性来说,未来的道路并不平坦。

广州妇女争取选举权的初期,不过只是一种隐蔽的活动,但当广东省议会通过地方选民资格法案时,开始并未将选举权仅局限于男性,然而议会的保守派占据多数,最终修改了法案,在事实上被剥夺了妇女的选举权。这引起了妇女的强烈抗议,并且她们组织起来,向议会提交请愿书,主要内容如下:

根据宪法第二款,中华民国之主权属于全体国民。妇女是公民,因此同样享有宪法第五款所规定的权利。各县区自治政府的选举法中并未限定只有男性公民才能参选政府官员。但是,最近省议会修改了法规,剥夺妇女的投票和被选举权,是违反宪法的。如果这样的话,那么"这个政府与非法的北京政府就没有区别了,在这个法治的地方,我们不能容忍违法的存在,要求你们马上放弃这些改动。"

过去,我们一般理解为,南方政府在孙中山领导之下,是革命的、进步的,甚至是激进的,但是从这篇报道来看,其实它们在对妇女的问题上,省议会仍然是非常保守的,试图限制妇女的权利。

3月28日,修改议案送交议会批准,几百名要求获得参政权的女士在省议会大厅集会。当天,有70名议员与会,双方尖锐对立。妇女代表很快得知,法案修改主要是议会内部的保守人士的作为,他们所提出的理由居然是因为"女性在身体方面不适合担任行政职务和行使选举权"。这一说法让妇女们非常愤怒,妇女代表们冲进会场,要求议员不得就此案进行讨论,要求议员马上解决这个问题。

议员抗议妇女代表们干扰立法程序,"但这些议员被粗暴地推开,没有说话的机会"。在大家的嘈闹声中,一位议员提出,议会规则中的第8条,禁止访客干扰议会立法工作;规则第9条,禁止访客进入议会开会现场。他要求议长立即实施这两项规定。

一位妇女在过道中高声喊道:"揍这个违法的议员!"另一个议员愤怒地要求立即休会,有妇女代表们误以为是要强行清场,结果,现场的人们开始拳脚相向。刚才那两个出头的议员便成为妇女们攻击的对象,其他议员则纷纷逃到休息室躲避。

同时,女代表们纷纷给女校打电话,要求增援;而同时议会则向省长寻求保护,要求他派兵。但是陈炯明的回答让他们十分扫兴:"我告诉过你们不要修改条款,直接通过法案,让妇女拥有选举权,但是你们无视时代潮流,也不顾我的感受。我无法帮你们摆脱困境。那么现在像男人一样有担当,去面对不可阻挡的潮流。"

妇女们最终完全控制了议会大厅。一位妇女甚至坐上了议长席,摇铃宣布开会。她们开始讨论如何处理违法议员。议长无计可施，看着眼前这一幕，而旁边的警察却并不介入。一名受到惊吓的议员现身，在黑板上写了一些字，指责这场混乱的责任在于议长。

但是妇女参政分子反对这项指控，她们认为议长是支持她们的运动的，是一个好人。有一些女士因情绪失控而流泪，甚至响起一片哭声。在一片哄闹中，一位女士走上台指控两位保守议员扭断了她的手腕、伤了她的脸，要求议会将两位交出由她们处置。

妇女们随后退出了议会大厅，宣称她们不会就此罢手，下周三还会继续。接着她们到军政府游行，要起诉违法的议员。她们又到了省长官邸请愿，陈炯明省长热情地接待了她们，并告诉她们，如果法案不是按照未经修改的内容通过，他将打回重议。

3月29日，数千名妇女在广西会馆集会，挥舞着"孙文大元帅万岁""陈省长万岁""投票权运动万岁"的旗帜。前参议长和另一位妇女运动支持者在会上发言，他们说国民党从建立开始就把妇女参政作为革命目标之一。广州的第一位女议员庄汉翘说，在推翻清朝统治的斗争中，妇女扮演了重要角色，提供了极大的帮助。

演讲会后，妇女们走上街头游行，并散发传单。传单上宣传男女都是公民，女性应享有与男性同样的权利。在过去数千年里，妇女遭受压迫，现在决心争取回来属于自己的权利。游行队伍经过省府，最后来到正在开会的议会大楼前。游行人群被拒之门外，于是，她们要求与议长对话。议长不得不走出来会见她们。游行人群燃放鞭炮，要求议长将当日攻击羞辱她们的人交出来，向她们道歉并接受惩罚。

下午4点钟，游行人群各自回家，她们的要求未得到回应。议长承诺将尽最大努力帮助她们达到目标，她们也只得同意了。游行队伍中的一些女学生还来到省长官邸,用校歌和呼喊声感谢陈省长对她们的帮助。接着她又去感谢孙文大元帅。孙中山先生问她们有多少人参加了游行,得到的回答是 5000 人。孙先生笑着说:"如果你们的人数再增加,比如说增加到 50 万人,就不会失败了。你们应该继续努力,争取运动取得成功。"

议长表示,一个现代文明国家的政府,就是要努力实现男女平等,这在英国、美国、俄国、德国、法国、挪威、葡萄牙、丹麦和瑞典都已经实现,或者正在实现。如果宣称中国女性还没受过充分教育,

中国妇女要求投票权。图中那个妇女拿的牌子上写着"我们要选票"(We Want the Vote)。

资料来源:*New York Times*, June 26, 1921。

就没有能力参政的话，可以制定一些限制，如小学毕业文化程度之上的女性才有投票权，中学毕业文化程度之上的女性才能被选为地方议员等。

然而，哪怕是这些妇女的抗争，甚至大元帅孙中山和省长陈炯明对妇女参政的支持，取消妇女投票权的修改法案，仍在议会上获得通过，这使得许多希望参政的女性极度失望。议长也宣布准备辞职，因为他"无法兑现对广东妇女的承诺"，不能实现妇女参政的愿望。然而，"广东的进步女性向全中国的妇女同胞发出了呼吁，寻求全国的支持。"[5]

注释

[1] 见王笛：《袍哥：1940年代川西乡村的暴力与秩序》，第10章。

[2] Henry W. Bunn, "Girl Slavery in China." *New York Times*, October 13, 1920.

[3] 赛珍珠：《我的中国世界》，第258—260页。

[4] Ishbel Ross, "Elsie Ferguson on the Women of China." *New York Times*, January 2, 1921.

[5] "Suffragettes in China." *New York Times*, June 26, 1921.

第 23 章 "中国的根本问题在于自己"

> 同仇敌忾,不惜任何代价来抗争,直到正义的来临。
> ——金陵女子大学校长劳伦斯·瑟斯顿

近代中国面临内忧外患,国力一蹶不振。其实在 1920 年代,中国有一段比过去相对良好的国际生存环境,没有遭遇到大的外患的威胁。本来中国应该利用这个难得的机会,重拾破碎的山河,全国团结一心,在这个窗口期发奋图强,然而事实上却走的是完全相反的方向。中国呈现一片混乱,政府非常不稳定,各种派系你争我斗,内战不断,官员腐败,人民生活困苦。

国家分裂,军阀割据一方,动辄武力相向。北京政府也是像走马灯似的变换,财政没有保障,这就是当时中国的状况。这种局面下的中国外交,在世界舞台上能有多大的活动余地,能够在外交的斗争中为保障中国利益做多少事情,都是非常不容乐观的,这也是中国在国际上得不到尊重的原因之一。西方列强对中国采取什么样的政策,虽然首先要考虑它们自己的利益,但是也经常视中国自己的情况为转移。

怎样解决中国问题？

1919年12月，前面提到过的斯坦福大学教授、日本问题专家帕森·崔特的文章《我们怎样可以帮助中国》便指出，虽然美国要竭力帮助中国，但是"中国的根本问题在于自己"。国际因素的确"加重了中国的问题，但不是主要原因"。从今天看来，这样的认识，比当时一些很流行的论调要深刻得多。由于反帝的浪潮，当时不少国人把中国的问题，归结于西方的入侵。这其实也符合当时中国统治者的需要，他们希望把人们的注意力转移到外部。

但是，崔特敏锐地看到，解决中国的问题，还是必须从内部开始，"总统替换皇帝，不能在一天甚至在一代人之内，改变中国的传统"。在一战中，欧洲列强的势力在中国衰弱，但是"北京政府却无法利用这个间隙获利"。中国本应该运用一战之利，但如今"却陷入内战的泥潭中"，南北两个政府在各自的势力范围内行使权力。

崔特建议，中国在合理利用广阔的人力资源和自然资源之前，还需要很多东西，但"最急切需要一个普及的、合格的教育系统"，而且这也是中国"目前窘境的主因"。科举制度是1905年之前持续了多个世纪的教育体系，建立在私塾教育与国家举行的激烈考试竞争的基础之上。事实上，"这种在过去长久以来教授儒家经典和道德的课程，是导致中国落后的原因"。除了在各种教会学校受教育的少数人外，"几乎没有中国人对现代生活和现代化的要素有所了解"。政府雇员是"由一群几乎不具备任何20世纪管理知识的人构成"。

而日本则通过明治维新，"从旧秩序变革到新秩序"，保证"在每一户每一个人都识字"。日本早期对大众教育的重视促成了日本之后的迅速崛起。到 1889 年宪法颁布的时候，日本已拥有数量可观的在本国公立学校受到良好教育或在国外留学的领导人。

但是在中国，尽管 1905 年废科举，施行新的全国教育系统，但 1911 年以来的"国内动荡阻碍了发展"。因此，到 1919 年，只有很少的中国人"具备足够的现代化训练"，政府中的大多数官员还是受教于传统的教育体系。崔特认为，"只有当更多的年轻人具备了足够的判断力，中国才会出现能够处理当前复杂形势的领导者"；只有在国家培养了大量受过良好教育和有思想的国民的时候，"民主政府才能最大限度地发挥作用"。[1]

"军党控制中国"

1919 年 6 月 23 日《华盛顿邮报》(*Washington Post*) 发表大卫·福兰兹（David Frazer）的文章《军党控制中国》(Military Party Dominate China)。这里所谓"军党"，英文原文是"Military Party"，应该是指当时权倾一时的皖系军阀的"安福系"。报道称，反政府的示威游行已经达到了预期效果，商业中心的店铺重新开放，一些大型罢工的威胁没有出现。主动提出辞职的总统徐世昌被劝留任，然而所有内阁成员的辞职均被接受，内阁重组正在进行，并承诺民众会建立新政府，但福兰兹认为这实际上不过是提名另一个军方的候选人。北京的新格局是"总统、内阁和所谓的国会，实际是军人组成的违宪团体，都受到军方的支配"，而军方则听命于安福俱乐部。[2]

所谓安福俱乐部是1918年3月在徐树铮的策划下，由王揖唐等皖系政客在安福胡同成立，徐、王两人是核心人物。从成立到1920年直皖战争皖系失败为止，该系作为皖系军阀左右北方政局的政治力量在政界颇为活跃。在1918年8月的新国会选举中，安福系以非法手段操纵选举。在全部400多名议员中，安福系即占380余人，王揖唐被推举为众议院议长，因而这届国会被称为安福国会。[3]

《纽约时报》在1920年8月份发表特派记者约翰·弗尔德（John Foord）的一篇文章，对这个问题也有讨论。文章认为现任总统徐世昌是"胆小而优柔寡断"，一个文人而"被放置在了错误的位置"。现在中国的强势领导者，一位是奉系张作霖，另一位是直系曹锟，以及安福俱乐部的头头徐树铮。文章说，尽管徐树铮是中国人现在"最恨、最不信任的一个人"，但他仍然是中国"最有能力的人之一"。他工作"勤勉"，还有"卓越的行政能力"。1920年5月，直皖关系日益紧张，直系提出罢免徐树铮，段祺瑞拒绝接受。7月初，张作霖、曹锟等发通电斥责徐树铮"祸国殃民""卖国媚外""把持政柄""破坏统一""以下弑上""以奴欺主"六大罪状，总统徐世昌罢免了徐。但弗尔德似乎对徐树铮抱有同情，称"这简直是一个公开的丑闻"。

弗尔德对段祺瑞评价不高，认为他"是一个没有什么特殊才能的人"，从不看报，还滥用权力；他并非内阁成员，但却以他的名义召开内阁会议，直接挑战总统的权威。而总统自身软弱，内阁沦为段和安福俱乐部的工具。总统和内阁的退让导致了内战的胶着，徐树铮仍然握有军权，总统也无可奈何。[4]

《基督教科学箴言报》和《纽约时报》都报道了这个时期中国政局的混乱。1920年7月，直系吴佩孚在奉系张作霖的配合下，打败了被认为是亲日派的皖系段祺瑞。段通电辞职，王揖唐逃到日本，徐树铮、曾毓隽躲到日本使馆要求保护。在北京城封闭了三天后，火车不通，城门紧闭，1920年7月20日战斗结束，皖军不再抵抗，北京遭洗劫的危险也已经过去，段祺瑞辞职。

令人鼓舞的是，这个国家已经没有人支持战争，人们对军事不感兴趣，热心于做生意，追求着平静的生活，反对督军们的争斗和北京政客的一系列阴谋。要尽快让军人政府垮台，解散至少一百万的多余军队，以行政代替军事化的督军统治。要达到这个目的，就需要得到外国公使们的诚恳合作。"如果所有的国家都有这个愿望，就要断绝对南北两方的钱款支持，中国的内战就将结束。"7月23日，吴佩孚等提出严惩皖系及安福俱乐部首领和骨干。7月28日，徐世昌下令缉拿徐树铮等"十大祸首"。8月3日，徐世昌下令解散安福俱乐部。[5]

对这个事件，《基督教科学箴言报》发表文章揭露日本与安福俱乐部的关系。文章称，"俱乐部中的九名主要成员根据东京外务省的命令操纵着中国的政策，现在他们却在日本驻京公使馆的'庇护'之下。"中国政府要对这些官员监控调查，日本外务省却答复称："现在的情况使得日本驻京公使馆给予徐树铮先生和其他八人庇护，同时也履行对这些逃亡者实行严密监控的承诺。并当下将相关信息及时传达给中国政府，也会同一时间将通信内容发布在外务省的声明中。"

中国政府则照会在京的日本公使，表示反对日本介入，敦促日本对那些中国人进行监控，不允许他们逃跑或藏匿，"一旦当局审查认证了他们刑事罪行的证据，便要求日本将他们转移给中方。"但是日本方面在回复中说,中国政府是基于政治原因对徐树铮等人发出逮捕书的,所以"无论他们的罪名是否成立,日本公使馆将无法应允将他们引渡的要求。"[6]徐树铮在日本公使馆避难长达百余日,1920年11月14日,他被藏在一个箱子里,运离使馆,然后由天津逃到日本。

反对贷款给军阀政府

当然,中国的问题不仅是政局的混乱,财政危机也是直接的威胁。北京政府向新四国银行团要求借款500万镑,但因以英国为主的新四国银行团坚持要求解散中国多余军队,以及四国政府及四国银行团监督的前提条件,中日政府对此都不满意,日本决定单独借给中国900万日元。2月18日,财政总长李思浩和日本横滨正金银行签署贷款合同。[7]

1920年4月14日《基督教科学箴言报》发表《对华借款遭到反对》(Consortium Loan for China Opposed),讨论了为什么当时不少人反对给北京政府贷款。记者采访了南京金陵女子大学(Ginling College for Women in Naking)校长、美国人劳伦斯·瑟斯顿夫人(Mrs. Lawrence Thurston),根据她的观察,明智的中国人都认为,"如果美国贷款给现任北京政府,这将给予中国军阀以支持。"

北京当局充斥着腐败、卖国和军阀,"其行为完全违背了人民的意愿"。如果这些军阀掌权北京政府,"会给予日本所有其想要的"。他们的权力不是来自民意,目前的军阀政府的权力就不应该拥有。瑟斯顿这里所透露的意思是说,美国人认为贷款是为了帮助中国,但是不少中国人认为这只会帮助亲日的军阀政府。

对于日本给中国政府积极提供贷款的活动,瑟斯顿指出:"现在腐败的反动集团掌控政府,他们不会建立任何形式的共和政体或公民政府,以及以民主为宗旨的组织"。他们接受了日本的贷款后,会以出让中国的权利作为回报,而且他们已经在采矿、铁路、专营,以及总额为1000万元的电报收入的租赁特许权等方面做出了极大的让步。

瑟斯顿认为,一部分贷款会用于支付士兵的薪水,但很大的一部分却进入了由军阀组成的政府中极少数人的腰包。中国得到的贷款,军队开支占了一半。中国各省有80万军队,靠借钱来给士兵发饷。每一笔贷款都被滥用,都为军阀用于壮大势力,使中国离民主政体越来越远。如果我们对中华民族的未来还保持着热忱,"我们就不该再犯下罪过,把钱给现在掌权的北京政府"。

瑟斯顿的态度是:"除非这些钱被用来遣散军队,或加强政府的自由民主的建设,否则我们就应该反对借款。"其实这也是许多西方人的共同看法。中国的确需要资金,但是那些借给中国的钱应该按正常的利率,"用这些钱去发展中国的工业而非军队。"

瑟斯顿认为,学生代表了广大中产阶级的利益,尽管在五四运动一开始,政府把他们描绘成捣乱分子,但商人支持他们,在全国掀起波澜,并且动员了中国各阶层的人对政府和涉外事务的热情,唤起了民众的觉醒。1920年2月,反对贷款的学联在抗议中称,学生之所以联合抵制日本,不仅是因为山东问题,还因为日本使中国政府更腐败。他们贿赂官员,把贷款用于北方的军阀,使国家处于持续的混乱中。学生急切地寻求与美、英、法交好,并警告这些国家不要步日本的后尘。

瑟斯顿说,"这些学生告诉美国人他们是自己的朋友,而且对美国很有信心,表示美国会以某种方式,帮助他们渡过目前的困境"。但是巴黎和会却让他们对美国失望了,在这种情况下,作为一个在华的美国人,面对中国人,"对于美国的行为感到无言以对"。

瑟斯顿说,按照学生领袖的说法,只有一种方式可以使中国停止抵制日本的行动,就是日本放弃其侵略和欺辱中国的政策,公平竞争,归还山东的主权,停止对"被中国人民抛弃"的腐败军阀和政客的支持。如果日本改变其对华政策,"抵制运动将会自动停止",将赢得与中国人民的世代友好。如果日本反其道而行之,中国人则将"同仇敌忾,不惜任何代价来抗争,直到正义的来临"。

瑟斯顿最后说,在日本,自由派可以对整个格局扮演关键角色。"日本自由派对本国的军事独裁政治并无好感,也不认可自己的政府。"如果这个政党能强大起来,在普选中得到大众支持,"那么自由主义者会推翻军国主义者,将山东还给中国,并自然而然地成为中国的朋友,这才是日本应该做的"。[8] 她寄希望的日本国内政治向自由派的转化,并没有成为现实,反而进一步走向了右翼的军国主义。

宪政与南北之争

1920年代的中国,麻烦并不仅仅来自日本,而更严重的是内部分裂,共和体制也受到了挑战。《纽约时报》刊登瓦特·里特菲尔德(Walter Littlefield)题为《战争乌云笼罩中国》(War Clouds over China)的文章,指出1912年颁布的《中华民国临时约法》维系着从清帝国继承的领土完整。从政治学的角度来讲，中国现处在邦联阶段（the Confederation Stage），并没有实现政治的统一。

根据《中华民国临时约法》，选举并组建了临时参议院，依据《临时约法》条款迅速起草了一份永久性宪法。规定国家的行政部门只有在《临时约法》条款认可之下才能行使权力，所以当袁世凯大总统试图恢复帝制时，便只有解散国会。他死之后，副总统黎元洪依据《临时约法》的条款，继任大总统，他与企图恢复国会并继续执掌国务院的皖系之间发生了冲突，而各省督军或被准许暂行权力的军阀，却打着做封疆大吏的算盘，在自己的势力范围内各自为政，丝毫不顾北京的混乱政局。

府院之争——即1916—1917年间总统黎元洪的总统府与总理段祺瑞的国务院之间的权力斗争——发生之后，势力日益强大的长江巡阅使张勋，有足够的实力进入北京，扶植宣统皇帝复位。就在中华民国陷于险境之时，段祺瑞联合北方各省督军，迫使宣统再次退位。随后黎元洪辞职，冯国璋代理大总统，直到安福国会选举徐世昌为总统。

《临时约法》得到恢复，国会解散后，一些议员组织起来，帮助南方省份独立，成立护法军政府，定都广州。段祺瑞和强势的北洋军阀反复辟的胜利，是军事斗争的产物，维护民国只是幌子，无非是要保持督军的权力，并与日本有许多利益往来。1920年，直系吴佩孚和奉系张作霖联手对付皖系段祺瑞，安福俱乐部在7月直皖战争之后解散，北京实际处于吴佩孚的控制中，并帮助张作霖成为控制东北的督军。[9]

1921年6月7日《基督教科学箴言报》发表《孙中山的选举》

（Dr. Sun Yat-sen's Election）一文，指出中国南方与北方的情势越来越复杂，孙中山似乎已经在广东成为"总统"，成功地建立了自己的政权，成为"中华民国的总统"。他是几周前被广州议会选出，称"中国非常大总统"，其目的是要重新建立宪政，但是不清楚孙先生最终是否成为全中国的总统。

孙中山称，自国民议会在1917年6月非法解散后，北京政府已经失去了合法性。他坚持认为，四年前被解散的国民议会的成员所组成的广州议会，是唯一合法的议会；他作为总统是由议会成员选举的，无论是北方还是南方，他都是中国唯一合法的总统。

然而，对孙中山的看法各有不同，世界各地都有支持他的人和反对他的人。这篇报道认为，他试图开辟一个新时代，在中国建立"真正的民主政体"。而反对他的人将他的做法视为一个"荒诞不经梦想家的梦"。不少在北方的政客认为，孙中山带着他的构想到了广州，建立了新政府，这看起来是"野心家的共同命运"，现在的形势可以说很冒险。

但是，《箴言报》的这篇报道指出，在晚清，民国就是个梦，虽然许多人向往并为之努力，"但很少有人会像孙中山先生那样，脚踏实地地作出努力并去实现它"。现在这个梦想已经实现了十年了。[10]

亨利·巴恩（Henry W. Bunn）以《变化中的中国》（Changing China）为题，在《北美评论》（North American Review）发表文章，指出中华民国正在度过最艰难的时期，显然对孙中山抱有比较高的期望。虽然民国已历经风霜，但是孙中山编织着希望，并努力去实现。孙中山也许是个梦想家，但他也被认为是个"现实的梦想家"，他并没有脱离中国的实际情况。

十年,对中国历史来说,是非常短暂的,还有很多人期待看到孙中山的继续奋发,坚持把中国引向进步的方向。他随时准备"展开另一场革命",而不是服从专制统治。孙中山在他漫长而艰苦的生涯中,遭遇到多次背叛。曾经有段时间,他一直很希望日本会帮助中国解决问题,但不可避免地遭到失败。在披荆斩棘的路上,广州一直闪烁着希望。只有南方政权,才能抑制那些各省的贪腐督军,才能在北京建立某种形式的宪政。[11]

1921年,支持孙中山的上海学生会写信给美国总统哈定、国务卿查理·休斯(Charles Evans Hughes)和美国国会,要求"撤消美国对北京政府的承认,而承认孙中山的政府"。[12] 1922年6月,旧国会在北京重新举行,大部分在广州的议员都受到邀请。而孙中山仍主持广州政府,"仍视自己为全中国的总统",广州的国民政府持续地谴责北京政府对日妥协。不过上述巴恩的文章对中国分裂显示了担忧,甚至对孙中山也有批评,说是由于1922年拒绝与吴佩孚达成协议,"孙中山成为纯粹的阻碍者",广东与北京的战争也是极具破坏性的。[13]

建立民主政体的呼声

其实,当时建立民主政体的呼声非常高,哪怕是北京政府的官员也不乏此类呼声。1922年1月14日,《华盛顿邮报》发表题为《施肇基博士呼吁中国社会民主》(Dr. Sze Calls China Social Democracy)的文章。其时施肇基为中国驻美公使,这个报道是根据他在美国政治与社会科学院（American Academy of Political and Social Science）的演讲内容。施讲道：中国时下的动荡不安只是表面现象而非实质，"中国正在经历发展的阵痛"。他说对某些西方观察者来看，"中华民国似乎仍在风雨飘摇，因为军阀的存在、南北分治预示着更大祸患的来临"。人们"怀疑中国人是否有真正的能力自治，以及中国究竟是否有资格享受民主的赐福"。

施断言这些结论过于悲观，确信中国人能够自治，宣称"一旦学会运用国家机器，让本土文化内核与外来形式完美契合，一个伟大的现代民主典范将在亚洲兴起。"施肇基解释道，与西方文明的沟通让中国文明更加多元。在总结了社会民主和政治民主之间的区别之后，他说中国属于前者，称民主是"一种精神，一种态度"，政治民主是以后出现的。他指出，"中国现今的民主是一种社会民主，其主要的政治理论和实践总被国家所抛弃。但在和西方文明接触后，中国文明已日趋复杂，人民的诉求也日益多样化。"他还说，"让中国的社会民主适应西方政治体制的要求，俨然已经成为当务之急，尽管这个过程漫长而又艰难。"

施表示，中国普遍的混乱在于，现在面临新旧思想之间的调适过程，四亿民众正在接纳政治民主的思想，正在培养爱国的精神，公众舆论的发展就是证据。在民国成立之前，军队根本不理会民众的意见，"但现在民众的声音不仅被听到而且引领舆论导向"。他承认虽然军阀之间的派系之争仍在继续，但是他们的影响力却急剧减小。[14]

前面引用过的《纽约时报》上里特菲尔德1922年的文章指出，目前北京只是"名义上的政府"。南方不承认北京政府，北方军阀也只是表面上顺从,不过,北京政府受到外国使领馆的认可。它权力有限,甚至一些人说它不合法,政令不出京师。除了不时地用一些不知能否兑现的承诺换取海外资助之外,没有其他财政来源。虽然它有征税的权力,却缺少必要的威信和实力。北京及周边县市的警察和军队,已经数月未发饷,有潜在发生兵变的危险,军队所过之处直接影响商业正常运营。中央和地方政府关系紧张,各省的督军把持了课税的权力,不愿与北京分享收入。

中国整体的政治经济和军事环境,在很大程度上很像还处在宪法制定之前,即联邦条例时期的美国。1783年至1788年的美国历史便处在这样一个阶段:国会尝试立法,政府的行政部门在行使行政权的时候几乎不受法律制约,司法机关则草菅人命。"美国曾发生过的很多剧情正在中国上演,这个世界上最古老的帝国正在努力走向共和。"[15]但是中国的宪政、共和和民主似乎还有长远的道路要走。

里特菲尔德继续分析道,1921—1922年,也就是美国在华盛顿会议上试图帮助中国的时候,中国国内的局势则一团混乱,各国在华势力也开始此消彼长。中国的局面混乱,北洋政府面临困境,政党之间的矛盾日益激化,真是山雨欲来。在华盛顿会议通过一系列决议之后,学生和各政治团体展开了对宪法的探讨,包括如下的问题:根据旧有的《临时约法》召集国会,原国会应被授权制定一部新的宪法,原国会应组建一个新机构来制定宪法,等等。同时,商会及工会组织援引《临时约法》的条款,通过了类似的决议,包括现阶段政治的进步,很大程度上要依赖经济和工业的发展,以及对公众的教育。

为了使政治改革有可能出现并成功实行,持各种意见的人们必须清楚这条政治原则,即"人民不仅有批评和反对的职责",还要为建设"民主大厦而贡献力量"。[16]《纽约时报》的这个表达算是说到了点子上,其实要建立一个民主的政治体制,就要允许人民批评政府的权利,而且这种批评的权利必须得到宪法的保护。但是在中国,这条道路是非常漫长的。

<h2 style="text-align:center">吴佩孚的出场</h2>

美国媒体也报道分析了北洋军阀的各主要派系。亨利·巴恩写道,北洋军阀分裂成两部分,一是皖系,一是直系;皖系是亲日派,直系尽管是军阀,但并不亲日。"有修养但懦弱"的总统徐世昌支持直系,但直至 1919 年 4 月,他才敢把他的观点表达出来,要清洗安福政府,但是由安福俱乐部控制的国会反对徐的决定。

直系军阀曹锟是山东、直隶以及河南三省的"超级督军",他的大部分的战略目标都是由其部下吴佩孚执行的。而安福系则主要依靠日本人训练的 4 万杂牌军,是一战开始时建立的。当吴佩孚势如破竹地进攻时,控制东北的超级督军张作霖出现了,阻止了吴佩孚的攻势。张作霖宣称他挽救了局势。[17]

在 1920 年代,西方媒体十分看好吴佩孚,报道称当时社会各方面包括学生对吴佩孚都有好感,吴自己说他军队中有 60% 是学生兵。美国海军将领查理·哈金斯(Charles T. Hutchins)与吴佩孚会面后,称"中国商人和学生以及在华的外国名人都支持吴佩孚的政策"。[18]

当时,国际国内看好吴佩孚,是有一定原因的,他在五四时期公开站在爱国运动一边,反对北洋政府逮捕学生和要求释放学生,收回青岛。还发布通电,请罢免曹汝霖、陆宗舆、章宗祥,"惩办国贼",反对在《凡尔赛和约》上签字。1919年11月福州学生抵制日货被日人本杀害,吴佩孚于12月3日通电各省:"闻此噩耗,义愤填膺,谨厉戎行,愿为外交后盾。"[19]

1920年8月22日《纽约时报》发表特派记者约翰·弗尔德(John Foord)题为《吴佩孚将军:中国的希望》(Look to Gen. Wu as Hope of China)的文章,指出由于"段祺瑞进行独裁统治",战争一触即发,交通运输阻断,饥荒正引起人民的恐慌,北京处于极度危险的战争边缘。不过,国际社会认为直皖两系之间的争斗不会引起严重后果,段祺瑞得到日本支持,但是其追随者们并不坚定,一些早已逃之夭夭,而国际社会特别是美国"同情直系军阀"。

奉天的张作霖是实权人物,他任命复辟未遂的张勋负责"保卫民国的统一与和平"。张作霖可以指定北京的内阁成员,"有人宣称张是日本在中国的代理人"。但弗尔德对此并不认可,称张作霖设法摧毁安福俱乐部的力量,所以认为他是"日本在中国的代理人是可笑的"。张作霖与直系合作对抗皖系,所以段祺瑞"成功的可能性更小了"。

在上述彼此对立的派系之外,还有另外严重的危机存在,即北方和南方政府的彼此对立。1920年7月,直皖战争爆发,皖军失败,段祺瑞下野,直奉两系军阀遂控制了北京政权。弗尔德指出,自从清朝覆灭之后,中国没有建立行之有效的政府,那些政客与官员都声称代表民国,却没能在全国统一号令。各省被半独立的军阀统治着,他们有自己的军事力量。这些独立的军阀"必须被作为首要问题去解决",才能实现中国的和平和经济发展。

那些"有着开明思想"的外国观察者们都承认,在段祺瑞和曹锟之间很难做出选择,段祺瑞很可能被抛弃,但张作霖和曹锟也都不能赢得同胞的信任,"都被认为是军事冒险者"。最为重要的原因是,在他们控制下的政府并不会比之前倒台的政府更加开明和有效地管理国家。

如今最迫切的问题,是要找到一个南北方都愿意统一的基础,以及在最快的时间内,使国会能充分地代表南北两方。要实现这项任务,皖系和安福俱乐部肯定会反对。不过在国会之中,南方会有充分的票数,而安福俱乐部不可能获得大多数票。

美国舆论把希望寄托在了吴佩孚身上。在当时的中国,到底谁能够"挽救中国于军事独裁、政治分裂和组织腐败之中,使人民脱离苦海"呢?似乎还很难判断。不过,美、英、法都认为,现在中国"最值得尊敬和最有信心代表统一的人是吴佩孚"。

根据判断一个人的"组织和公正能力"的标准来看,吴佩孚已经证明了"他有能力实现自己的野心",可以"根除主导了北京中央政府几个月的恶势力"。这得到了中国大众的支持,"并给了吴佩孚将军信心"。但问题在于,胜利者把他们的"个人野心置于国家的福祉之上"。

根据一些西方人的分析,中国人不可能由自己建立一个有效的政府,"在督军的控制之下,没有任何有效的手段是可行的"。现在的问题是,中国的革命最终会不会出现一个人,"带领饱受列强欺压的、分裂且无力肩负起责任的中国,走上自己的道路",还是一个未知数。不过,很清楚的是,"列强应该让中国恢复稳定"。那些真正想挽救中国的人,应该采取共同行动,只要存在一丝希望,有一点可能性，也要为之努力，"拯救中国于分裂危难之中，而外国干涉必须被终止。"[20]

从这段评论来看，美国希望中国有一个强人能够把中国破碎的政治收拾起来；有一个统一的政府，能够稳定政局；这样才可能着手解决中国的其他问题，才能把中国从积贫积弱的状态中解救出来，从列强的屈辱中解救出来。他们认为，在现在这个情况下，吴佩孚是最有可能实现这个目标的人。

吴佩孚被寄予了厚望。他被西方普遍看好，被认为是最有军事才能，"而且他的军队是全国最训练有素的战斗力量"。美国媒体对他的个人品质也是称赞有加，说他"似乎从未有过以权谋私"，并且把他视为"和孙中山是一样真挚的爱国者"，说他在孙中山的支持者中也有很多朋友。吴对上海的学生会说："我们要先打扫干净屋子"，意思就是先把自己内部的问题解决好。

另一方面，北京政府并没有与他合作，他很快发现自己没有钱发放军饷，士兵们纷纷投靠更有财力的军阀。1921年7月，一起兵变本可以助他执掌中国，甚至有可能统一全国，"任何一个稍微不那么光明磊落的人一定会抓住这个机会，但他克制住了"。而张作霖则借机壮大势力，财力更雄厚，东北也更独立；西部的军阀则更加跋扈，并准备投靠列强来换取利益；直系的力量却不断地削弱。[21]

但是媒体也透露了留学生对所谓南北之争的不认同，反对一切内乱，并不希望站队。1921年10月19日《纽约时报》发表一封来自康奈尔大学中国留学生的读者来信，信中说，他在10月16日的该报上非常吃惊地读到"整个美国和加拿大的中国基督徒，会在今天为了孙中山领导的反对北京政府的中国南方的北伐军祈祷"。该读者问道："不知道有多少在美国的中国基督徒注意到了这个事件，但是我们这些基督徒学生对此一无所知。"事实上，这个留学生认为，美加华人对中国国内政党的态度，"大概是不偏不倚的"。他们不喜欢战争，对内对外都是一样的，所以也不为南方或北方祈祷，但日夜祈祷建立一个可以有效地代表国家和人民的统一政府，这不仅是"国外华人的热切向往，也是国内数以百万计的兄弟姐妹们所期待的"。

这位学生怀疑一些华人"很可能在美国为广州政府做宣传工作"。尽管他们支持南方也许是正确的，是他们的义务和责任。但是不能忘记，他们"不能为所有人代言"。以他个人的观察，海外华人"没有时间今天推翻这个，明天建立另一个。我们需要站在一起，共同努力，将我们的国家从危险又困惑的境地中解救出来，使其成为一个最安全的地方"。[22]

从美国主流媒体的报道来看，十分明显地对南方政权给予更多的同情，这个学生或许代表了相当一部分中立的、沉默的人群。

"战争乌云笼罩中国"

前面已经提到过的《纽约时报》1922年4月30日所刊瓦特·里特菲尔德的文章《战争乌云笼罩中国》，报道了中国的战争威胁。里特菲尔德称当时有四股政治力量争夺权力：一是以孙中山为首，"仍在为民主努力，一直与北方的保守主义、反动派、煽动者和独裁者对抗"；二是皖系，其与直系的斗争也持续不断，"前者充满行伍之气，后者则显得彬彬有礼"；三是奉系张作霖，其与直系的决裂以及他在东北的成功统治，与掌控北京的直系吴佩孚实力不相上下；四是由不隶属于任何派别的西部诸省的督军组成，他们只认可国家的权力，要求必须组建一个强有力的中央集权政府。

这正是吴佩孚和张作霖之间的第一次直奉战争爆发之时。里特菲尔德称，在华盛顿会议上，"各大国谨以至诚之心帮助中国涅槃重生"，它们向中国保证她的政权与领土完整，并诚挚希望中国早日和平统一，经济繁荣。里特菲尔德希望"三位中国巨头"，即吴佩孚、张作霖和孙中山，承担起这一责任。

但这种希望显得非常渺茫，吴佩孚和张作霖的军队处在剑拔弩张的态势之中（其实在《纽约时报》这篇文章发表的前一天，战争便已经爆发）。而同时南方军队则由于持续的经费短缺与各方意见相左而无力北上。当前的政局取决于军阀实力和他们之间的协商，以达成对各方均有益的结果，这是美国希望看到的。吴佩孚认为，这个目标可以通过支持北京政府的北方诸省的爱国督军达成，张作霖则认为他已经向世界展示了治理东北的卓越才能，但是孙中山对吴和张都是持反对的态度。[23]

因此，这三巨头要联合在一起，似乎是不可完成的任务，事实上，美国的这个设想最终都没有能够完成。里特菲尔德认为，如果吴佩孚与张作霖武力相向，孙中山会选择联张抗吴，中国将长时间陷入内战泥潭，甚至引发北京政府的更迭，人民将更加绝望。

辛亥革命后，人民开始了解什么是共和国，并越来越坚信这个制度。法国大革命中秉持的原则在一个多世纪前就已在法国完成。某些因素，如广袤的疆域和众多的人口，反而"成为了中国共和之路上的绊脚石"，因为分裂造成了内乱。无论政府是激进抑或保守，都还不能完全表达人民的意愿,但它仍在摸索之中。里特菲尔德认为,"今天南北方之所以没有统一的唯一原因,是南方对人民的教育比北方更早更快。"而民族因素、历史因素,甚至西方影响的因素,都只是次要的。和美国相比,中国有四至五倍的人口,北部和西部依次分布着满人、蒙古人、藏人和回族,而南方人重视教育,热爱和平,善于经商,也乐于接受西方文化中的菁华。[24]

因此,按照里特菲尔德的说法,这种南北的巨大不同,特别是教育程度的不同,实际上是造成南北分治的最重要的因素。这篇文章也透露了作者所接受的当时在中国乃至西方普遍的一种看法,就是北方尚武,南方崇文和重商。纵观中国历史,似乎也提供了无数支持这个说法的事例。但是在近代,这种论调显然已经开始被动摇,特别是湘军的兴起,整个改变了所谓南北特征的这种概括。

里特菲尔德还收到了一份报告,称徐树铮与孙中山达成了联盟。根据目前见到的中文资料,关于这个报道的背景很清楚了,1921年12月22日,徐树铮奉段祺瑞之命从上海经香港到达广州,试图联合孙中山对抗直系。1922年1月18日,徐树铮抵达桂林,与孙中山会晤商讨国是与讨直计划。徐建议孙中山与段祺瑞、张作霖成立"三角同盟",以打倒直系。孙中山接受了徐的建议。[25]

双方约定粤军首先抵达江西,如果国民革命军成功占领江西,徐将给孙两百万银元的军费以作北伐之资。双方进一步同意李烈钧担任江西督军,陈炯明和孙中山向江西派遣两个军和一个混合旅。

直系为此制定了一个防止孙中山和奉系军阀结盟的计划。1922年3月22日,吴佩孚通电北方各省督军,希望他们支持北京政府。新闻界反响强烈,指名道姓地斥责吴佩孚,指出我国人民已饱受军阀的折磨，如果没有军阀和贪官污吏，中国早已富强。但《纽约时报》的报道说，在4月的前三周，奉系军阀用火车输送大批军队入关，于4月21日占领北京和天津，然而却没有干涉地方和中央政府，各级政府依旧正常运作。这一时期，吴佩孚和张作霖分别调兵遣将，在京津周边有近20万军队。[26]

孙中山在1922年3月中旬率先迈出了武装统一的步伐，美国也不能确认孙中山到底能够走多远，但似乎乐观其成，认为"这或许能让中国配得上美国所希望的民主共和"。曹锟发给北洋政府的一封电报中，披露了孙中山的这个打算：情报部门的特工称在香港截获一封内容有关非常大总统孙中山和陈炯明计划联合北伐的电报，北伐指挥部已发出战前动员的命令。

4月8日，孙以个人名义出席北伐出征的宴会。由于无法筹集北伐的军饷，孙中山命令发放数百万美元的军事债券。陈炯明接受北伐的命令后，组建粤军第一军和第二军，陈命令自己的堂弟陈炯光在各地招募兵勇，加紧训练备战，命令兵工厂增加工人数量以生产更多武器弹药和军需物资。[27]

不久，美国驻华使馆获悉，孙中山由于军费短缺以及南方军队不得不冒险经过吴佩孚控制的省份，因而有放弃北伐的念头。这个消息对吴来说十分有利，这样他便可以专心对付奉系军阀了。这篇文章最后认为，看来好像吴佩孚、张作霖和孙中山"都真切希望建立一个得到世界尊重的统一民国"，但是他们"在方法上有冲突"。考虑到中国有着众多民族，政治环境恶劣，经济和教育落后，等等这些问题，他们的冲突是"可以理解的"。[28]

当然，应该不怀疑吴佩孚和张作霖都有想让中华民国强大的愿望，但是这首先是以他们自己的利益和权力不受损害为前提的，反之关于统一民国的这种打算就会立即被束之高阁了，就是开战也在所不惜。

最后的乱局

1922年4月至5月间的第一次直奉战争，以直系吴佩孚打败奉系张作霖为结束，在1917年被军阀赶下总统之位的黎元洪，接替徐世昌复任大总统。前引《北美评论》发表亨利·巴恩的文章《变化中的中国》，认为在现阶段，吴佩孚"作为一种新型的政客，对共和国忠心，但仍然对旧中国的传统心存仰慕"。尽管只是曹锟的手下，但吴佩孚已经是一个"令人瞩目的人"。他被认为是"倾向自由派的"，这也可能就是他为西方所看好的原因之一。

巴恩认为曹锟"持有类似的自由观点"，但是他被看成是一个"见风使舵"的人。而张作霖则名声不佳，以前是土匪，"阴险面目大暴露"，而且是个顽固派，"被普遍认为是日本人的朋友"。张作霖"伺机而动"，但最后暴露了本性。他1921年年末进入北京后，成为一个独裁者。

吴佩孚预见到与张作霖的冲突是不可避免的，并有所准备。1922年4月吴领军北上，击败了张，把其赶回了东北，"曹锟这个墙头草对吴佩孚持默许的态度"。吴佩孚现在可以实施他的计划了，包括重新组织在1913年成立、1917年被非法解散的国会，南北重新联合，废除督军制度，并且重新梳理真正的宪法程序。他让1917年在军阀压力下辞去总统一职的黎元洪重新出山。[29]

《华盛顿邮报》1922年6月22日报道，在复任大总统之后，黎元洪随即发布了第一道任命令，委任前驻美公使伍廷芳为国务总理。自1917年国会解散以来，伍廷芳一直都积极反对北洋政府。当时他辞去国务总理之职，转向支持西南诸省反抗北洋军阀。他一贯支持广东政府和恢复国会，而恢复国会也是黎元洪总统最主要的施政纲领之一。同时，黎元洪解除了一直在梁士诒内阁中担任外交总长的颜惠庆的职务。

人们普遍认为伍廷芳接受国务总理一职，会有助于中国的统一，因为伍廷芳一直是孙中山南方政府的中流砥柱。他到北京任职，使孙中山很难维系一个独立的政府。因此，盼望中国重新统一的支持者，"希望依靠伍廷芳来争取更多孙中山的拥护者支持新北京政府"，而且黎元洪的政府得到了国会以及吴佩孚的支持。可以预见，在不久的将来，因伍廷芳就任国务总理，"流散至广州的旧国会议员将返回北京"。

但是情况似乎并不容乐观，根据《泰晤士报》记者从香港发来的消息，广州国会已要求孙中山发表声明，"反对《临时约法》的背叛者黎元洪，表示并不承认他复任民国大总统"。[30]另外，上引6月22日《邮报》的报道没有反映出黎元洪复职后发生的一些变动。黎元洪原计划是任命伍廷芳为国务总理，即恢复他下台前的原状，也就是旧的国会、旧的总理、旧的总统，以显示他的正统性。但是就在6月16日，陈炯明在广州发生叛乱，逼孙中山下台，年已80岁的伍廷芳受到震动，于《邮报》这篇报道的第二天，即6月23日逝世。黎只好改派颜惠庆任总理。[31]黎元洪任总统之后，并没有能改变南北两个政府分裂的局面。

美国媒体不仅看到南北之争、直奉皖之争，对地方的政治局势也有观察。1923年,吴佩孚正推行其武力统一方针,利用川军内讧企图控制四川,支持杨森。熊克武原为广州军政府任命的四川督军,1923年7月就任孙中山委任的四川讨贼军总司令。根据约翰·穆尔(John Muir)于1923年6月26日写于成都的《四川来信》(Notes from Szechwan)透露,熊克武现在是"四川的主人",杨森溃败,但战争还在继续。按照这封信的说法,大局还没有决定,"现在试图解读这对于川省意味着什么依然为时过早"。当南方获胜之时,这是"川人的四川"之胜利,他们不会对来自外部的独裁逆来顺受。

穆尔认为,不久的将来,四川和其他省份,"只有当合适的自治措施被认可,才会造就一个强大的中国"。也就是说,外界把四川军阀对四川的控制,视为自治的一个积极的因素。这封信还透露,由于军阀混战,各路匪徒也趁火打劫,杨森的败兵也参与其中,甚至绅士也有被带走作为人质。大多数在成都的外国人则到灌县、峨眉等地躲避。[32]

然而,在1923年6月,黎元洪总统又被迫辞职,这是由于来自曹锟的压力,内阁解散,政府停摆,国会议员的半数都不在北京。有谣言称,浙江的督军贿赂他们,想通过国会议员少于法定人数以阻止总统选举。但又有传说,曹锟再次贿赂他们,使他们回到北京。10月,在京的国会议员已经超过法定人数,曹锟被选为总统,通过了永久性的宪法以取代《临时约法》。[33]这就是北洋军阀时期有名的"曹锟贿选"事件,根据后人的研究,虽然事出有因,但是仍然缺乏坚实的法律依据。[34]

大部分的安福派头面人物加入了张作霖阵营。张一直想要与吴佩孚进行另一场决斗,在等待有利的机会,打击吴佩孚,继而削弱和毁灭他。1924年9月至10月第二次直奉战争在直隶边境爆发。在战斗开始的头两个星期,上面提到的《北美评论》上巴恩的文章认为,看来比较确定的是吴佩孚会赢,而张作霖则将只能退守东三省。不过张作霖有一个优势,东京警告北京说,哪怕吴佩孚获胜,"也不许其入侵满洲"。不少人期待吴佩孚可以"给这帮老土匪以重击,好让他以后再也不能作威作福了"。[35]

巴恩认为,"吴佩孚是一个诚实的人"。那些不喜欢吴佩孚的人对他则怀有巨大的怀疑。但人们对这几年吴佩孚的事迹所知甚少,因为"他把自己隐藏在黑暗中,静观发展,训练他的军队跟东北督军下一回合的战斗"。人们不理解他会让曹锟用如此骇人听闻的手段选上总统,曹是"一个文盲,一个见风使舵的人",实在是乏善可陈。

显然曹锟并不是理想的总统,但巴恩认为"吴佩孚可以掌控曹锟"。吴可能"成功取代曹锟成为直隶、山东和河南的超级督军。"当下正在进行的直隶战争可能对吴佩孚来说是乐观的,这意味着"中国反动因素的解除"。广东政府也可能瓦解,意味着激进分子会暂时消停。然后吴佩孚可以自由地宣布,他将会实行"新宪法的伟大任务",尤其是废除督军制度,通过省和区域、城镇、乡镇团体设立自治政府。

文章接着指出,如果吴佩孚失败了呢,或是西方看走眼了,并不是人们所看到的吴佩孚呢?巴恩认为"中国的拯救不会一帆风顺",某些强国会不断捣乱,巴恩就承认"对俄国的意图极度不信任,对日本的看法也不是太乐观"。最后,他还指出:

> 任何熟悉中国历史以及文明的人都必须承认,中国正处于动荡的时代,并表现出了有能力取得成就。非凡的政治才干者继续扩张中国以至今日的领土边界(我称之为十八个省份),并

巩固这些疆域。她还有更非凡的才能传播中华文明到那些区域，使得中国得以在很多时期的政治混乱状态以及经济困难中存活下来，而不至于遭受致命的损害。中华文明的持久性是人类有史最令人震惊的事实，也是最值得称赞的文明之一。

由于巴恩对中国的历史和文明有着高度的赞赏，因此对中国的未来也抱乐观的态度，认为中国在过去"显现出无可比拟的恢复能力"，有足够的理由去期待分裂和无政府状态将会通过吴佩孚、陈炯明等力量的合作，而使中国走向"繁荣和辉煌"时代。[36]

吴佩孚的退场

1924年，吴佩孚的势力和影响真是如日中天，西方普遍看好，他还成为美国《时代》(Time)杂志出现在封面上的第一位中国人。该刊9月号的封面标题为：《吴将军：中国的最强者》(General Wu: Biggest Man in China)。这正是第二次直奉战争开战前夜。据该刊同期报道吴佩孚的文章《战争一触即发？》(War?)中说，中国受到了一场大规模内战的威胁，军队在江浙集结。甚至有报告说战斗已经开始了，但是没有得到证实。报道说，吴佩孚"是中国最有军事头脑的人"，中国的整个北方包括北京和中部都在他的控制之下。《时代》基本上代表了西方舆论对吴的看法，认为他是一个"民主派"(democrat)，但是他的目标是"用武力统一中国"。这一政策使他与张作霖和南方的孙中山产生了冲突。

这篇文章还称吴佩孚"不仅是个军事天才，还是个有文化、有科学、有文学素养的人"。说他学习十分努力，而且利用他唯一的空余时间——即早上4点半到5点半——学英语,还请了家教。他被称为"手持大棒但是说话温和的人"。看来作为一个军阀头子,在西方人眼中,却是一个充满求知精神、温文尔雅的儒将。

而张作霖的形象则完全相反,《时代》称他是"清帝国遗老",一个"皇权主义者"。当然,也承认他是一个很有头脑、很有实力的人,但无法与"曾经打败过他的吴佩孚将军相比"。东北的面积与美国得克萨斯州加上科罗拉多州相当,张在东北占据了大片的领土,是真正的实力派。

直奉的争端主要起于中国的政治混乱,督军们在各省几乎都行使着巨大和独立的权力,派系林立,他们自然是中国统一的最大障碍。这时的中国是分裂的,《时代》认为这时"中国"一词,不过是一个地理上的表达方式,而不再是一个统一国家的意思。吴佩孚控制了华中,孙中山领导着南方,张作霖的势力范围在东北,他们之间反复争斗,"使这个国家多年来陷入混乱的政治纷争"。

当战争即将爆发,外国人十分担心他们的生命财产是否受到保障。英国驻华公使代表英、日、法、美的外交使团向中国外务部递交了一个照会,提醒中国政府应对外国公民的生命和财产损失负责。照会写道:"在获悉江浙两省之间有爆发战争的严重危险后,我们有责任以最严肃的方式重申,在当前危机下,中国政府有义务防止上海及周边地区的外国居住区,遭受任何生命和财产的损失。"这篇文章还透露,各主要大国均在中国驻扎有军队,以保护本国人。这些外国人在中国享有治外法权,随着上海周边的局势不稳,已有10艘外国军舰被派往港口监视上海及其周边地区,其中美国4艘,英国3艘,日本3艘。[37]

总的来看，美国媒体对亲日的皖系基本上是持批评的态度，认为他们要对中国目前的政治混乱局面负责。而相对来说，对直系吴佩孚和南方的孙中山，则比较乐观和积极，认为如果他们合力，则能够将中国引向和平和安定。

从当时的报道看，美国媒体对一些二三流人物的关注不够，如冯玉祥、孙传芳、张宗昌等，而这些人在以后的时间里，在中国这个历史舞台上，也扮演了重要甚至关键的角色。如这个时候媒体很少提到的冯玉祥，则是第二次直奉战争中吴佩孚失败的主要原因。如果不是冯玉祥的倒戈，吴佩孚本来的胜算是非常大的。吴佩孚失败，北洋政府失去了统一中国的最后希望，给在南方的孙中山创造了机会。[38]

《密勒氏评论报》的主编鲍威尔曾经采访过张作霖和吴佩孚。华盛顿军备会议结束之后，1922年2月6日鲍威尔启程回中国。1922年5月4日，到达上海之时，他发现中国的形势不容乐观。那时，直奉军阀正打得不可开交。鲍威尔接着赶往北京。在去北京的路上，他发现一个有趣的现象，直奉大战并没有过多地波及各地区的市场，铁路交通都没被中断。只见铁轨两旁是一块块的农田，中国的农民依然在田里辛勤地劳作。

1923年的春天，鲍威尔采访了张作霖。鲍威尔说，"在我所作的采访中，那是印象颇深的一次。"为什么采访张作霖？是因为他的两个绰号。在中国人眼里，张作霖是一位地地道道的东北"红胡子"。所谓红胡子，就是土匪。"红胡子"这个说法由来已久，追溯其历史，那要回到几个世纪前。当时，俄国海盗时常进犯中国东北黑龙江一带，于是那里的中国人将俄国海盗称为"红胡子"。之后，在中俄边境的荒山野岭常有土匪出入，于是"红胡子"便成为那些行踪不定、进出荒山野岭的俄国人和中国人的通称。关于"红胡子"的来源，还有其他一些说法，比如说他们用在红色的须装饰武器，还有一种说法是，用唱戏的胡须戴在脸上做伪装。不过，在过去东北的土匪里边，确实也有哥萨克的参与。另外，在华的外国人称张作霖为"东北虎"。[39]

他与张作霖提前约好会面，等了好久，"一位个头不高、和蔼可亲、皮肤白皙、面无须发的人向我走来，当旁人告诉我出现在我面前的这位就是张作霖将军时，我感到非常惊讶。"见面后，他把鲍威尔带到另一间房里，邀他在对面的沙发坐下。"当时，两只东北虎恰巧在我沙发的后面"，与它们挨得很近，近得让他产生了错觉，"以为它们的胡子一直在我的后脑门上蹭来蹭去"。那是两只做得栩栩如生的老虎标本。

在采访的过程中，鲍威尔向张作霖问关于中国内政的几个问题。张作霖指出其目标是实现中国的统一，强调了和平的重要性，表明他的一切举措以和平为宗旨。同时，他指出"为了维护和平，必要的时候可以借助武力"。

然而，在交谈时，鲍威尔反复向他提及外界传播的他与日本人勾结的传言。他说，日俄战争的时候，他那时仅有一支小武装，他协助日本人，在俄军后方暗中捣毁交通线路。他从小就生存在东北的荒山野岭之中，他自豪地说："没有谁比我更能胜任于俄军后方捣毁交通线路的工作了。"鲍威尔问他受过何种教育，他眨了下眼，当即诙谐风趣地答道："我唯一就读的学校就是绿林学校。"

鲍威尔还在杭州采访过吴佩孚，当时南方的北伐军正急剧地向北扩张。杭州已经是奉系军阀抵御南方革命力量的最后一道防线。

吴邀鲍威尔一起吃早餐。鲍威尔见吴佩孚手上拿着一本破烂的线装书，甚至用餐时他时不时地翻翻那本书。鲍威尔问吴是什么书？吴一边笑一边回答："《孙子兵法》。"后来他又补充说道，"那时武器装备极其落后，既没有机关枪，也没有飞机。"

在与国民革命军的较量中，吴军溃败，吴佩孚被迫下野。鲍威尔说，"吴佩孚生性耿直，从来不牟取私利。"根据鲍威尔的观察，中国的内部战争常常是政治、军事混杂，而且政治因素时常超过军事因素，"从这个意义上来说，吴军之所以溃败，很大程度上是因为吴佩孚不熟悉政务。"[40]

几乎在第二次直奉战争的同时，孙中山组建了北伐军。1924年9月，国民党中央召开会议，发表北伐宣言，以"反对帝国主义""反对北方军阀"为号召。1925年7月，广东革命政府在广州成立，组建国民革命军。1926年7月，国民政府成立，国民革命军从广东出发，最后在1928年统一了全国。

历史机遇的丧失

中国进入1920年代以后，可以说几乎没有严重的外患问题。在华盛顿会议上，中国收回了山东的主权。中国近代签订的一系列不平等条约，也不断地得到修改和废除。也就是说，国际局势出现了对中国非常有利的改变，这是中国走向富强难得的机遇。然而不幸的是，中国国内政治仍然是一团混乱。在这期间，经历了1922年的第一次直奉战争和1924年的第二次直奉战争。战争给中国带来了深重的灾难。所以这个时候，真正的问题实际上在中国的内部。

第六部 乌云笼罩，1923—1926

美国媒体认为，尽管辛亥革命建立了共和，但实际上并没有形成一个完善的共和政体。美国希望中国按照西方民主国家的模式，建立宪政、议会和民主制。尽管美国的媒体和观察家们不断地提出各种设想，给中国的未来开出了各种药方，希望能够帮助中国解决存在的各种问题，但是最后总是一次一次地落空。

中国必须结束分裂，只有统一起来，才会有光明的前途。这一切努力都没有使中国的军阀们有所觉醒，在北方，直系、皖系、奉系，各派军阀不断地争斗；无论是北方政府还是南方政府，都在政治上互不相让，都企图用军事来解决政治的问题，使中国陷入了无休止的内战。

1920年代的中国是一盘散沙，虽然中央政府仍然存在，但是并不能统筹全国，而且还是南北分治。美国的观察家们认为，中国要解决自己的问题，不能依靠军事，而是应该发展经济和教育，进行公平的选举，遵守法律，只有民主政体才能带给中国稳定。

我们可以很清楚地看到，美国为了自己的利益和东亚的和平，希望中国能停止战争，全国统一，经济发展，建立一个法治的、民主的、自由的社会。他们都认识到中国要繁荣富强，必须消除军阀，包括各省的督军。

但是这个时候的中国也并非乏善可陈，其实也有其亮点：正是因为没有一个强大的中央集权，给中国的思想、文化和政治发展，留下了极大的空间。在这一段时间里，社会主义思潮、布尔什维克主义、劳工运动、农民运动蓬勃发展起来，这些都为共产党的革命打下了一个坚实的基础。当然中国未来的发展方向，是美国所始料未及的。

注 释

[1] Payson J. Treat, "How We Can Help China." *Overland Monthly and Out West Magazine* vol. 74, no. 6 (December 1919), pp. 412-415.

[2] David Frazer, "Military Party Dominate China." *Washington Post*, June 23, 1919.

[3] 关于安福俱乐部的研究,见胡晓:《近20年来大陆段祺瑞及北洋皖系研究述评》,《安徽史学》2010年第6期;杨德山:《安福俱乐部与安福国会》,《历史教学》1999年第5期;吕茂兵:《徐树铮与安福俱乐部》,《安徽史学》1996年第4期。

[4] John Foord, "Look to Gen. Wu as Hope of China." *New York Times*, August 22, 1920.

[5] "Tokyo Statement." *Christian Science Monitor*, October 4, 1920; John Foord, "Look to Gen. Wu as Hope of China." *New York Times*, August 22, 1920.

[6] "Tokyo Statement." *Christian Science Monitor*, October 4, 1920. 关于徐树铮与段祺瑞关系的研究,见曹心宝:《徐树铮与孙中山、段祺瑞联盟研究》,《学术探索》2013年第9期。

[7] 陈伟:《中日两国政府决策过程研究——以1919年中国南北议和为中心》,《民国档案》2017年第4期,第62页。

[8] "Consortium Loan for China Opposed." *Christian Science Monitor*, April 14, 1920.

[9] Walter Littlefield, "War Clouds over China." *New York Times*, April 30, 1922.

[10] "Dr. Sun Yat-sen's Election." *Christian Science Monitor*, June 7, 1921.

[11] Henry W. Bunn, "Changing China." *North American Review* vol. CCXX, no. 825 (December, 1924).

[12] Warren I. Cohen, "America and the May Fourth Movement: The Response to Chinese Nationalism, 1917–1921." *Pacific Historical Review* vol. 35, no.1 (February, 1966), p. 88.

[13] Henry W. Bunn, "Changing China." *North American Review* vol. CCXX, no. 825 (December, 1924).

[14] "Dr. Sze Calls China Social Democracy." *Washington Post*, January 14, 1922.

[15] Walter Littlefield, "War Clouds over China." *New York Times*, April 30, 1922.

[16] Walter Littlefield, "War Clouds over China." *New York Times*, April 30, 1922.

[17] Henry W. Bunn, "Changing China." *North American Review* vol. CCXX, no. 825 (December 1924).

[18] Warren I. Cohen, "America and the May Fourth Movement: The Response to Chinese Nationalism, 1917–1921." *Pacific Historical Review* vol. 35, no.1 (February, 1966), p. 95.

[19] 郭剑林:《吴佩孚与五四运动》,《河北学刊》1993年第5期,第82、85页。

[20] John Foord, "Look to Gen. Wu as Hope of China." *New York Times*, August 22, 1920.

[21] Walter Littlefield, "War Clouds over China." *New York Times*, April 30, 1922.

[22] Paul C. Fugh, "Neutral Chinese." *New York Times*, October 19, 1921.

[23] Walter Littlefield, "War Clouds over China." *New York Times*, April 30, 1922.

[24] Walter Littlefield, "War Clouds over China." *New York Times*, April 30, 1922.

[25] 1922年6月陈炯明与孙中山决裂,北伐军不得不回师平叛,但连战连败,孙中山被迫于8月返回上海。面对急剧变化的国内形势,徐树铮与孙中

山加快了联合的步伐。见曹心宝:《徐树铮与孙中山、段祺瑞联盟研究》,《学术探索》2013年第9期,第95—96页。

[26] Walter Littlefield, "War Clouds over China." *New York Times*, April 30, 1922.

[27] Walter Littlefield, "War Clouds over China." *New York Times*, April 30, 1922.

[28] Walter Littlefield, "War Clouds over China." *New York Times*, April 30, 1922.

[29] Henry W. Bunn, "Changing China." *North American Review* vol. CCXX, no. 825 (December, 1924).

[30] Associated Press, "Wu Ting Fang Made Premier of China." *Washington Post*, June 12, 1922.

[31] 来新夏等:《北洋军阀史》,第736页。

[32] John Muir, "Notes from Szechwan." *China Weekly Review*, July 14, 1923.

[33] Henry W. Bunn, "Changing China." *North American Review* vol. CCXX, no. 825 (December, 1924).

[34] 杨天宏:《曹锟"贿选"控告的法律证据研究》,《历史研究》2012年第6期,第132—152页。

[35] Henry W. Bunn, "Changing China." *North American Review* vol. CCXX, no. 825 (December, 1924).

[36] Henry W. Bunn, "Changing China." *North American Review* vol. CCXX, no. 825 (December, 1924).

[37] "War?" *Time* vol. 4, no. 10 (September 8, 1924), p. 14.

[38] 虽然直系失败了,但是罗志田认为,整场战争未能产生出一个确定的赢家,显示着北洋体系的衰落。罗志田:《北伐前夕北方军政格局的演变:1924—1926年》,《史林》2003年第1期。

[39] 约翰·本杰明·鲍威尔:《我在中国的二十五年》,第74—75页。

[40] 约翰·本杰明·鲍威尔:《我在中国的二十五年》,第71—72页。

第七部

革命之路，1925—1928

1925年5月30日爆发的五卅运动，是中国民族主义兴起的一个显著的标志。五卅运动前后的中国知识界和学生运动、1920年代中国民族主义的兴起及其影响，以及对中国思想、文化和教育界的冲击，都是值得认真探索的问题。这种冲击为随后的共产主义运动在中国的蓬勃发展奠定了一个坚实的基础。

第 24 章　五卅运动前后的中国青年

> 这个国家在改变，在社会观察家的眼睛所注意到之前，就已经明显可见了。
>
> ——美国教育家乔治·达顿

> 中国人必须被平等对待，必须给予尊重。
>
> ——美国教育家保罗·孟禄

五四运动以后，由于中国青年学生对西方极度的失望，逐渐丧失了对西方的信任，开始怀疑他们过去向往的西方文明和西方政治制度，而走向反对帝国主义和殖民主义的思想和道路。虽然五四运动的爆发是对西方列强在巴黎和会上否定了中国直接收回山东主权要求的一个强烈反应，但是这次运动并不是针对西方列强的，而是一场反对日本侵占中国山东和反对北洋军阀的爱国运动。

然而，五四运动以后，学生的锋芒逐渐转向了西方列强和帝国主义。在 1920 年代，中国民族主义开始持续地上升。在这一时期，非基督教运动、恢复教育权的运动也日益扩大，基督教被越来越多的中国人视为帝国主义的侵略工具。五四运动的活跃分子像蔡元培、陈独秀和蒋梦麟等，过去都是威尔逊理想和民主的积极支持者，但现在也加入了非基督教的阵营。[1]

1920年代中国知识界出现的这种倾向，美国在华影响的式微，被普遍认为也是威尔逊主义在中国的失败。美国外交史学者孔华润（Warren I. Cohen）把威尔逊主义在中国的失败，看作是美国没有能够"帮助一个新兴的民族主义运动"的例子。中国作为亚洲第一个共和国，与西方国家决裂并转向苏俄的布尔什维主义，是史无前例的。他试图解释，为什么共产党人的主张"比美国及其盟国提出的类似的甜言蜜语更有前途"。[2]

而要回答这个问题，从当时美国媒体对中国的报道或许能够找到一些线索。其实，正如我在第13章中所讨论的，五四运动与威尔逊主义在中国的传播，有着密切的联系。从这个方面来讲，不能简单地说威尔逊主义在中国失败了。其实中国民族主义的兴起，也是受到威尔逊主义关于民族自决思想的影响。[3]

在西方的观察者看来，1920年代是中国学生处于历史舞台中心的时代，他们所起的作用就是在中国民族主义兴起过程中，扮演了一个主要的角色，用这些观察者的话来说，就是"中国学生是革命先锋"。[4]这是中国所独有的，在世界历史上的其他国家从来没有出现过的现象，即涉世未深的青年学生，却主导了中国历史的发展方向。

1925年5月30日爆发的五卅运动，是中国民族主义兴起的一个显著的标志。五卅运动前后的中国知识界和学生运动、1920年代中国民族主义的兴起及其影响，以及对中国思想、文化和教育界的冲击，都是值得认真探索的问题。这种冲击为随后的共产主义运动在中国的蓬勃发展奠定了一个坚实的基础。

变革的最中坚的力量

1920年代的中国学生不断地对中国的政治问题发出他们的声音，显示了他们是中国变革的最中坚的力量，是推动社会进步的主要动力。1920年8月，《密勒氏评论报》发表《学生的宣言》(The Students' Manifesto)，称民国已经9年了，在这段时期内，人民持续遭受各种社会动荡和灾难，"而责任在于军阀混战"。说到宪政，"在政府内还未见到一丝踪迹"；说到自由，"人民的生命和财产危如累卵"；说到经济，"整个国家濒临破产"；说到士兵，"他们已经转变成为强盗和土匪"。

现在是人们清醒的时刻了，自从皖系军阀解体，罪魁祸首段祺瑞和徐树铮已失去权力，这可以被认为是不幸之中的万幸了。今后，每一个爱国者都应该站起来，贡献自己的一份力量。学生们还提出了他们的政治主张：

首先是立法问题，民国已经成立9年之久了，但仍然没有一个独立的立法机关，立法程序中的核心事宜应该包括：国民议会应该有立法和选举程序；新国会单独行使权力，国民议会不能干预；制定宪法时，应由国民投票通过方能生效；立法应该清楚表明，国民有选举与被选举为议员的权利。

其次是司法问题。腐败的官员掌控了司法部门，应该建立公正的司法程序，人民得到合理的法律保护；没有经过法律程序，逮捕是不被允许的，国民享有完全的自由权利；在紧急情况发生时，人民的自我保护是至关重要的；所有限制人民自由的法律都应被废除；

为了支持司法人员的廉洁奉公,应对司法官员进行适当保护。

第三是行政问题。为了防止军阀和党徒的政治干预,防止政府腐败和管理混乱,应该建立以下条例:像所有的现代文明国家一样,禁止任何军人进行政治和经济干预;在一年之内建立省自治政府,以促进民主进程;不允许增加公务人员的数目;相应的法规应立刻起草并交由国会通过,以监督司法部门的日常工作。

第四是政治问题。段祺瑞已经下台,政府应该立即解散多余的军队,未来的军事总开支应该仅占政府年度预算的30%;所有的权力都应处于中央政府的控制之下,督军制度应该立即予以废除,以防止潜在的内战危险;国会通过每年的军队预算议案,国会拥有专有的增加或削减预算的权力;废除厘金,增加关税;没有国会的通过,任何军阀不得与外国签订贷款协定;所有之前未经合法权力通过的、由各军阀与外国签订的秘密贷款协定,都应废除;每年年初之前,应准备相应的预算,并且交由国会通过。

第五是教育问题。迄今为止,政府忽视了教育的重要性,如果此种情形继续发展,这个国家将会进一步衰败和堕落。应该采取以下三个措施:增加教育预算,大规模开办免费学校;确定教育的专门拨款;增加大学和科研机构的数量,促进普通教育。

最后,学生的宣言表示:"我们的主张受到社会各界人士的普遍和热情的支持",提出这个宣言是"为了人民的利益,为了国家的福祉"。[5]

从这个宣言,我们可以看到当时的学生已经在考虑对中国的全面改革,从立法、司法、行政、政治、教育入手,这些理念都是现代西方民主共和体制的一些基本思想。

他们不再仅仅是热血沸腾地加入一场又一场的政治表达和示威,不满足于登高一呼的爱国激情,而是开始对中国的未来有了一个通盘的计划,是非常理性的考虑,是为了中国的长治久安,而非一种短期的目的。也就是说他们不再仅仅是旧世界的破坏者,而是开始转变成为新世界的建设者。

从这个宣言中,我们还可以看到美国的影子和影响力,因为其中所表达的立法、司法、行政三权分立,政治统一和发展教育,都是美国媒体一直向中国建议的。1919年杜威到中国的巡回演讲,也反复表达了这样一些思想和主张。但是在五四运动之后,中国的知识界和思想界越来越偏离美国的政治体制和价值观,甚至从对西方的崇拜者转变成为尖锐的批判者。

学生的心路历程

显然,五四运动之后,是一个学生占据历史舞台中心的时代。1921年11月的《卫斯理公会评论》(*Methodist Review*)发表的保罗·哈钦森(Paul Hutchinson)的文章《中国学生思想的觉醒》(The Awakening Student Mind of China)指出,对今天的西方人来说,去发现中国学生的"心路历程是最令人兴奋的探索之一",他们已经"打开了精神的大门",勇于探索新的思想和文化,犹如自己"身处在一个奇幻的世界"。

哈钦森认为,在今天的中国,"学生的觉醒是最重要的因素"。过去的中国社会,文人是"最举足轻重的人物",但是在1920年代,他们的重要性开始与过去不同了,"投身为一场改变四分之一人类命运的运动",这是中国"真正的变革",正在"学生的意识中萌发"。尽管这场变革已酝酿多年,但是人们视而不见。五四运动标志着一场"最终真正改变中国命运的学生运动"的开始。[6]

周策纵关于五四运动的研究指出,1921年夏天,杜威在北京观察到全国各地学生团体开始办期刊,反贪污腐败和卖国官僚,追求教育改革,批判传统的家庭制度,讨论社会主义、民主思想和各种乌托邦理想社会。当然,"在思想发酵之中",不可避免地会产生一些"幻想的泡沫",因为他们缺少阅历,以为所有的思想和建议,只要是新的,只要可以用来破坏旧习惯和传统,便差不多可以接受。[7]很清楚,周策纵认为,这个阶段的学生对各种新思想都怀有无限的热情,难免不能清楚辨别什么是中国最迫切需要的和最符合中国国情的知识。

进入1920年代,学生运动仍然波澜壮阔,一直受到美国舆论的关注。1921年5月28日乔治·达顿(George H. Danton)发表《中国的学生运动》(The Student Movement in China),指出如今中国有着"建设性的作用力",这种作用力是如此的强有力,而且"在行动上也发展迅速",以至于"这个国家在改变,在社会观察家的眼睛所注意到之前,就已经明显可见了"。

这些作用力"不主要是经济的和工业的,它们也是知识性的,在某种程度上是文学性的,一系列改革通过文学和媒体进行传播"。这很符合中国人的传统思想,因为"他们的文化中都有对文学的偏爱,他们也拥有发展良好的考证学与校勘学的传统,学者们围绕着古典文献进行了长久的研究"。[8]

达顿同时指出,在学生运动中,男女学生都表现出了同样的爱国热情。也许正是因为学生们表现出来的这种热情,使得学生运动"吸引了中国工人也加入了这场反抗",和学生一起抵制日货。虽然五四运动以后,学生运动有所平息,爱国主义热情在某种程度上也有所消减,但学生们作为一个群体,把"愤世嫉俗的情绪"开始转向了"推翻政府"的道路。

基督教青年会学生讲演,1919年6月3日。

资料来源:Sidney D. Gamble Collections, Library of Duke University。

学生们意识到"他们是有力量的",连政府也害怕他们,也知道如果他们想的话,"可以开展有效的对日本实施经济封锁的活动"。《新青年》等杂志被称为学生运动的主要思想基地,不断地扩展其影响。这些杂志中"充斥着革命的文章",也有社会和社会学的研究,还有一些宗教和种族的文章,"基本上都是反教会的腔调"。

达顿从学生运动中,感到了反日情绪导致了"大众的排外运动",排外运动也"自然地牵扯到了在华的传教士"。学生运动中"出现的这种情况是不幸的",因为中国将会在以后"相当长的一段时期内,需要外国人的帮助,以及一些国际上的外国朋友"。[9]

其实,在对西方的问题上,这个时候的中国学生是非常多元的,美国媒体也看到了中国学生不会简单地排斥西方文明。1922年7月27日的《基督教科学箴言报》发表《北京学生用英语辩论》(Peking Student Debaters Argue Their Points in English)的文章,主要报道了6月10日中国6所大学的学生辩论竞赛,四国联盟的美国代表弗瑞德里克·史蒂芬斯(Frederick W. Stevens)提供了奖励。辩论以英语进行,并且由美国、英国和中国外务部的代表作为评判。

他们就6个主题进行了辩论:中国铁路的联网、教育、非军事化、公众的政治兴趣、家族制,以及国会中职业代表与地域代表。我们可以看到,这些题目都是当时中国所面临的和迫切需要解决的问题,有非常强的现实参与感。在最后的决赛中,参加的学生以"中国的内部问题和解决方案"为题进行辩论,最后北京大学和南开大学打了个平手,共同赢得胜利。西方媒体从这个活动看到了中国学生群体的活力和积极的社会参与。[10]

美国的观察家们也认为,中国还存在很大的问题,中国要走入正轨，必须要解决分裂和教育这两大问题。吉瑞米安·吉克斯（Jeremiah W. Jenks）是纽约大学教授、亚历山大·汉密尔顿研究所（Alexander Hamilton Institute）的主任，在出席太平洋关系研究所（Institute of Pacific Relations）的会议后，对《波士顿晚报》（Boston Evening Transcript）表示了对中国政权割据的担忧："中国非但没有朝着正确的方向前进，反而表现出日渐退化的迹象"。因为没有一个政府"能控制几个省"，督军或军阀"自己制定法律，自己征税征兵"，在他们辖区内的统治"是残暴的"，而且没有迹象显示"会出现一个统一或是合理的政府"。

不过，中国的希望和亮点还是在年轻人，其中的许多人是"有知识的受过训练的人"，尤其是那些"曾远赴欧美的人"，已经开始具有"相当的组织能力并且联合行动"。他们"竭力强调爱国主义"，在过去两年间，大众教育运动已经有了进展。在中国，大概有超过2亿人不会读写，这个运动力图让至少1亿不识字的人有读写能力。另一个更有前途的运动是中国商人通过地方行会和商会以及全国商会动员起来，在政治活动中越来越活跃，已经"在背后用资金支持学生运动"。如果他们"形成全国性组织并把自己投身中国国家统一事业中，在几年内统一中国并建立理性得体的政府，是完全可能的。"[11]

也就是说虽然美国媒体看到了中国的乱象，但是也认为由于学生思想的觉悟，对政治的积极参与，所以中国还是有前途的。

五卅运动中的革命先锋

1926年的《当代史》（Current History）杂志上有一篇拉德

利·托马斯（Rudlay Thomas）关于中国学生运动的长篇评论，题目是《中国学生是革命先锋》（China's Students in the Vanguard of Revolution），这篇文章对1925年5月30日所发生运动的前因后果，有比较详细的描述和分析。

托马斯问道，从中国大量混乱的印象中，在华外国观察者感到最为困惑的就是关于学生运动，因为它是中国近期"最重大的发展之一"。学生运动的力量"在去夏的骚乱中显现出来"，事件起因是数名学生在上海被外国警察枪杀，全国学生立即"爆发了愤怒的抗议"。正是学生运动引起了整个国家的民族主义情绪，甚至农民也加入其中，对远在上海发生的事件也很关注，支持"对英货日货的抵制运动"。这是过去所不能想象的。

中国学联已经成为全国性的机构，其分支散布在上海、北京、武昌、汉口等城市的大多数大学和中学。这样，一旦一个地方爆发示威，就会迅速成为一个"覆盖整个国家的全国性运动"。日本工厂恶劣的工作条件，因为上海的学生的抗议，才唤起了全国民众的关注，并用这个话题来启蒙民众。在民众支持下的学生，与外国警察发生冲突，数名学生伤亡，上海的运动立刻野火般地向全国各地蔓延。原本只是要求改善工作条件的抗议，"迅速成为针对外国人在华特权的声势浩大的运动"。

整个1925年的夏天，大多数学生都因为五卅运动而罢课或者放弃学业，他们"继续鼓动整个国家"，把愤怒的种子带到远离上海的各个地区。一些学生在全国各地游历，发表演讲，动员民众"反对外国势力的侵略行为，组织抵制或罢工运动"。在上海，他们发起抵制洋货和动员继续罢工。他们对商人施压，不买卖英货和日货。上海商会实际上是"被迫宣布支持抵制活动",尽管事实上许多商人在仓库里囤积有数以百万计英国或日本商品,如果抵制洋货,他们将损失巨大。

不过,即使他们不情愿,但是他们受到来自学联以及工人联合会的压力,也难以抗拒,因为"任何反对者都会被学生贴上叛国的标签"。结果人们难以想象的是,数量上相对少的学联和工联,竟然"轻而易举地让一个大港口城市的商贸停滞将近一个月"。

学生运动所震撼的不仅是商界人士,在北京学生的压力下,一些高官也被迫下台。1925年5月,教育总长章士钊因在"国耻日"(即5月7日,因为10年前的那天中国政府被迫签订《二十一条》)禁止学生参加反日运动,学生迅速反应,通过集会游行,要求教育总长取消这项"可憎的命令"。

学生冲进教育总长官邸,捣毁家具,十多名学生被捕,传言称三名学生在与警察的冲突中被杀。在京学生随即罢课,组织上街游行,要求赔偿。但之后真相大白于天下,其中两位学生还活着,而第三位学生是死于肺结核晚期。不过这次事件让学生显示了他们的能力,成功地让教育总长以及临时执政段祺瑞屈服,满足了学生的部分要求,释放了被捕学生。但段祺瑞拒绝了章士钊的辞呈,让他改任司法总长,"政府以此挽回面子"。

托马斯似乎对学生完全目无学校规则颇有微词。在这段时期的各个学校里,尤其是公立学校,学生夺取了管理权,无论是教师还是行政人员都无法对他们进行制约。如果有人招致学生的不愉快,"那他便可能职位不保"。本科生要求参加学校管理,"因为校长拒绝接受他们的要求,学生则驱逐校长"。考试通常是学生同意才能举行。武昌的一所公立学校没有校长，没法找到有资格的教育人士愿意接受校长的职务，这都是因为学生"无法无天的行为"所致。最后一位有名望的绅士被说服考虑任职，他带着疑虑去实地考察了这个学校，在对学生的演讲中，他表示如果被授予完全的行政权力，就接受校长的职务。[12]

而那些不够激进的学生，也会招致来自另外一个方面的批评。如一些留美归国学生便被指责"不参与政治活动"，也不参加学生组织"实施的抗议活动"。不过，虽然他们不参与学生的抗议活动，但这些归国学生中"最优秀的人"，带学生走向激进缺乏理性的时候，他们通常可以作为"一种遏制的力量，进行劝告和指导"。他们中许多人也在政府任职，或从事商业、教育工作。当需要讨论和协商的时候，人们将会看到这些留学生"产生的重大作用"。[13]

在留美学生中也有许多参与到政治抗议之中。例如，五卅事件爆发后，留美学生群情激愤，出现了政治活动的高潮。在那年的夏季年会上，全美三个分会上都充满了反帝言论，连娱乐活动也带上了政治色彩。在东部年会上，学生们还上演了关于"五卅事件"的话剧。[14]

* * *

美国教育家保罗·孟禄在1926年的《论坛》（Forum）杂志上，发表了题为《中国的学生政治》（Student Politics in China）的文章，根据他的观察，那些十分激进的学生，恰好是"很少受到教育的人，部分是初中和高中的青年人"。他们的声音来自"大众最基本的直觉：

自我保护,自我利益和团体的自豪感"。他们也呼吁"个人权利和尊严",这对中国人意味着"面子",和与"大众的情感相关"。

在稍大一些城市的"每一个街角",都有青年人对着或大或小的人群,"不分昼夜地进行演讲。女学生也"摒弃长久以来的传统,参与到政治的讨论之中"。这些街头上的团体活动,是从去年夏天以来"人群中心最醒目的景象"。大多数情况下,参加的人不是很多,但是他们"都很专心,有鼓动力"。然而有时候,北京举行的大规模群众集会,甚至有10万以上的参加者。[15]

对于许多西方的观察者来说,中国学生居然在政治舞台上扮演着如此重要的角色,看起来似乎是不可思议的。那些"老练的政治家"或者"年长且有经验的人",居然会"逆来顺受地接受尚未成熟的年轻人的要求"。他们发现其中一个基本的原因,无疑是学生的活动"或多或少地跟爱国事业捆绑在一起",反对学生的活动,就会"被公众认为是不爱国"。

另一个原因是文人在传统中国享有声望,这种声望使人民普遍认为学生们不会做坏事,"他们也许能做出些好事呢?"还有一个原因,那些手握实权的年长者,把中国弄得一团混乱,失掉了民众的信任。也许中国的学生运动"是全世界青年运动的一个阶段",他们反对年长者"对公共事务管理失当",尤其是在国际关系领域。

在中国,年轻一代认为,现今国家沦落到如此的地步,责任在"过去几代人身上"。他们认为老一辈是自私的,"背叛了他们的国家,抢夺了公共财富,参与到无休止的冲突和战争中,这一切都违背了普罗大众的利益"。年长的一代人已经证明是不称职的,年轻一代认为现在是"建立一个新的更好的秩序的时候了"。[16]正是在这样的背景下，学生们才登上了历史舞台，担负了拯救国家的重任。

西方观察者也注意到，学生的分布和居住模式也会影响到他们的政治倾向和集体行为。中国大多数的中学和大学都在省会，在许多省会城市中，两三万的学生集体，"住在拥挤的宿舍里，并不舒适"，其条件不过比临时兵营好一些，但这是"大众心理发展的理想条件"，学生们会相互影响。即使在学校里，教师与学生的接触也很少，"绝大多数教师对他们的学生产生不了影响"。学生离开家庭的时候年龄都很小，一般13到15岁，"也许这个数量庞大的学生群体年龄的中位数不超过17岁"。另一方面，也有许多学生是成熟的，并产生很大的影响。一般来说，学生运动的领导人通常是极端主义者，他们对大众心理的影响很大。学生团体"无论其多不成熟"，即使有时是不明智的，以及他们所选出的领袖的领导力存在诸多问题，但是如果不理解他们的"真正的爱国热情"，没能认识到他们"无私的奉献"，就可能对他们的作用和角色造成"重大的误解"。[17]

美国媒体也看到了学生群体的变化。上引托马斯的文章，便认为学生运动明显地代表了"对已有权威的反抗"，看到了"自由弥漫在空气中，学生要求最大限度的自由"。自古以来所谓的"父为子纲"，被新一代在现代学校接受教育的学生所摒弃。

他们要求婚姻自由，这在20年前，"对于一个保守的老式中国绅士来说，是骇人听闻的"。然而，在婚姻自由的问题上，中国年轻人前面的道路还很漫长。尽管他们中越来越多的人反对包办婚姻，但是不要以为这些年轻人"在选择他们人生伴侣的时候都取得了成功"。

学生对孔子的尊崇也大不如以前，过去全国不计其数的文庙都举行祭祀,"有令人印象深刻的仪式",但是现在已经"退化成敷衍了事,有的甚至是低俗的形式主义"。学生到上海会审公廨旁听关于五卅事件的处理,当法庭强调年轻人应该对权威表示服从时,他们反驳道:孔子已经死去两千多年了,他的思想"对当下的问题是不合时宜的"。同样,很多学生中的理想主义者"把先贤的教导扔到一边",因为他们认为那些说教并没有回答当下的社会和政治问题。[18]

受过新式教育的学生不再迷信权威,进步和改变的想法取代了传统的保守观念,要求拥有思考和决定的自由。托马斯认为,目前这些学生醉心于类似于"西方功利主义和实用主义"的思想。他以中国古代思想作为例子:过去墨子被视为异端,敢于挑战孔孟的正统,但是现在墨子有了许多追随者,因为他可能是一个功利主义者。墨子也是一个人文主义者,但他的人文主义基本上是根植于功利主义的原则。

托马斯还看到,几乎每一个学生"都信奉西方的强大",这个强大是建立在西方应用科学的基础上,知道怎样造坚船利炮。然而,学生们"对西方文明的道德基础,基本上不懂,西方拥有的政治道德在中国并不存在"。举例来说,官员的诚实、共同的责任感,"这些在中国是非常罕见的"。[19]

在托马斯看来,现在学生的思想在相当程度上还是洋务运动时期的中体西用那一套,认为向西方学习无非是技术,而非去吸取西方文化中的精髓。不过托马斯的这个看法有些偏颇,目前学生对西方政治和文化持比较谨慎的态度,也可能是对新文化运动全盘西化之后的一种反思呢?特别是在这一段时间内,反帝反殖和民族主义高涨、苏俄布尔什维主义对激进的年轻人越来越有吸引力之时。

教会学校的困境

教会学校可以说是中国近代教育的先驱，然而到了1920年代，由于反帝和反基督教情绪的高涨，教会学校也受到了质疑和批判。在上引1921年《卫斯理公会评论》上保罗·哈钦森《中国学生思想的觉醒》的文章中，便讨论了基督教是否适合中国的问题，这也是当时中国学生普遍关心的问题。

人们会问："当中国需要'铁血之心'的时候，耶稣基督的和平的教义怎么能帮助中国？"另一些人会问："对中国来说，社会主义不比基督教更好吗？"有学生在学校中受洗成为基督徒，但他们也信佛教和其他中国传统宗教。对信仰的质疑出现在中国的每一个地方。一个基督徒身份的学生问道，"既然这是迷信并且引起社会停滞不前"，那我们"为什么需要宗教？"

哈钦森认为，对于这些质疑之声，应持"开放的态度"。如果教会学校的老师们"以一种公正的态度对待这些学生，表示他们知道且尊重现代科学，让学生们知道基督教有其引人入胜的道德力量和深刻的社会内涵，就会发现学生们会急切地加入基督的队伍"。[20]

关于基督教对中国近代教育的影响，近些年中国学者也有深入的研究，如杨天宏的《基督教与民国知识分子》和赵晓阳的《基督教青年会在中国：本土和现代的探索》。他们的研究证明，中国近代以来的西方传教事业，是以传教士到中国来传教为主体。但是在同时他们也逐渐推动传教的本土化，开始发展本土的传教力量。

海外传教得到美国历届政府的支持，并注意提高被传教国家的本土化人员的传教能力。19世纪80年代，以北美各学校基督教青年会为基础，形成了"学生志愿海外传教运动"（Student Volunteer Movement for Foreign Mission），鼓动青年学生到海外传教，中国则是海外传教的重点，基督教青年会北美协会是最主要的宣传和实践机构。

辛亥革命以后，由外国传教士支配中国教会的局面逐渐有所改观。1913年在上海召开的传教大会，是这一转变的关节点。这次大会上，中国人与传教士首次坐在一起讨论有关布道问题。与会的15名代表中，中国代表占了三分之一。1919年召开"中华归主会议"（The China-for-Christ Conference）时，中国代表已占半数，还产生了有一定影响力的教会领袖。[21]

另外，本书第19章讲述的司徒雷登创办燕京大学的理念和实践，显示了超越传教的发展本土化教育的努力。而且它们所培养的学生成为中国最早接受自由民主思想的那一部分人，在五四和五卅运动中，成为最活跃的那一部分学生。教会学校培育了大量社会所需人才，有的成为著名的基督教学生运动领袖，或身兼牧师与企业家，以双重身份为中国的发展竭尽心力，或致力于基督教的农村社会工作，为社会与同胞效力。基督教青年会的重点是平民教育运动，作为唤醒人民"道德觉悟"、实现"人格救国"的主要手段，受到了社会各界的欢迎和支持。

晏阳初是中国平民教育的开拓者。1916年的夏天，晏阳初远渡太平洋，赴美留学。开始是准备到美国俄亥俄的奥柏林学院读书，但在船上，受到一位耶鲁大学校友的鼓动，于是进入耶鲁读大三。1918年晏阳初在耶鲁取得学士学位后两天，就与其他一些中国学生

复旦学堂的美国红十字会上海分会。

资料来源：American National Red Cross Photograph Collection, Library of Congress。

一起坐船去了法国。他在自己的《九十自述》中，讲述了参加这项工作的原因：

在欧洲战场的华工，因为语言不通，常与军官发生误会，吃亏的当然是华工。晏阳初听到这样一个故事。一个美国军官催促一批华工去做工，对他们大声说："Come on, Let's go!"这几个英文字，只有一个字华工听来耳熟，那就是"go"。他们猜想，这军官叫他们狗。欺人太甚！为了挣几个钱谋生，来此冒生命之险，还被人当狗呼来唤去！看你神气哪去，我们今天就不替你做工！军官又重复了一次命令。华工越发不理。军官不知所以，有口难言，他不会用中国话说："我们走吧！"

诸如此类的故事，漂洋过海，传到了美国。青年会战时工作会灵机一动，认为这是一个进行平民教育的好机会。在美国各大学有许多中国学生，兼通双语，是现成的翻译人才，何不号召他们去欧洲战场为华工服务呢？当青年会发出这样的号召时，晏阳初马上就要在耶鲁毕业，他说自己"受了爱的驱使——爱国之心、爱人之心、爱主之心，我毅然投笔从戎。"[22]

1918年6月初，毕业典礼后第二日，晏阳初就踏上去欧洲的路程。那时有30000名中国劳工在法国工作，从事军工、农业、军事物资补给、道路建设方面的劳动。这年早些时候，《月报》发表了一篇文章，介绍了美国基督教青年会资助中国学生去法国，给中国工人组织活动，包括足球、摔跤、拳击、跑步、电影、讲座、音乐会和夜校，以使他们不至于酗酒、赌博和嫖娼。

晏阳初每晚都忙着帮这些不识字的同胞写家书，还请了一些志愿者帮忙，教工人学习最基本的1000个汉字。求知若渴的学生们在辛苦一天后，晚间来上课。晏阳初还培训了100名基督教青年会（YMCA）的中国学生志愿者，这些志愿者又招了3000名学生。

晏阳初认识到教育农民的重要性，决定回到中国之后既不从政，也不经商，而是以毕生精力来帮助民众。晏阳初返回美国后，在普林斯顿大学学习历史和政治，并于1920年取得硕士学位，还当选为中国学生基督教联合会主席。回国后致力于平民教育，领导中华平民教育促进会。[23]

哈钦森看到了学生们"走出课堂来表达激进的思想",这或许能够带给中国新的希望。但是另有一些人并不是这样乐观,甚至陷入绝望,"他们能做什么?"对学生的能力抱怀疑的态度。另一些人面对整个国家的政治腐败而愤世嫉俗,进而质问道:"政府有什么用?"人们很快意识到"学生的思维和老师所讲授的背道而驰"。

还有一种观点认为,反对政府的政治、社会和经济政策的示威游行,"是西方鼓动的结果"。在女校中,关于女权的讨论,包括离婚和自由恋爱等,这些主张经常被教会所宣传。教会学校中的女生提倡男女同校,希望像西方国家那样男女平等,希望女人获得和男人一样平等的受教育的权利,还要求改变"根植于过去家庭中根深蒂固的传统观念"。[24]

这个时期的学生运动有一个明显的转折,就是非基督教运动,这是对19世纪末以来基督教特别是教会学校在中国迅速发展的一个反应。美国媒体注意到中国出现的反宗教倾向,1921年《卫斯理公会评论》发表的那篇哈钦森的文章认为,对宗教的抨击可能要追溯到1918年北大校长蔡元培发表的宣言,他称宗教只是一种"对未开化的思想有帮助的迷信"。北大被认为是"最激进观点的策源地",由于蔡和北大的影响力,这种对宗教的看法的广泛散布,也就不足为奇了。

这种看法也会强烈地影响到教会学校的生存和发展。哈钦森调查了华东地区大部分教会学校,还收到了许多教会大学、女子学院、预备学堂、中学的报告,涵盖政治、经济、社会和宗教各个领域,对教会学校的学生们在想什么有了相当的理解。在读了这些报告之后,哈钦森认为中国人会"坚持一条自己的自由之路"。[25]

1922年4月,"世界基督教学生同盟"决定在清华大学举行第

11届大会。本来这次大会应于1916年召开,但因欧战延至1922年,是一战后召开的首次大会,与上届大会间隔已经有9年。这次大会有来自32个国家的146名代表,以及中国的550名代表和列席人员,大会公推王正廷为主席。讨论的主题包括:国际与种族问题,基督教与社会及实业界的改造,如何对现代学生宣传基督教,学校生活的基督化,学生在教会中的责任,如何使女界基督教学生同盟在世界上成为更强有力的团体,等等。由于这次大会是一战后的首次大会,故讨论最为热烈的是基督教与战争的关系。大会最后通过一项决议,指出同盟的责任,就是尽一切力量消灭战争,反对利用战争作为解决国际争端的手段。大会致力于战后世界改造,维护世界和平。[26]

然而,这次大会激起了非宗教人士的反对,由此引发了一场声势浩大的非基督教运动。这场运动首先在上海爆发,然后迅速向北京及全国各个城市蔓延。中国思想界、文化界、教育界有影响的新派人物大多卷入其中,青年学生也积极投入这个运动。他们广泛建立反教团体,发表宣言通电,向基督教及其在华传教事业发起猛烈攻击。当年3月,由老牌的无政府主义者李石曾领导,在共产党人以及一些国民党左派领导人,如陈独秀、蔡元培、吴稚晖、汪精卫、戴季陶等人的支持下,在北京组织起了"非宗教大同盟"。[27]

在上引《中国学生是革命先锋》的文章中,托马斯分析了学生"对基督教越来越怀有敌意"的三个原因:

第一,是由于当下"唯物主义思考的习惯",学生对"所有宗教中的利他主义并不相信,不管是基督教还是佛教、道教"。对他们来说,宗教只是"过时的迷信,不再有什么用处"。

第二,学生经常怀疑那些传播基督教的人的"动机和诚意",不理解为什么这些传教士"放弃家乡的舒适而来到中国传教呢？如果不是为了在中国更为舒适的生活，那一定是因为罪恶的政治原因"。

第三，是因为中国的教会学校无论是直接还是间接都是由外国人控制的，它们通常并不是国家教育系统的一部分。具有强烈爱国主义情绪的学生，"愤恨哪怕是教育系统的一小部分控制权是掌握在外国人手中，其次他们愤恨教会学校严格的纪律"。他们认为应该在中国学校接受教育，而不是在通常是使用外语授课的外国教会学校中。不过，令人奇怪的是，大部分学生都希望有朝一日"能赴外洋学习"。教会学校重新受到欢迎，是因为它们对学生准备出国学习更有用处。[28]

因此，1920年代的教会学校受到来自知识界和学生的严峻挑战。他们也在考虑怎样适应中国政治和社会的剧烈变化。一些自由派传教士试图去了解学生，而那些保守的传教士则对学生运动的性质大为震惊。在学生罢课期间，由于有一些教会学校禁止学生的活动，引发了一系列冲突，教会学校的管理者遭到了学生的反对。[29] 他们所能做的就是要打消中国人的疑虑，改变日益增长的年轻人对外国宗教、传教士和教会学校的不信任感。但是，在当时民族主义情绪高涨的情况下，要达到这个目的是非常困难的。

拯救者的抱负

西方观察者认识到，学生们"高涨的爱国热情是不容否认的"，而且他们对时事充满着关注。任何一所学校的报纸阅读室，无论什么时候总是人潮拥挤，布告板上的报纸总是引起热烈的讨论，而在图书馆读书的兴趣则少了许多。中国学生对美国大学和高中学生的各种不同的社会兴趣所知甚少,而"政治运动是人们最大的兴趣"。

结果就是,在中国,"学生比其他任何阶层更能理解政治议题,对政治也更有兴趣,为此投入了很多时间。"这是一种新的政治意识,在这一代学生的思想中很普遍。孟禄认为这种意识起源于西方,"称

基督教青年会门前学生讲演,1919年6月3日。

资料来源:Sidney D. Gamble Collections, Library of Duke University。

其为民族主义"。无论过度的民族主义是优点还是弊病,中国现在正在发展的就是民族主义。在这个思想的形成过程中,西方是要负责的。

这里说的要对此负责,笔者的理解其实就是指一战后期威尔逊主义在中国的传播。五四运动的爆发,在一定程度上也就是中国青年学生接受了威尔逊主义的一些核心思想。威尔逊的"民族自决的政治理念为学生的许多演讲提供了思想源泉",结果学生成为"最热情的追求者"。

孟禄认为,学生的民族主义高涨,存在着一定的危险性,因为"缺乏政治的实践"。不过更大的危险来自他们"倾向于接受或跟随逻辑上的一种新理论或信仰,但缺少现实考虑"。[30]孟禄的言下之意,无非是说,学生更多地接受了比较激进的思想,也就是在1920年代青睐于布尔什维主义和社会主义。

按照托马斯的分析,1925年五卅运动爆发时,学生马上给自己定位,成为"新爱国主义的倡导者以及对抗外国帝国主义威胁的拯救者"。整个夏天,学生继续他们的爱国活动,筹集资金分发给在上海的罢工工人,劝诫他们拒绝为"帝国主义"和"资本主义"的雇主服务,并且密切关注商人是否违反不从货仓转移外国商品的要求。与此同时,大众为"邪恶的外国商人耸人听闻的事件群情激愤"。

该年秋天,随着学校开学,大部分学生重返课堂,但有些学校的学生要求减少课时,以便他们有更多时间去参加政治和爱国活动。北京的许多学生关注关税会议。1925年10月,北洋政府邀请美、英、日、法、意、荷六国代表在北京召开关税特别会议,解决中国关税自主问题,各国同意中国从1929年1月1日起废除厘金制,同时实现关税自主。但是随后北伐战争爆发,会议无法继续,关税自主问题乃拖而未决。[31]其中最激进地反对这个会议的人们，是因为他们认为确定本国的关税率是"中国主权不可分割的一部分"，因此中国没有必要与外国讨论这个话题。他们甚至以暴力"表达他们的反对意见"，砸了"一家敢于反对他们"的报馆。

关于关税问题，后面还有一些故事。根据后来成为《纽约时报》驻华首席记者哈雷特·阿班的回忆，在国民党统一全国以后，美国主动提出的新关税协定的问题。1928年7月23日，财政部长宋子文在和美国公使马慕瑞共进午餐的时候，提出希望美国能够重新考虑一下中国关税问题，中国期望着不久以后可以收回关税自主权。听到这话，马慕瑞有点蒙了。

他即刻问道："这是什么情况？我早在18个月以前就曾说明了，关于中国关税自治的问题，美国已决定批准，而且早就做好了谈判的准备。"宋子文惊讶地说："有这事？我们怎么一直没有听说过呢？"马慕瑞回答说："我们是1927年1月27日提出来的，这肯定没错。可不知道贵国为什么一直没有回复，使馆和华盛顿也都觉得这事很纳闷。"

次日，即7月24日，马慕瑞重新提出美国政府同意中国关税自治，并将电报发给了在南京的外交部部长王正廷。南京政府当天晚上就回复，正式委派财政部长宋子文为中方全权代表，同美国进行协商。7月25日，马慕瑞和宋子文签了新关税协议，同意中国关税完全自治。之后，其他国家也争相效法。[32]

对学生迷信暴力的担忧

托马斯注意到，学生可能是"这个国家唯一的全国性的有自我意识的群体"。当下中国的分裂,是由于人们所持有的"地方主义和地方偏狭观念"。然而,学生的想法则不是本着地方利益,而是从全国的角度来思考,"全国学联就是他们团结的一个明证"。来自这个国家不同地区的学生,在大学四年中共同学习,这样"他们忘记了地方的差异"。

托马斯还看到了爱国主义在学生中的普遍传播,他们都希望祖国变得强大,最为关注的力量是军事力量。过去中国以"和平著称",在与他人的交往中,更依赖于"协调和妥协而非运用武力",但是现在更迷信武力,这说明中国已经发生了根本的改变,这便是"激进精神的证据"。更多的学生相信"运用武器的力量,确立和保护国家权利",不少学生热衷于穿着军服。现在学生们普遍认为,在世界上"永远不会得到正义",除非"强大到拥有武装力量支持其诉求"的时候。

托马斯没有分析学生中间出现尚武倾向的深层原因:由于中国从鸦片战争以来不断遭受西方侵略、不断被打败的结果。那些惨痛的教训,特别是从19世纪末以来,由于社会达尔文主义的普遍流行,让越来越多的中国人相信弱肉强食的丛林法则,因此希望中国武力强大。

在中国需要的时候,学生登上了历史舞台。他们怀着年轻的理想主义,站在历史的前列。他们认为对"这个国家的普通民众的启蒙,有很大责任"。他们希望有一天"中国能繁荣富强,并在各民族国家间受到尊重"。学生们愤恨"外国势力对中国的干预",以至于自己国家在世界上"处于低下的地位"。

他们"对国内的恶势力同样愤恨",不过他们虽然都谴责军阀,但是也不是反对一切军阀,对吴佩孚和张作霖等军阀有着"好奇和钦佩"。这种抽象与具体之间存在着明显的矛盾,是因为上述二人"都主张用武力统一中国",而目前中国学生对"支持武力作为手段,有着持续增长的热情"。

那些支持学生运动的人,认为学生运动对普通民众"国家意识的增长,起到了很大的作用",引导了公众目光关注政治社会情况,力图纠正各种错误,代表了理想主义。这种理想主义,在国家的"那些令人不满的情况改正之前",是必须有的。

不过,无论是中国人还是外国人,对于学生运动的是非曲直"并无统一的看法"。在中国人中,张謇是"一个受人尊重的学者和江苏省的工业领袖",他公开谴责激进学生"把国家逼到了混乱与毁灭的边缘"。有些人认为,学生"太把他们自己当回事了",过于自信,以至分不清边界。他们表达了对现实的普遍不满,当试图在废墟上重建这个国家的时候,这些学生却不具备所需要的知识和经验。

托马斯指出,现在学生"反抗所有的权威是危险的",这可能导致"长期的不稳定"。然而,如果学生运动的力量可以发展起来,用以"对抗列强和对抗那些臭名昭著的以国家资源跟外国人做交易的贪腐官员,它也可能引向反抗军阀专制和染指公共财政的政客"。[33]

也就是说,托马斯虽然对学生运动的激进倾向有相当的担忧,但是认为如果发展得当,也可能会对中国的进步产生非常良好的影响。

学生主导运动的局限

上面提到过的保罗·孟禄 1926 年在《论坛》上的文章,指出学生对大众有非常强大的影响力,甚至认为中国人目前的思想状态,"是学生煽动的结果",这是当时中国大多数人"接受简单的政治教育和初步政治意识的过程"。西方目前面临最复杂的国际问题是,一些国家"目前正处于战争的边缘,东方最终可能被卷入战争"。因此对西方来说,制止战争可能是他们所要考虑的首要问题,而对学生运动的走向并没有一个清晰的、共同一致的看法。

在五年以后,"九一八事变"爆发,孟禄的担心便成为事实。在媒体日常报道中,频繁地提及中国学生在中国政治上的影响力。因此,西方媒体意识到,不了解学生和学生运动,就无法了解"中国过去和当前的状况"。世界上其他地方"并没有相类似的学生情况"。[34] 孟禄对现阶段中国的学生运动,也是持比较积极的看法。

孟禄指出,目前这一代的中国学生,继承了先辈中国文人的传统。在过去,文人曾是中国的上层阶层。除了统治王朝的皇室,"中国实际上没有贵族"。文人被选为政府官员,组成政府并行使政府的日常运行。尽管商人可能掌握很大的财富,"但文人行使着政府的大部分权力"。过去,文人要功成名就需要花费很多年的时间,所以他们通常是"成熟老到,经验丰富,这些都是在学习和深思中花费许多年才能做到的",他们"不是学校训练下的产物"。

然而,"当前的学生是不成熟的青年",他们走出家庭,"进入到只和年轻人有联系的学校的宿舍中去",这样他们会形成团体,对社会产生影响。[35] 但是他们的社会经验又不足,当面对现实社会和政治中的千变万化之时,他们的知识和经验的准备显然又不够。

孟禄提到在驶离香港的太平洋邮轮上,一个男服务生告诉了他一些关于目前中国"国内骚乱"的情况:"英国人正在压榨香港,压榨九龙,压榨上海,压榨汉口,压榨天津。英国人总是压榨任何地方,压榨印度,压榨新加坡。很长时间以来,中国的苦力工人并不知道这些,但是中国的学生知道,现在中国学生告诉了中国的苦力工人。"他说,现在中国的苦力都认为"英国人必须走"。

孟禄觉得,大多数美国人会认为这种说法"太过于简单",但是这个服务生的态度则表明一种现实,即当今中国的"知识精英和发声群体"对人民的极大影响。对所有试图理解当今中国的外国人来说,"最重要的是对现实的理解",对当今中国人心理的理解。

对中国人专横的外国人很常见,甚至杀死无辜的中国人,"也并非罕见"。但是在此之前,中国人并没有因为这些残酷对待的事件,"而组织起来进行集体反抗"。外国势力和军队依旧在中国横行,甚至有时"对中国人实行武力"。显然,那是因为中国的民族主义还没有被启蒙。

而学生在这个启蒙过程中扮演了主要的角色。学生的反西方倾向,与西方列强对中国的压迫和歧视有关,学生要求国际社会给予中国应有的尊重。目前中国人的态度"完全不同于过去那样",不是政府简单的回应就会满足的。

在中国人的思想里,看待一个国家是否友好,取决于"那个国家的人对待中国人的态度"。"中国人必须被平等对待,必须给予尊重",所以要"废除治外法权",然而这些特权依然被西方国家所享有。治外法权造成本国人民"在外国人眼中低人一等",现在人们逐渐知道这些特权"只是外国单边享有",这些条约的缔结是在"胁迫之下"。不过中国领袖人物认识到,根据目前的政治情况,还没有到"立刻废除那些特权"的时机。

孟禄对学生的组织工作有更积极的评价。他看到每个学校都有学生委员会，这些委员会对学生产生非常大的影响。在每一个这样的团体中，"当然会存在一些激进分子"，但大部分人还是"保持清醒的判断"，讨论政治是家常便饭，在公开行动之前都会有长时间的讨论。"中国学生对政治讨论的热情是众人皆知的"，有人说学生行动是欠深思熟虑的结果，孟禄不同意这样的说法，他亲眼看到北京学生的行动，"很好地反映出一种令人敬佩的自我控制"，对各种问题都是经过"严肃的斟酌之后"。

北京有着中国最大的学生团体，有些激进分子试图造成"直接行动和公开的敌意"，但是这些激进因素受到学生组织的控制。这个学生团体的行动对中国学生产生了重大的影响，他们不仅联系了商人和官僚团体，同时也与外国人有沟通。学生团体通过不断地扩大大众教育，影响着劳工或苦力阶层，也给商业和商人阶级带来强大的影响。在中国，现代工业还没有发展到让工人组织起来成为一股强大的力量，不过也许广东是个例外。商人在面对学生的要求时，"也不得不屈服"。来自公众舆论的压力，"已经证明了学生这一强大的力量"，而这些舆论都是由学生"有技巧地规划和指导形成的"。

不过，对于许多外国教育者来看，中国学生太热衷于政治活动，而没有在学校里学到很多东西。当前学生的缺点"在于学术方面而不是政治方面"。学生为祖国提供"政治服务"，但是"除了政治的训练"，学生在学校"几乎没有得到教育"。当前最有害的是学生忽略了学习，在学校受到的"现代科学的训练少得可怜"，而这本应该是学业的要求，也是祖国十分需要的。因此，"只有爱国主义是不够

基督教青年会学生游行，1919年6月3日。

资料来源：Sidney D. Gamble Collections, Library of Duke University。

的"，民族主义也不是全能的。中国只有在各级政府机构的"有效地治理之下，才有可能强大起来"。

孟禄认为，学生们也只有"对改革抱以热情，才可能获得成功"。这些改革是学生团体领导起来"对抗外国势力"，对抗那些"卖国、腐败和无效的官僚"。中国人提出的要求是正义的，中国人"应该承担其国民相应的责任"；同样，政府的腐败和效率低下也"应该承担责任"。只有当那些"邪恶的外国势力，以及由此伴随的影响被驱除，这些问题才会被解决"，这才是"对学生领导力、学生爱国主义和全体人民的爱国主义的真正测试"。[36]

旧制度的掘墓人

在1920年代的社会和政治剧变中，青年学生扮演了一个重要的角色。学生运动体现了中国社会的一个明显的进步，就是中国人民的觉醒。这个觉醒体现在学生对国家民族的责任感和爱国情怀，抵制西方帝国主义和殖民主义，争取民族权利。

1925年的五卅运动成为一个重要的转折点，标志着在爱国主义推动下的民族主义的兴起。这时的中国青年学生和知识分子的主流，对西方不再是崇拜和赞赏，而更多的是谴责和批判。

哪怕是那些在教会学校受到教育的学生，也把斗争的矛头指向了基督教和教会学校，他们成为当时反宗教和非基督教运动的重要参与者。教会学校是辛亥革命以后学生走向激进、寻求自由的重要启蒙资源。

过去我们普遍认为，教会学校是为了输入西方宗教和文化，是帝国主义教育侵略的工具，是西方侵略者在中国的代理人。然而最近一些年的研究证明，事实恰好相反，教会学校为中国培养了大批思想启蒙者和旧制度的掘墓人。

教会学校里的许多学生都加入了五四运动和五卅运动，或对这些运动持同情的态度。我在几年前发表的关于燕京大学社会学农村调查的论文中，就指出过燕京大学实际上成为左翼和共产党活动的重要基地。[37]其毕业生中有相当大一部分是共产党员，后来他们活跃在文学、新闻、学术等各界，成为共产革命的积极参加者和领导者。

美国媒体并不把当时的学生及其运动视为铁板一块，而是认识到学生群体及其运动本身，就是复杂的、分层次的、分阵营的。这些报道还透露了学生运动的一些弱点，包括缺乏知识、经验和准备。也正是因为这些弱点，虽然他们是中国启蒙运动的主力军，但却不可能成为中国革命的主要动力和领导力量，并逐步把历史的中心舞台让给了农民运动和工人运动。

注 释

[1] Hans Schmidt, "Democracy for China: American Propaganda and the May Fourth Movement." *Diplomatic History* vol. 22, no. 1 (Winter 1998), p. 22.

[2] Warren I. Cohen, "America and the May Fourth Movement: The Response to Chinese Nationalism, 1917-1921." *Pacific Historical Review* vol. 35, no.1 (February, 1966), pp. 83-84.

[3] 关于威尔逊主义在中国的命运问题，见本书第 13 章。

[4] Rudlay Thomas, "China's Students in the Vanguard of Revolution." *Current History* vol. 24 (July 1926), pp. 570-575.

[5] "The Students' Manifesto." *Millard's Review*, August 14, 1920.

[6] Paul Hutchinson, "The Awakening Student Mind of China." *Methodist Review*, November 1921, pp. 851-859.

[7] 周策纵：《五四运动史：现代中国的知识革命》，第 184 页。

[8] George H. Danton, "The Student Movement in China." *School and Society* vol. 13, no. 335 (May 28, 1921), pp. 616-619.

[9] George H., Danton "The Student Movement in China." *School and Society* vol. 13, no. 335 (May 28, 1921), pp. 616-619.

[10] "Peking Student Debaters Argue Their Points in English." *Christian Science Monitor*, July 27, 1922.

[11] J. W. Jenks, "The Chinese Situation and the Student Group." *School and Society* vol. 22, no. 559 (1925), pp. 328-329.

[12] Rudlay Thomas, "China's Students in the Vanguard of Revolution." *Current History* vol. 24 (July 1926), pp. 570-575.

[13] Paul Monroe, "Student Politics in China." *Forum* vol. 76, no.2 (1926), pp. 186-193.

[14] 叶维丽:《为中国寻找现代之路:中国留学生在美国(1900—1927)》,第47页。

[15] Paul Monroe, "Student Politics in China." *Forum* vol. 76, no.2 (1926), pp. 186-193.

[16] Rudlay Thomas, "China's Students in the Vanguard of Revolution." *Current History* vol. 24 (July 1926), pp. 570-575.

[17] Paul Monroe, "Student Politics in China." *Forum* vol. 76, no.2 (1926), pp. 186-193.

[18] Rudlay Thomas, "China's Students in the Vanguard of Revolution." *Current History* vol. 24 (July 1926), pp. 570-575.

[19] Rudlay Thomas, "China's Students in the Vanguard of Revolution." *Current History* vol. 24 (July 1926), pp. 570-575.

[20] Paul Hutchinson, "The Awakening Student Mind of China." *Methodist Review* vol. 37, no. 6 (November 1921), pp. 851-859.

[21] 赵晓阳:《基督教青年会在中国:本土和现代的探索》,第143—144页;杨天宏:《基督教与民国知识分子》,第94页。

[22] 晏阳初:《九十自述》,收入晏阳初、赛珍珠:《告语人民》,2003年,第250页。

[23] 史黛西·比勒:《中国留美学生史》,第302页。

[24] Paul Hutchinson, "The Awakening Student Mind of China." *Methodist Review* vol. 37, no. 6 (November 1921), pp. 851-859.

[25] Paul Hutchinson, "The Awakening Student Mind of China." *Methodist Review* vol. 37, no. 6 (November 1921), pp. 851-859.

[26] 杨天宏：《基督教与民国知识分子》，第102—103页。

[27] 杨天宏：《基督教与民国知识分子》，第105页；周策纵：《五四运动史：现代中国的知识革命》，第310页。

[28] Rudlay Thomas, "China's Students in the Vanguard of Revolution." *Current History* vol. 24 (July 1926), pp. 570-575.

[29] 周策纵：《五四运动史：现代中国的知识革命》，第310页。

[30] Paul Monroe, "Student Politics in China." *Forum* vol. 76, no.2 (1926), pp. 186-193.

[31] 刘会军、徐晓飞：《关税会议期间国民党在北方的民众动员》，《史学集刊》2011年第3期。

[32] 哈雷特·阿班：《我的中国岁月》，第91—94页。

[33] Rudlay Thomas, "China's Students in the Vanguard of Revolution." *Current History* vol. 24 (July 1926), pp. 570-575.

[34] Paul Monroe, "Student Politics in China." *Forum* vol. 76, no.2 (August 1926), pp. 186-193.

[35] Paul Monroe, "Student Politics in China." *Forum* vol. 76, no.2 (August 1926), pp. 186-193.

[36] Paul Monroe, "Student Politics in China." *Forum* vol. 76, no. 2 (August 1926), pp. 186-193.

[37] Di Wang, "A College Student's Rural Journey: Early Sociology and Anthropology in China Seen through Fieldwork on Sichuan's Secret Society." *Frontiers of History in China* vol. 12, no.1 (2017), pp. 1-31.

第 25 章　一个记者眼中的国民革命

> 尽量去挖掘新闻的真实情况，只要是事实都可以刊登，美国的错误也不例外。
>
> ——《纽约时报》编辑部主任弗雷德瑞克·伯查尔

本书写到这里，另外一位重要的人物也应该出场了，他就是上面简要提到的《纽约时报》驻华特派记者哈雷特·阿班（Hallett Edward Abend）。下面是他在回忆录中所记录的到达广州第一天的情形：

> 我们的船停在了离沙面岛不远的地方，这时夜幕已经降临……根据规定，晚上禁止上岸，我们还要在船上待到第二天天亮。我们正在考虑要如何打发这无聊时光，一个苏格兰人来到我身边。他高兴地邀请我去餐厅喝几杯，我心中大喜，遂一起往餐厅走去。
>
> 来到餐厅，我们随便找张桌子坐了下来，倒满了酒杯。就在我们举起酒杯说着祝酒词时，忽然听到一阵枪声从江面传来。紧接着，身后就传来了玻璃窗破碎的声音。再看那位苏格兰人时，那位老兄酒杯中的威士忌加苏打全被炸开了。鲜血从他的右手中涌出来，染红了下面的白色桌布。我们两个盯着他的手发呆，

子弹打中了他的食指尖。

就在我拿起一块餐巾刚要帮他包扎伤口时,我们的船——佛山号陷入了一片漆黑。我看见外面的机枪开始扫射,枪手就在不远处的那艘英国军舰的甲板上,一枚枚曳光弹从雾蒙蒙的夜空中划过。在接下来的时间里,我再也没有了初到中国时那种无聊的感觉。整整十五年中,我再也没尝过沉闷的滋味,十五年的中国生涯就此拉开了序幕。

1926年春天,哈雷特·阿班来到了中国。他出生于美国俄勒冈州波特兰市,在斯坦福大学读到三年级,没有毕业就去报社做记者。他突然想去远东报道新闻,刚好中国有一个机会,就来到了中国。本来就是来换换环境,准备待几年就回美国,但是他自己没有想到的是,这一待就是15年。

阿班在回忆录中,描述了他看到中国的第一印象:到上海时,正是黎明时分,第一眼看到的是混浊如泥浆般的海水。没有看到想象中的新大陆,却看到了肮脏的岸边一个高高的广告牌,上面写着一行英语,是美国一种很有名的口香糖。他没有看到十分向往的亭榭楼阁,没有听到诗人笔下的寺庙钟声,更没有闻到岸上飘过来的诱人美味。

春雨滴滴答答地下了一整天,天气闷热。他回忆说,"到过很多城市,上海是这些城市中最脏的。"街头巷尾的贫穷景象惨不忍睹。"如果当时有人跟我说,必须让我在上海连续待11年,我肯定会崩溃的。"

他来中国的目的,是想撰写新闻和专题报道,但是出发之前,他联系了很多家在中国的外国新闻社,回答都是消极的。在日本的一位记者朋友帮他写了封介绍信。一到上海,他便去了《字林西报》拜访乔治·索科尔斯基（George E. Sokolsky）。这个名字读者可能会有点熟，在前面已经引用过他的好几篇文章，包括对五四运动的报道，他现在是《字林西报》的编辑。索科尔斯基告诉他："上海现在什么事都没有，你的新闻和专题报道都完成不了，你还是别待在这儿。"他鼓励阿班去广州。还写了一封信给《广州英文日报》（Gazette）的主编李才（Li Choy），要阿班去找他。

来到上海，工作没有落实，加上天气也不好，所以一点游览的兴致也没有。就这样，只在上海待了一天，他便立刻离开，先去了马尼拉，然后转到香港。

到达香港时正是上午，"这里的天气让我对东方的幻想彻底破灭了，倾盆大雨哗哗直下，我的心情糟透了。"他搭乘了一艘旧船前往广州，那是佛山号平底船。船逆流而上，突突地往前行驶，朦朦胧胧的细雾笼罩着珠江。船停在了离沙面岛不远的地方，这时夜幕已经降临，整个沙面岛都被黑暗包围着。这是广州的外国租界，他看到了那两艘小型的外国军舰停在海面上，军舰上的灯亮着清冷的光。就在这时，发生了上面提到的枪击船只的事件。[1]

省港大罢工中的广州

阿班到广州那天正好是周日，两艘美英军舰分别派出了一艘汽艇来护送，阿班"觉得他们这样有些小题大做"。不过，听说当时的广州人有着极强的仇外情绪，尤其是包括英国人在内的白种人。这样看来，派护卫舰也不完全是耀武扬威，也有些迫不得已的成分。

在沙面岛一个码头上岸。这里找不到苦力，人力车和汽车也不允许上岛。所以出了码头，只能步行到饭店。当时的沙面岛已经被包围了，"中国人的仇外情绪空前高涨，在苏联的组织者和顾问的领导下，他们宣布抵制英国，同时也抵制所有与英国有关的东西。"

在这种形势下，沙面岛作为英国和法国领事馆的地盘便首当其冲，这里大部分的佣人、员工和办公室雇员都已经离开。租界外的食品也没办法运到岛上，领事馆的食品只能通过轮船从香港运来。如果没有外国军舰的护送，"运送食品的轮船必然会被大炮击中"。

沙面岛、广州和珠江北岸通过两座桥连接着。从1925年6月开始，沙面岛的人就处在一种担惊受怕的状态中，害怕再一次被袭，所以岛上一座座混凝土大楼前，有铁丝网、沙包、机关枪，英法士兵日夜把守。

桥的另一头是大陆。大陆上的沙包比岛上还要多，武装的士兵也更多。岛上的人过桥时，都要接受搜身；而如果要进入沙面岛，都必须空手，不允许带任何东西，即使是像报纸、香烟、信纸等等无关紧要的东西，也一概禁止。

通往广州的整个岸边都围着铁丝，堆满了沙包。每隔一段，就有一个钢筋水泥筑成的碉堡，里面架着机关枪。对面市区的屋顶上，时常会有冷枪射过来。在混浊江面上巡视的中国小船，也会时不时地朝岛上开枪。

驻广州的外国领事馆，除了苏联、德国和奥地利在广州城里，其余都在这个小小的沙面岛上。苏、德、奥这三个国家由于欧战而丧失了治外法权和所有特殊条约权，搬出了小岛。战胜国英、法等仍然拥有条约特权，但再不敢行使这个特权了。

整个1926年，沙面岛作为外国人的据点，那里的居民都有一种惶恐不安的气氛。外国人把洗漱用具和干净衣物装在一个小包中,以便随时登上军舰逃生。外国军舰也一直在沙面岛的码头等候。让阿班难以理解的是,这场声势浩大的运动在中国南方发展如此神速,可美国新闻界却丝毫不为所动,似乎没有意识到其重要性。

参加省港大罢工的人数众多,粥厂每天供养着四万罢工工人,由广州市政府和国民党共同组织,每日提供两顿饭,每天都要花7000 到 10000 美元。当时,这里一年的开销已经将近 400 万美元。

蒋介石在 1926 年的春夏势力发展迅速,北伐运动势在必行。居住在沙面岛的阿班,可以时刻感觉到广州城内的动向。市区内不时有反对帝国主义的游行活动,规模庞大。一位中国朋友告诫阿班,出现示威活动时,躲在沙面岛的公寓里不要出来。[2]

广州的夏天

广州的天气对阿班来说,是一个非常严峻的考验。暮春和夏天,空气潮湿,天气闷热,身处其中,有如在蒸笼中,湿热难耐。一般情况下,上午的时候,阳光灿烂,湿气太重,空气像吸满了水的海绵,而且没有一丝风。午饭过后,通常是西南方向乌云密布,不久,电闪雷鸣,狂风骤起,暴雨如注,雨会一直持续下两个小时。但是奇怪的是,雨下得越大,不仅不会凉爽,反而会越发闷热。

没有一件东西是不带潮气的,东西很快就会发霉。壁橱和衣柜中的衣服潮湿。如果皮鞋一天没有穿,上面就会出现一层白毛。床单湿得简直可以拧出水来,所以在那里的外国人,普遍都生有痱子、脚癣、金钱癣等皮肤病。

傍晚来临的时候,蚊子就开始嚣张起来。晚上一般是没有办法安心读书的,哪怕是在蚊帐里边,蚊帐外面的嗡嗡声,会搅得人非常心烦。为了不至于被蚊子吸干了血,每个人的脚上都要套上一个大枕头套,大腿也要装在里面,桌子的四个角上还要都点上蚊香。

如果想让衣服保持干净,每天至少要洗两三次澡。身上不停地流着汗,尤其是在下雨的时候,情况更加严重。当拿着书看时,手上就会染上书面的颜色。每个人都会准备一条小毛巾,一个劲地擦手。

广州街道两边新落成的建筑物和铺面,只是就着原来简陋的房屋稍加装饰而成,其样式既不像中式,也不像西式,对阿班来说,只有一个"丑"字可以概括。旧城区的街道上乱七八糟,肮脏得不堪入目,到处又湿又滑,泥泞难行,"而且就像敞开了一条阴沟似的,臭气熏天"。街道还十分狭窄,如果有两台轿子同时进入,想要交错而过,也是十分困难。街面高低不平,车子也无法通过。

街上的乞丐、残疾人、皮肤病患者、麻风病人、梅毒携带者,一群群、一队队地跟着外国人,把自己身上的脓毒和烂肉展示给他们看,想引起更多的同情,反而让人感到极端的不适。

阿班也看到,"这一切现象的背后,又是非常现实的生活,是令人奋进的目的,它有着强大的生命力和进取心。这个古老又有众多人口的民族已经开始觉醒,而且充满着愤怒和狂热。这种情况不论好坏,都在促使着一场重大事件的形成,而且是难以压制的。"

正因为这样,阿班觉得,在这里一定能发现重大的新闻。哪怕这种环境让人感觉不安,"可我是不会因此离开中国的,无论付出多大的代价,因为我已经找到了生命中最重要的新闻故事。虽然我会时常想起自己的家乡,那里的城市比这里整洁,人民比这里干净,还会想起加州海岸的金色沙滩,爱达荷州山上的松树林,遥远的这一切有时让我思念得难以忍受。"

从1926年6月开始,北伐军陆续从广州城中出发,开始北上。阿班向国民革命军提出了申请,想和他们一起北征,可是却被他们拒绝了。

阿班眼看着部队一拨一拨地离开广州,看着部队毫无秩序地向山中行去,走过的地方大多只是曲折而狭窄的小路。目睹这一切杂乱的举动,他感觉北伐的希望很渺茫,"像是没有结果的愚蠢举动"。他感觉广州对他来说不再有吸引力,决定离开这里。

阿班把发霉的衣服收拾好,告别沙面岛,去了香港。两天以后,他登上北去的轮船。1926年7月4日,他第二次来到了上海。[3]

在上海受到惊吓

阿班回忆,接下来在上海的两个半月,他真是痛苦到了极点。他觉得,上海比广州还要热,而且十分潮湿。到达上海的第二天,他经受了"一生中最大的一次惊吓"。[4]

他住在花旗总会,住房中带有一个浴室,可是又小又热,让他感觉呼吸都有些困难。由于前几日的旅途劳累,他睡的时间长了些,醒来时已经不早了。走进浴室准备刷牙,含了一大口水在嘴里,他却从镜子里很奇怪地发现,嘴中含着的水顺着嘴角流了下来,嘴就根本闭不拢了。

离镜子近了些,见左眼毫无缘由地在流泪,赶紧去擦。没想到,眼睛根本就闭不上,只能用拇指和食指把眼皮给拉了下来,再想睁开眼睛时,根本不能指挥眼睛,只能又用手推开。反复试了几次后,发现脸上左边的肌肉已经不听使唤了。

他只好马上去看病,终于找到了一个美国人开的诊所。医生诊断说是中风,轻度偏瘫。医生告诉他,这种病第一次出现的时候是有可能痊愈的。但是一旦再出现,一次比一次更严重。如果出现第三次,就有可能致命。这种病没有什么好的治疗方法,只有多多休息,不能忧虑,不能抽烟,不能饮酒,不能过于兴奋,也不能太过生气。

阿班的心情跌到了低谷。他喝汤的时候才发现,要想不把汤从嘴中漏出来,只得用手把左边的两片嘴唇捏住。他对自己不争气的身体更是无比痛恨:胸口和腋下长满了痱子,红通通的一片;脚趾缝中长着脚癣;下巴和额头上,生着金钱癣。现在又多了一个更要命的偏瘫。跑到了浴室的镜子前面,看到左眼就跟死了似的,没有一点表情。

唯一欣慰的是,他很快在《上海泰晤士报》(*The Shanghai Times*)找了一份记者兼编辑的工作,工资是每月400块本地货币,相当于200美元。这个工资还不及他在洛杉矶时一周工资的一半。

为了确定这个病的状况和治疗,他又找了另外一个医生,这是非常明智的决定。这个医生叫比尔·加德纳(Bill Gardiner),医生说,如果按照他的方法治疗,应该两个月可以恢复。要坚持每天治疗两次,虽然天气很热,但是需要每天睡觉时,在耳朵后面放一块电热板。他只是面瘫,并没有中风,无非是长期睡觉时吹风扇,神经受了寒气。

治疗持续了两个多月的时间,周末也没有中断过。每天都会替他治疗两次,每次半个小时。为了防止肌肉因缺少运动而慢慢萎缩,医生通过电击疗法来刺激肌肉,让它们进行收缩活动。还用电热板和轻度按摩的方法，使阿班耳后的肿胀一点一点地消退。阿班庆幸地说，幸好没有听信第一个医生的说法，如果当时听信了第一次诊断的结果，没有去找加德纳医生的话，后果不堪设想。

面瘫的好转算得到了些安慰，可是，阿班觉得《上海泰晤士报》的月薪太低，想找一份美国报社的驻外记者工作，又非常难。他一直在寻找机会。[5]

到北京闯荡

这时，国民革命军已经到达长江流域，但欧美觉得这"只是又一场中国内战"，甚至上海对这场战争也不关心。然而阿班开始感觉到，蒋介石会一步步地走向胜利，但是上海的同行，几乎都不同意这种看法。

1926年8月底，《北京导报》（Reking Leader）的老板柯乐文（Grover Clark）给他寄来了一封信，问阿班有没有兴趣去北京，代替他负责报纸的总编辑工作，每月付600元。这个薪酬高了不少，所以去北京还是有吸引力的。[6]

他们在书信中谈妥条件后，9月中旬，阿班登上了从上海到天津的轮船，那天正好是他42岁生日。这是一艘小型轮船，使用蒸汽动力，速度很慢，让他有机会观察沿途的几个城市，如青岛、威海卫、芝罘等。芝罘被美国的海军作为避暑地。那里还有很多传教士和他们的家人，为了躲避内地又潮又热的气候，也跑到了芝罘来消夏。

然后船顺着海河往上行驶。海河的水是黄褐色的，天津就坐落在海河边上，市区地形平缓，和传统的中国城市看起来不一样，和上海很像，只是小一些。阿班描述道，"我讨厌上海等长江下游的一些城市，可是和上海比起来，我害怕自己会更加讨厌中国的北部城市。这是我第一次认真考虑是不是要回国的问题。我害怕一直待在中国，永远不会符合我的本意。"

第二天下午，他坐上了天津开往北京的列车。当时刚刚入秋，密布的乌云很低，阴沉沉的天气，刮一会儿风，下一会儿雨，相互交替。沿途田野的庄稼已经收割完，裸露着地表，地上堆着圆锥形大小不一的草垛，"再没有其他值得欣赏的景色"。地面上树很少，隔很远的距离才有一棵树。枯燥的景色，让阿班"不知不觉又想起了回家的事"，他甚至在考虑是回加州，还是回美国西北地区呢？

窗外出现了一脉连绵不绝的群山。山上没有什么植物，可是却能很明显地看出天地相交的轮廓。尽管沿途的村庄正在被秋雨侵袭，"可是仍然掩饰不住它们的秀丽风光"。土墙围成的小村庄，墓地用灰砖围起。围墙上还留着一个很漂亮的大门，因为太长时间没有修理，看起来有些破旧，有一种"由饱经风霜而来的美丽"。村子里的街道弯弯曲曲，经常会有男子推着车子，或者是坐着马拉的双轮车路过，尘土中留下了重重的车痕。还看到了很多骆驼，身形高大，驮着很重的东西。对于这样的景色，阿班在回忆录中说道："好像终于有到家的感觉了。"

最后到达了北京。阿班看到了高大的城墙和城楼，火车就停在了前门。到了使馆区，这里四周都是用围墙围起来的。时正是9月，已到黄昏时分，天空飘着细雨，不时还刮一阵风，吹来一股寒意。

他不喜欢的夏天终于过去了，第一次开始感觉自己还会在中国作长时间的逗留。虽然他对这里一点儿都不熟悉，甚至还觉得有些诡异，他在回忆录中写道："可它却让我有回到家里的感觉，而且这种感觉很强烈，在任何其他地方都没有过。刚到这里就有似曾相识的感觉，我觉得自己总算找到了归宿。"

在后来的日子里，这种感觉在他每次出京回来时都会出现，"不论我出去的时间长短。我当时下定决心，要在北京过完自己的下半辈子。"可惜这个决心，在日本占领北京以后，当阿班的生命遭到日本人威胁的时候，就不得不改变了。他终于还是在1941年离开了他喜欢的中国，当然那已经是后话了。[7]

阿班与《北京导报》的老板柯乐文见了面，他感觉老板待人很和善。报馆在一个叫作煤渣胡同的小巷中，是一个四合院，在靠近市中心的地方，院子不大，外面和房间内的地面都用青石板铺成。中国排字工都是用手工完成排版的，让他感到惊奇的是，这些工人只有工头还认得一些英语，其他的人都对英语一窍不通。

《北京导报》每月只有1200份的发行量。印厂会从外面找些其他的活给工人，以此来承担他们每月的薪水。报纸内页上的新闻，大都是采用美国报纸的内容。因为美国的报纸寄到中国要一个月的时间，所以新闻实际上都是一个月前发生的事。当然，报纸也刊登各通讯社用电话、电报或无线电设备传播的消息，所以报纸的头版多是不需付费的各种电讯。通讯社大多是由各种组织出钱赞助的，来自不同的国家。报纸没有专门的记者，所以当地的新闻基本上没有。

因此，这个报纸很不符合阿班想要直接采访新闻的胃口，他决定尽快离开这个地方。但这个时候，柯乐文着急回美国。阿班终于被说服干到1927年春天，柯乐文愿意支付他每月1000元。阿班和柯乐文还签了一个协议，他在办报方针和新闻版面上有绝对的决定权。

在柯乐文离开一个月后,便发生了一件事情,让阿班知道了这个报纸的一些背景。当时的外交总长是顾维钧,有一天他给阿班打来电话,让他马上到外交部去一趟。到达后,阿班就看见顾博士正在那气呼呼地等着。

一见到阿班,他大声地斥责道:"你刊登这么篇文章想干什么?"桌上放着早上刚刚出版的《北京导报》,他指着上面的一篇文章。那篇报道写的是,中国欠了外国贷款,时间已经过去很久,可仍然没有还。

阿班反问道:"我发表一篇新闻,难道也要你指指点点吗?"顾说:"柯乐文说过不会对这件事进行报道的。他用一堆毫无价值的股票换了我15000美元当作他的工资,并且回了美国,可现在竟然说话不算数。"

他们说了会儿话以后,空气缓和下来,顾博士不再像刚才那么严肃了,态度谦和了许多。在谈话过程中,他给阿班讲了一些关于中国内政外交方面的情况。他讲的这些给了阿班很大的帮助,对于一个新闻记者来说,知道中国外交的运作是非常重要的。顾维钧后来再也没有干涉《北京导报》的新闻报道。[8]

大使馆的搜捕

1927年春天,张作霖当时已经从满洲迁到北京,掌控着京津地区。声名狼藉的张宗昌是张作霖的盟友,控制了山东省。这时蒋介石已经掌控了上海和南京,包括长江下游的人力和钱财来源。他和共产党的关系还没有破裂,双方仍然站在同一条站线上反对北洋政府。这时,北京政府都开始怀疑苏联使馆内藏匿着大批共产党,谋划着推翻北方政府的阴谋。

在这种情况下，张作霖发动对苏联使馆的突然袭击。使馆的工作人员和躲在里面的共产党人被这次突然袭击搞得猝不及防。苏联人曾试想毁掉文件，但仍然被政府搜出不少。他们把文件放进壁炉中，然后倒上煤油销毁，但不幸被冲入使馆的军警发现，文件最终没能全部销毁。

这次行动逮捕了大批共产党人，用各种酷刑对他们进行百般折磨，想从这些人口中得到他们同党的名单。被捕者最后都被绞死，包括中国共产党的创始人李大钊。

这个事件成了世界各地报纸的头版新闻。可是《北京导报》却因此遇到了麻烦。政府从苏联使馆搜获的文件中，有很多柯乐文写给冯玉祥的信件。冯玉祥当时在张家口，和苏联的关系十分密切。其中有一封是柯乐文写给冯玉祥的，让冯尽快支付"协议中规定的一万五千美元的预付款"。除了信件，政府还查到了很多收据，上面都有柯乐文的签名，是苏联替冯玉祥给柯乐文的补贴收据，每月都有。

《北京导报》所有权属于美国人，股东中也有中国人。尽管报纸的出版享有治外法权的保护，但因为报馆开在北京，所以不可避免就要受张作霖的制约。张和冯是死对头，在过去一年中不断地交战，但是《北京导报》却每月都得到冯的补贴。这件事发生以后，报纸很可能受到张作霖的整肃。

阿班于是给《北京导报》的三位董事打了电话，他们是燕京大学校长司徒雷登、基督教青年会书记德怀特·爱德华兹（Dwight Edwards），以及华北语文学校校长皮特斯（W. B. Pettus）博士，约他们见面，于是他们就带着其他董事一起过来了。阿班跟他们说，文件被查的事，明天就会刊登在《北京导报》的头版。那些董事听后颇为震惊，一致表示不同意。但是阿班解释道，各地的英文报纸必然都会把这件事刊登出来，"假如《北京导报》不依据事实重点报道的话，别人肯定觉得我们是对罪名默认了。"

他们拿不定主意。他们觉得应该等柯乐文回到北京后处置这件事。阿班提醒他们，关于那些收据上提到的交易，如果柯乐文有合理的解释，就一定要在新闻登出后24小时以内公开，最晚不应该超过48小时。但是董事们对他的话置若罔闻，结果事情曝光之后，《北京导报》的收益急剧下降，广告商撤出，许多订阅者退订。

夏初时节，柯乐文终于回到北京，因为那次苏联遭袭事件，使柯乐文和冯玉祥之间的秘密交易败露，在社会上引起了很大不满，甚至老朋友对柯乐文都特别冷淡。阿班回忆，"连我也跟着蒙受了耻辱"。

阿班决定离开《北京导报》，开始寻找新的工作。在北京度过的这9个月，更加坚定了他留在中国的决心，"我决定从头到尾看完这个故事"。[9]

加入《纽约时报》

1927年初夏，柯乐文回到了北京后，阿班趁机离开了《北京导报》。为了维持生活，阿班干了一个半月的京戏公关工作。在此期间，他把梅兰芳将要访问美国的新闻发给了美国各家报纸。梅兰芳到美国做巡回演出，非常受欢迎，每场演出都人满为患。干了一阵之后，梅兰芳感觉这种宣传方式花费太大，阿班也就停工不干了。接着，张作霖邀请他出任公关经理和外事顾问，阿班"感觉这工作听着挺

第七部 革命之路，1925—1928

有意思的",但事后了解了一下,感觉做这个工作不是很适合,也就没有去。

阿班发了很多电报和信件给美国的报社及通讯社,想得到一份驻远东记者的差事,结果都是徒劳。到了8月份,鉴于工作无着落的情况,他打算回一趟美国,去那边和某家报社或通讯社的老板进行面谈,等搞定了工作以后再回中国。不过,按照阿班在回忆录中的说法,每当"一想起必须离开中国,就有些不舍。说实话,我总有些担心,一旦到了美国就会被某家报社困住,脱不了身。"

让阿班意想不到的是,1927年8月13日转机来了,而且犹如天上掉下来的馅饼。那天天气异常炎热,下午时分忽然有人打电话给他。对方说:"我是弗雷德瑞克·摩尔(Frederick Moore),现正在北京饭店。你忙不忙?"阿班的回答也很有意思:"不忙,整理行装也算忙吗?"对方又问:"我说的是你目前找到工作了吗?开始上班了吗?"阿班回答:"我吗?当然没有了。我打算回美国,不长住,但需要待段时间,我现在已经没有别的办法了。"

"你想不想加入《纽约时报》,继续留在中国?"阿班听到对方这样的问话,感觉简直是太滑稽了,马上说:"说什么我想不想?摩尔,你能不能不拿这么重要的事情当笑话?"摩尔一边笑着一边说:"那你能过来一趟吗?我们谈谈。"阿班按捺不住激动的心情回答:"没问题。我十分钟赶到。"

阿班按约定的时间到达了北京饭店。摩尔看到他就说,他在电话中提到的工作其实"只是一份兼职工作"。但是,阿班"找到工作的愉快心情一点也没有因为这个受到影响"。他接着说:每周50美元的报酬,能在这干多长时间也没有保证。这主要得看工作表现,"还有这里事态的发展情况"。

摩尔说，由于他的孩子们都到了上学的年龄，要回美国上学，他决定全家搬回美国。《纽约时报》要求他在回国之前为报社选好两名驻华记者，一人负责华南及华中，留驻上海；一人负责华北及东北，留驻北京。他已经找到留驻上海的合适人选，现在要找留京记者。

《纽约时报》很快批准阿班成为报社的驻京记者。阿班回忆说："驻京记者一直都是我最理想的工作之一，真没想到不费吹灰之力就得到了。"而且，更不消说《纽约时报》这样的世界级的大报了。阿班认为，《纽约时报》应该去他工作过的《洛杉矶时报》调查过。到现在为止，阿班还从来没有去过纽约，也不认识任何《纽约时报》的人，甚至离开美国以后，他都没有读过这份报纸。

弗雷德瑞克·伯查尔（Frederick T. Birchall）是当时《纽约时报》的代理编辑部主任（acting managing editor），工作能力很强。他提出的要求非常简明："尽量去挖掘新闻的真实情况，只要是事实都可以刊登，美国的错误也不例外。"他还补充说，我们不对新闻进行评论，"这是社论版的职责"。我们不必花费钱财"去重复美联社可能已经报道过的新闻"。不报道道听途说、难以证实的新闻。还要记住，"即使没有新闻，也不要发错误的新闻"。[10]就是这样的采访原则和充分的信任以及自由，使阿班报道中国有了用武之地。

报道山东大饥荒

阿班加入《纽约时报》后的第一个重要新闻报道，就是关于山东的饥荒。1927年冬,山东有几百万人处于饥饿状态,报社指示阿班对这一状况进行调查,以便在美国多筹集一些资金以赈济灾民。

阿班从北京乘火车到山东首府济南,出发前有人提醒他一定要准备好足够的食物,还要带上毯子和睡袍。他准备了很充足的食品,至于毯子和睡袍,他觉得有了豪华卧铺车厢的车票应该一切齐全了,所以就没有带。

他是下午2点坐上火车的。到了车上,才发觉所在的包间中,窗户都已经不完整了。门由于年久失修,也关不上。当时正是严冬时节,车外厚厚的积雪覆盖着大地,门和窗口处一直有凛冽的寒风刮进来。他开始后悔没有带毯子和睡袍了。

本来应该晚上11点抵达济南,但一路都不顺利,实际上第二天早上5点过才到。离天亮还有一个半小时,只见雪片被狂风吹得上下翻滚,给人增加了寒冷和惆怅。

济南只有一家西式旅馆,人力车夫蹬着车,阿班跟着他行走在十分狭小的街巷中,四周只有寂静和黑暗,禁不住感到一阵害怕。这种感觉越来越强烈,担心突然冲出人袭击或抢劫。

车夫终于在一扇大门前停了下来,喊叫了很长时间都没有回应,后来又用拳头在门上捶了好一会儿,才有人开了门。走过门,穿过一条青石铺就的走廊,再走几步就到了院子,院中地面上遮盖着厚厚的银光耀眼的积雪。

他来之前还特意通过电报预订好了一个房间,预订的房间看样子房门已经开了整个晚上,屋里三分之一的地面上都是雪。墙角处有个铁炉子,只是没有可以烧的木柴或是其他可以取暖的东西。没有热咖啡或是热茶,由于极度的疲劳,他只好和衣在没有一丝温暖

中国记事(1912—1928)

的床上躺了下来。

第二天,阿班立即投入了紧张的采访。他发现山东的饥荒的确触目惊心。数以万计的灾民来到济南,想找到点可以吃的东西。外国教会、红十字会、救世军和很多中方组织都已经出面赈济灾民。每人每天能得到一碗小米粥,只能差不多维持在这个冬天不被饿死。

许多灾民感染了疾病,诸如麻疹、水痘、肺炎、猩红热,很多人就死在了大街上,尸体在很长时间里没有人管。大部分灾民就用麦秸搭个棚子住,两头都露风。没有床,严寒的冬日,他们就躺在冻土上。

依据阿班的调查,山东人民的灾难,是军阀张宗昌用各种不正当手段夺取百姓的财物而造成的,并不是水灾、旱灾或者是蝗灾。阿班气愤地写道:"张宗昌简直就是个用暴力夺取他人财物的恶人,只不过还带了副笑脸。"

张宗昌还在衙门宴请阿班,还有法国香槟和高级白兰地,"丰盛程度几乎达到了'罪恶'的地步"。张十分得意地指着一套从比利时定制的西餐餐具向阿班炫耀,可以同时提供40个人用餐。他夸口称,整套餐具价值55000美元。

阿班写了篇报道刊登在了《纽约时报》上,报道内容是张宗昌的宴席、玻璃餐具、香槟和白兰地,还有他的40个女人。这些女人不仅是中国人,还包括韩国、日本、法国、美国女人。每次张宗昌打仗时,都要逼着这40个女人和他一起出征。最近一次,他在出兵前对阿班很有信心地说,如果这场仗打败了,他就要躺在棺材中回来。

张出征时真的带了一副装饰华丽的楠木棺材。结果他失败了,逃回时,他的确是在那个棺材里面,但不是躺在里面,而是坐在其中,喝得已有几分醉意。棺材被一个板车拉着。阿班在报道中写道:

"如果用美国的钱来赈济山东灾民,就相当于把钱给了这个恶霸,为他残酷的统治增加声势,助纣为虐。"阿班认为,如果山东人民不能脱离苦海,他们也许会奋起反抗,推翻张宗昌的黑暗统治。"如果国民革命军能够打到山东,这里的人们一定会表示欢迎。"[11]

赛珍珠在她的回忆录中,也讲到了张宗昌,虽然她没有提这个军阀的名字,但是从她所讲的故事来看,肯定就是他了:记得邻省还有一个军阀,他曾两次败在另一个军阀手下。最后他在公开场合大声宣告,他要再打一次,如果再失败了,他就躺在棺材里回来。大家都在等着战斗的结果,等着他凯旋,可他又吃了败仗。

于是,人们开始精心为他准备后事。葬礼的每个细节都让人笑破肚皮。大棺材里不是老军阀的尸体,而是一个活生生的人。他虽然失败了,却还是乐呵呵地坐在棺材里,穿着最好的长袍,抽着大号的外国雪茄,咧着嘴朝着惊得目瞪口呆的人群笑着。围观的人群中轰然爆发出一阵笑声,大家立即原谅了这位统治者的一切过失,因为他这个玩笑开得太让人开心了。爱笑是中国人的天性,过去是,现在仍然是。[12]

京城的生活

阿班在北京住了一段时间旅馆以后,决定租房住。他找到了一个地方,虽然是北京常见的那种院子,租金也不贵,但是非常大,有五个院子。每个院子都很宽敞,而且院内景致相当不错。

最南的那个院子有一条用砖铺成的小路,小路两侧种着樱桃树和李树。从这个院子往北走,第二个院子里,有一座六角凉亭,一到夏季,他就会坐在里面写稿子。阿班的卧室也在这个院子,这里还有浴室。

往北进入第三个院子的时候，要经过一个半月形的拱门。他平时会客、娱乐以及团聚的时候都在这个院子里，餐厅也在这里。第四个院子里面种着菜，它的西边还连着第五个院子，是佣人住的地方，洗衣服也在这里。

北门就在第五个院子，从这里出去是一条狭窄的巷子，街名的意思是"大新街"(Broad New Highway)。南门外是一片被叫作"象鼻洼"(Elephant's Nose Water Hole)的空地。之所以起这样的名字，是因为这里有一口旧石井。在清朝,宫内的大象早晚都会到这里喝水。

房屋里面没有抽水马桶和洗脸池、浴缸等卫生设施，没有玻璃窗户，也没有壁炉。房间的地面是用石板或砖铺成的。阿班因住不惯这样的房子，就按西式风格重新装修了五大间，将地面换成了木质地板，纸窗换成了玻璃窗，屋内安装了水管和电线。还增加了取暖设备，包括两个壁炉，三个火炉。改造后的住所显得很奢侈，不过房租每个月只要35元就可以了，当时1美元可兑换2元9角的中国货币，也就相当于12美元。

这些房屋有了院子的陪衬，显得很华丽。当他搬到这个套院的时候，有两个院子地面已经满是绿草坪。院墙是象牙色，院子的各个角落里都种满了青竹，还有许多果树，在夏天时就连成了一大片；外加高大的柏树，遮荫蔽日，洋槐满树是花，真是心旷神怡。

到晚上，每条小路旁边都挂着灯笼，一盏一盏的红得煞是好看。没经过装修的房间里,纸窗后面的烛光随着微风轻轻摆动。阿班觉得，"这所房子简直就像书中的世外桃源"。

当时的外国人，只要挣着美元或是英镑，即使不多，"在北京也可以生活得如贵族一般"。阿班雇有一个手艺精湛的厨子,月薪还不到 15 元。他的管家兼贴身侍从,每个月不到 12 元。他的另外一个仆人老王,负责洗衣、熨衣、擦鞋,还要照顾园子里的菜,每个月的薪水只要 14 元。在老王的要求下,还签订了一份协议,协议中规定,肥皂、浆水和防止白衣服变色的药水由他提供,鞋油、烧开水和热熨斗的煤炭则由阿班负责。人力包车和车夫每个月 18 元 3 角。那多出 3 角钱的零头是用来加装电石灯的,"为了在路上炫耀一下"。

阿班的这个描述,让我想到本尼迪克特·安德森(Benedict Anderson)在他的名著《想象的共同体》中所描写的画面:我们在每一个殖民地都发现了这个"残酷而有趣"的现象,资产阶级贵族"对着宽敞的宅邸与种满含羞草和九重葛的花园的背景朗读诗歌","而在一旁的,则是一大群由童仆、马夫、园丁、厨子、保姆、女仆、洗衣妇以及最重要的马匹所组成的配角"。[13]

阿班对北京的生活很满足,直到 1929 年 8 月迁往上海后,才告结束。他开始学习汉语,坚持了差不多一年,每天上汉语口语课。到 1928 年夏天,他宣称:"已经可以讲一口流利的汉语了"。

他结交的中国朋友越来越多,和北京的感情也越来越深厚。至于薪水,他从没有向纽约提出过任何要求,可是报社却一次次地给他加薪。他开始收藏中国的古董,中国画、青铜器、牙雕和玉器等,收藏品越来越多。

他经常出去采访,华北、东北、朝鲜、日本这些地方也经常去。美国对于远东地区事态的关注度日益加深。他给报社的稿件几乎都被采用,在《纽约时报》周日版的专栏中,他的文章经常会出现五至七篇,最多的时候还能达到八篇。

报社给了他任意活动和自由调查的权力，他凭借这个自由度以及报社的名气，得到了很多非同一般的新闻。阿班对于这样的工作非常满足。他后来在写回忆录的时候说："每次想起当时的生活，我都非常怀念，以致竟会有心痛的感觉。"

当时，在整个北京城中，除了公使馆的护卫队，美国人和欧洲人只有2600人。外币在北京很值钱，像北平俱乐部、法国俱乐部、德国俱乐部和八宝山高尔夫俱乐部等场所的娱乐活动，非常奢华。人们迷醉其中，不愿离开。

在北京城墙外，还有个赛马会，更是个快乐的所在。西山是避暑的好地方，这里有被弃置不用的小寺院，可作为避暑别墅，西方人都有足够的钱租到一个。秋天，在这里打点野味，如野鸭、野鹅等。冬天也是个不错的季节，在这里差不多有三个月的时间可以溜冰。

不像在天津和上海的外国人很喜欢参加商业活动，北京的外国人对商业活动不是很感兴趣。这里的外国人一般都是外交人士、军人及其家属，还有就是传教士。不少已经退休的外国人也住在北京，他们的收入不多，但足够在这里生活。他们说"是被这里的生活给吸引了，所以才住在北京"。也有一些西方学生，他们在这里学习中国历史和中国艺术。还有一些世界旅行者和探险家也住在这里。

阿班在北京的时候又搬了一次家，住到了使馆区东交民巷。搬家的原因是那中式房子虽然大而漂亮，但是阴冷又潮湿，冬天很难受。他搬到了巷内的邮政公馆，住所很大，里面有门厅、客厅、餐厅、书房、卧室、浴室、厨房、食品储藏间和佣人房。卧室有两间，浴室有两个，佣人房也有好几间，还有一个小院子。[14]

这时的中国，国民革命正如火如荼地进行，给了阿班施展身手的好机会。在北京的新闻圈子里,以及在美国的《纽约时报》编辑部,他的新闻报道,很快获得了非常高的关注。这也使他成为许多人攻击的目标。

注 释

[1] 以上见哈雷特·阿班:《我的中国岁月》,第8—10页。
[2] 以上见哈雷特·阿班:《我的中国岁月》,第11—16页。
[3] 以上见哈雷特·阿班:《我的中国岁月》,第33—35页。
[4] 翻译本为"到达广州的第二天,我经受了一生中最大的一次惊吓。"笔者核对了英文原版,是这样说的,"The morning after I landed I experienced one of the worst frights of my life",显然是说到达上海以后的第二天早上(Hallett Abend, *My Life in China, 1926-1941*, p. 35)。
[5] 以上见哈雷特·阿班:《我的中国岁月》,第36—40页。
[6] 翻译本为《英文导报》,系误。查英文版原文为"Peking Leader"(第43页),应该通常翻译为《北京导报》。
[7] 以上见哈雷特·阿班:《我的中国岁月》,第44页。
[8] 哈雷特·阿班:《我的中国岁月》,第45—42页。
[9] 哈雷特·阿班:《我的中国岁月》,第53—55页。
[10] 哈雷特·阿班:《我的中国岁月》,第56—61页。
[11] 哈雷特·阿班:《我的中国岁月》,第61—66页。
[12] 赛珍珠:《我的中国世界》,第136页。
[13] 本尼迪克特·安德森:《想象的共同体——民族主义的起源与散布》,第146页。
[14] 哈雷特·阿班:《我的中国岁月》,第87—89页。

第 26 章　北伐战争中的中外冲突

> 如果哪个海军陆战队队员胆敢动一个黄包车夫一根指头，这个人就要上军事法庭。
>
> ——美国海军陆战队驻华司令官斯莫德利·巴特勒

北伐战争是国民革命军与北洋军阀的决战，其实也是一场轰轰烈烈的反帝运动。因此，在国民革命的过程中，1927 和 1928 年，发生了好几次剧烈的中外冲突的事件，包括南京事件、查抄苏联大使馆，以及济南惨案等。大革命的急风暴雨冲击中国的大江南北，很多在中国的美国人以及新闻记者，都见证了中国正在发生的剧变。他们从个体的角度，记录下了他们所经历的、所看到的这场大革命。

天津的美军

1926 年 8 月 20 日，在离开中国三年之后，史迪威一家再次来到中国，他们是乘陆军运输船到达的。史迪威夫人写道："我们都觉得这是在回家。"这次史迪威要去的地方是天津。

史迪威被任命为第 15 步兵团的一个营长。这个团在 1900 年镇压过义和团，辛亥革命之后在中国驻防。该团的常规编制是三个营，史迪威将军。

资料来源：The Army Historical Foundation。

其中一个营留在了菲律宾。在中国的两个营总计有50名军官和800名士兵,略少于英法两国驻天津的部队,大约跟当时日本派遣的部队相当。

第15步兵团的团训是"能干"(Can Do),根据该团手册,其意思是"完成使命之能力"。每年在完成训练之后会举办一个"能干周"比赛,包括田径、射击、骑马及运输表演,并颁发很多奖杯和奖章。

日常勤务主要是军士负责的步枪和机枪练习,通常时间很短,一般中午就能结束,野战训练也很少,因为可供操练的场地很有限。这个团在天津东南136公里处还有一个分队,是为了守卫北京—奉天铁路线上的铁路修理站,在海滨靠近山海关的地方有一个夏季训练营,还有一些当过骑兵的军人骑马巡逻。

整个团的日常生活打理,由中国苦力负责,每个连都有个身穿蓝长衫、头戴黑色瓜皮帽的杂役。苦力在野外训练时,帮助军官支帐篷,野营做饭,干各种杂活,有时甚至还帮助士兵擦枪。士兵延长服役的比率很高,以至于美国陆军部对此甚为不满,这是因为不少士兵跟当地妇女同居。

美国驻华陆军总司令约瑟夫·卡斯特纳(Joseph C. Castner)将军曾经愤怒地报告说:"只用几分钱就能买到各种女人、酒和毒品。"为了减少性病发病率,兵营还专门配置了人力车等在酒吧,关门的时候把士兵拉回来。

团长是伊萨克·纽厄尔(Isaac Newell)上校,原来是驻北京的武官。他个头很高,头发花白,威风凛凛,具有典型的武官风度,在团里很受尊敬。他有个端庄的富家太太,这倒是符合第15步兵团传统。按照团里面的传统,穿制服但未携带武器的军官"要佩带第十五步兵团标准制式的马鞭或者文明棍",在值勤时都要佩剑。还鼓励进行"经常的"礼节性拜访,以增进"团队精神和团结"。每逢纪念日要祭扫义和团阵亡军人墓。每个军官在任职期间都有一个月的队外勤务,以便在华北旅行。

从 1924 年开始,兵营中开始实施汉语口语课程,每周四次,每次一小时。这个课程军官必修,士兵自愿选修。所有通过考试的人都可以在袖子上别上一个绿色袖箍,上面用红色写着一个"中"字。在美军制服上别个"中"字,有时让中国人大惑不解,经常会有人问那是什么意思。

1926 年,第 15 步兵团的团部和美国驻华陆军总部合并,这个团开始直接由卡斯特纳负责。卡斯特纳很为自己的体格和善于步行而自豪,因此对体格锻炼充满热情,这和史迪威不谋而合。史迪威也是卡斯特纳从未与之吵过架的少数几个军官之一。卡斯特纳曾经在阿拉斯加的荒山野岭中担任过指挥官,因此他打算让这些养尊处优的军人真正尝尝当兵的味道。他立志要把团里胖子的数量,降低到可以接受的水平。

这次史迪威到天津任职,跟一位对他的未来举足轻重的人再次相遇,并建立了密切关系,这就是史迪威在一战时认识的、现任第 15 步兵团参谋长的乔治·马歇尔(George Catlett Marshall)中校。马歇尔在二战中任美国陆军参谋长,五星上将,功勋卓著,1945 年作为特使到中国调停国共之争。1947 年担任美国国务卿,实施影响深远的恢复欧洲经济的马歇尔计划。后又担任过美国的国防部长,1953 年被授予诺贝尔和平奖。

巴巴拉·塔奇曼对他们俩的关系有一个非常有趣的描述:他们

在中国的任职时间上其实只有八个月的重合,但彼此的关系已经从认识,发展到了相互尊重。如果放在任何其他两个人身上,这种关系都可以称作友谊了,但是这两个"个性封闭的人",在这个时期却没有留下多少提到对方的文字,而且马歇尔并不是一个可以随便称为朋友的人。

史迪威一家到达天津两天后,便受邀到马歇尔家喝茶,接着在那个星期又去参加"专门晚宴"。他们的关系很快发展到史迪威可以随意地借马歇尔的大衣穿了。马歇尔自己没有孩子,很喜欢史迪威的孩子,对他们很好,但是他对大多数同僚们仍然很矜持,这不免让有些人觉得他是一个"高高在上"的人。

马歇尔的行事风格也是很独特的,有这样一个故事:有一次马歇尔夫妇举办晚餐舞会,其中一对受到邀请的夫妇迟到了。稍微等了一会儿他们还没有来,主人便宣布不等了,开始吃饭。刚刚上完汤的时候门铃响了。男仆刚要去开门,马歇尔拦住了他。他亲自去开门,客人们听到他对门外的来客说:"真是很抱歉,不过晚饭都快吃完了。"然后门被重重地关上了。[1]

*　　*　　*

1927年冬末到1928年刚入春的这段时间,北京基本上还算平稳,虽然使馆区还是经常会发出警报,街头巷尾会谣言四起。国民革命军继续北上,列强对北京采取了戒备措施。北京、天津、秦皇岛几个地区布置的外国军队兵力已经达到12000人,这些士兵来自美、英、法、意的陆军和海陆作战队。驻天津的日本军队也增加了将近1000人。

为了准备应付不确定的中国局势，美国又派了一支海军陆战队到达天津，由斯莫德利·巴特勒（General Smedley Butler）将军指挥。他们配备有20架飞机和一定数目的轻型坦克，这是其他驻军都没有的。第15步兵团因此很恼火。陆战队员十分麻利地卸下野战炮、迫击炮、榴弹炮、机枪、筑垒沙袋、卡车、坦克、飞机以及成堆的补给，步兵则站着围观，只有羡慕和嫉妒。

巴特勒警告部下说，不能容忍跟中国人发生冲突，还说"如果哪个海军陆战队队员胆敢动一个黄包车夫一根指头，这个人就要上军事法庭"。然而他还是做了最充分的准备去北京解围。卡车加满了燃料，放好了机枪、弹药和十天的补给，随时可以出发。公路桥也已经加固过，可以通行坦克。

白河河口已经修建了一个机场，巴特勒在天津和大沽之间飞来飞去反复观察。冬天的时候，他要求昼夜不熄火，以保证发动机的燃料随时可以用。有了这种种安排之后，一旦接到警报，一个营的兵力就可以14分钟内乘卡车奔赴北京，而飞机则可以五分钟内出动。他和公使馆商议的计划是，一旦遭到袭击，陆战队首先立即占领天坛公园，把那里作为外国人的集结点，然后再用卡车和飞机把他们疏散到沿海地区。[2]

在阿班的回忆录中，对在天津的美国进驻的海军陆战队也多有描述：巴特勒将军率领的海军陆战队有4000多人。巴特勒当时名气正盛，部队配有坦克和野战炮，装备精良。巴特勒还拥有一支包括20架飞机在内的空军部队，在所有驻华外国军队中，是独一无二的。

每10天左右，阿班就要在京津之间来回跑一趟，以掌握最新的美军保护计划，以及当发生紧急情况时，美侨离开华北的具体安排。

这种生活从1927年冬天一直持续到1928年初春时节。

在北京的所有美侨都要到使馆进行登记，只要他们一收到预警，就要马上躲到使馆区内，那里有高墙可以作为掩护。驻扎在使馆里的海军陆战队，有一支由40人组成的特种部队，他们每个人都配有一匹健壮的蒙古马。他们的主要责任是，如果发生暴力仇外事件，要飞速赶到北京城内的各个美国家庭，把他们带到较为安全的使馆区。

冬天的海河一直处于封冻状态，外国人如果在这个时候遇到危险，轻型炮舰没有办法经过冰面到达北京，救援人员就只能绕道秦皇岛，然后经铁路或者步行，把处于危险中的人们带到海边。因此，冬天的京津形势特别危险。

阿班和巴特勒在这一段时间里经常见面。巴特勒坦承，他敬仰中国人，所以他会在职务允许的情况下，通过各种努力化解中国人的仇外情绪，尤其是其对美国的排斥，希望这样能够避开和中国人的交战。阿班觉得"他掌握的分寸很好，向中国人表示友好的同时，不会显得自己软弱，不敢同对方较量，也不会为了巴结讨好而显得卑微。"

南京事件（后面将具体讲述）发生以后，已经有几百名传教士把他们的家人送回了美国，另外还有几百名传教士偕同全家都迁往了北京或天津，可是还有很多传教士坚决不离开传教点。阿班评论说："按理说，这些传教士应该清楚，如果他们继续留在原地，身处危险之中的话，只能把美国政府推向中国人的对立面，可是这些人却仍然不改变决定。"他们声称不需要政府的保护。

由于巴特勒的友好态度，地方政府还大肆张扬地给他送来了万民伞、勋章和锦旗，让他很是风光。但是人们担心，国民党人到了这里，会不会因为这个而怀疑到他，甚至把他当作敌人来对待？

第七部 革命之路，1925—1928

外国驻军虽然很不受爱国人士的待见,但却极受京津商业人士的青睐,尤其是美国海军陆战队,他们有丰厚的饷银,可以给这里的商人带来好多利益。附近的商业渐渐昌盛起来。美国海军陆战队在当地购买大量食品,军营和仓库也都是租借中国人的。

军人们在这里毫不吝惜钱财,任意花销。军营周边新开了很多戏院、饭店、舞厅、保龄球馆、酒吧、台球房、地下赌场,到处都是娱乐休闲的商业场所,每家生意都十分红火。

陆战队员身上的军装在天津大街小巷上成了一道亮丽的风景。他们上装是深蓝色的,裤子是浅蓝色的,军帽是白色的,宽阔的武装带也是白色的,这种装束随处可见。很多漂亮的俄国姑娘来到天津,加入了舞女、餐厅侍女、情妇和妓女的行列当中,有数百人。

当然,这些海军陆战队员并非疯狂地玩乐而懈怠了军情,他们的纪律十分严格,从没有放松警戒,一直处于备战状态。美国军队在租界的周围修建了繁杂的战壕和工事群,在租界外围形成了有力的保护网。

巴特勒很受属下官兵的拥护,因为他以身作则,对自己的要求比对官兵还要高。他思想活跃,反应快,思路清晰,对工作了解得非常清楚。有个仓库在1927年圣诞时着了火,陆战队员们轮番上阵进行灭火。巴特勒也和他们一起奋战了24个小时。那天,天气出奇地冷,他却热得衣服都被汗水湿透了。着火地点不远处有个弹药库,当时非常危险。

在北伐可能造成的中外冲突的危机过去之后,美国海军陆战队和其他部队就撤离了,天津一下子失去了往日的热闹景象。陆战队离开的第二天,天津中国商会的五个代表要见阿班。他们是想让他帮助他们收回欠账,他们说很多陆战队员都没有把欠下舞厅、酒吧的钱还清就走了。

他们带来了两只大箱子,里面放的都是欠条,全部加起来有一万多美元。欠条上面写着"十张舞票,一元""一杯威士忌加苏打水,六角""四杯啤酒,四角",等等。下面的署名有"赫伯特·胡佛",他当时是美国商业部部长,后来当上了总统;还有"柯立芝",当时的美国总统;有"斯莫德利·巴特勒",是他们的长官;有"卡瑞·纳辛",美国极端宗教人士中反对酗酒主义者;还有"众议员沃尔斯·特德",美国众议员中的禁酒人士,甚至"乔治·华盛顿"等等让人忍俊不禁的名字。不过,阿班在回忆录中并没有说,最后这些债务纠纷到底是怎么解决的。[3]

徐州的战事

1927年春天,国民革命军打过了长江,继续向北挺进。史迪威很担心对外人的暴力,他是一个总是喜欢把事情往坏处想的人。他在日记中提到了他的仆人是不是可靠,谈到了计划一旦出事立即逃往天津的租界,还谈到这个时候妻子和孩子都在中国是太冒险了。

5月,形势更加紧张,国民革命军已经逼近徐州。如果徐州失守,那么国民革命军就会进入山东,如果山东失守,那么北伐军就到了天津的大门口。是否撤出外国妇女和孩子,应该如何计划?后来史迪威写道:如果南方军势头已过,把我们的侨民汇集起来送到海边未免有些太晚;但是如果不撤,我们在通商口岸遭到攻击,那么接着该怎么办?

美国公使馆认为需要对南北双方部队的实力做出可靠的估计，因为记者、领事馆人员以及传教士的说法不一定可靠，无法对形势进行判断，难以做出抉择，必须要派一个美国军人亲自去。这个时候仇外情绪甚嚣尘上，因此是一次很危险的使命。

第15步兵团的史迪威便成为当然的人选。因为他了解中国，通晓汉语，有冒险旅行的经验，而且精神顽强，除此之外最重要的，他非常愿意完成这个任务，哪怕他不得不丢下四个孩子和即将为他生下第五个孩子的妻子。

史迪威在5月26日乘夜间火车赶往徐州。跟他一起去的是他的赵姓仆人，后来证明，带上这个仆人是一个英明的决定。史迪威后来回忆道，如果没有这个人他可能就回不来了。他敬重这个"勇敢忠诚的人"，在当时局势恶化的情况下，赵本可以自己轻易逃脱，但是他没有这样做。

当火车进入山东时，史迪威看到了局势动荡的迹象。火车站停着一些插有"安全通行"旗子的马车供人租用，这表明已经到了危险之地。这些大车实际上是被当地流氓控制，车夫必须给他们交保护费。

第二天天黑之后他们到达徐州，发现这里到处都是士兵，武器各式各样，醉醺醺的白俄士兵在街上摇摇晃晃地走着。客栈里没有了房间，赵建议去当地的基督教青年会，睡在了会长的家里。第二天早晨醒来看这个城市，真是"一片废墟"，饱受战乱之苦。由于饥荒或战火，无家可归者露宿街头，到处是倒毙的尸体。他们从尸体上跨过去，继续赶路。

街上不安全，除了老太太，女人都不敢露面。难民成群结队，只剩下身上的破衣服和要饭的罐子，坐在那里绝望地望着这个乱世。

这些难民只能分到一点点豆饼糊口，这是用豆子榨完油之后的豆渣压成的。史迪威知道，在东北这种豆饼是被打碎后做猪饲料的。

这些难民过去也是辛勤劳作的农民，可是现在他们的马车和牲畜被士兵征用，家被拆掉当木柴烧，妻女遭到欺负，孩子散失。面对中国人这无穷无尽的苦难，史迪威带着同情，真实地记录下来。

到达徐州后，他必须直接跟那个"出了名的恶魔"、军阀张宗昌打交道。但他未能见到张宗昌，于是便在城里到处转悠。白俄骑兵在街上奔驰，这些骑兵是这个军阀的精华，很有威慑力。他们着深绿色军服，马靴几乎过他们的膝盖，带着各种武器，有顶端挂着小三角旗的长矛，长管毛瑟枪，此外还有大刀，捆在肩上一个帆布刀鞘里。史迪威说这些士兵性情残忍暴烈，是他看到的最凶恶的人。除了约100名骑兵外，还有约3000人的俄国步兵旅，有4列装甲火车。

在火车站停车场上，史迪威看见了200节车厢、20辆机车和3辆由俄国人开的装甲机车。他仔细辨别士兵的番号并估计他们的数目，同时推测出每100人中大约30人配有步枪；在训练的队伍中一半人有枪；每个连队200到250名士兵，其中20%的人只有小孩的身高，很多还不满14岁，身上都很脏，有的还光着脚。

史迪威认为，如果这些乌合之众上了战场，除了逃跑之外别无可能。一个人向他透露说，北洋军阀的兵都不肯打仗，他们都害怕农民自己组建的"红枪会"。红枪会袭击小股士兵，杀人毫不留情，往往会让受害者死前还要受三四个小时的罪。

史迪威在两个火车站和停车场观察，清点枪炮数和口径大小，记下运兵火车的情况，并想从这些混乱的情况中推测出张宗昌的计划。他从士兵那里了解到，有些部队已经五个月到一年没发饷了，

第七部 革命之路，1925—1928

他们的补给就是馒头、大米和水。他听说冯玉祥已经占了郑州,那是东西铁路线的一个枢纽。

史迪威竭力想了解变化不定的冯玉祥,最后得出的结论是:"他可以背叛任何人——他完全是为自己的。"但是,他承认冯玉祥是个"真正的战士",他从不许他的部队扰民,并说如果中国能有10个像冯玉祥那样的指挥官,中国的问题就解决了。

冯玉祥攻占了郑州,使得那里的北洋军撤退到黄河以北,徐州也就失去了屏障,因此张宗昌也开始撤退。史迪威赶紧奔向电报局,想把这个消息告诉公使馆,但是电报局已经关闭,发报员也逃跑了。

第二天,也就是他到徐州的第四天,局势已经很明朗了:北洋军正在撤退。他看到半小时内就有六列火车离开。他们担心南方军会很快到达,他们的处境可能很危险,得尽快逃离这里。

部队的火车停在站台上,但是不让他们上去,他们又试图挤上一辆塞得满满的运兵车,但是被赶了下来。他们想用钱活动,可是没用,因为这些兵都急于离开,不肯让出自己的位子。士兵拼命爬上车,有的甚至在火车连接处。很多人后来被甩了下去,还有人压在了轮下。

对史迪威来说,现在要跟北方军离开已经太晚了。他该怎么办?在火车离开后的两天里,这个城市似乎在等待灾难降临。北洋军的士兵不断往北撤退,伤病员挣扎着勉强跟着部队走,如果遇到"红枪会"必死无疑。店铺都关门了,骡子卖到300美元一头,而食物根本就没有人肯卖。

到了晚上,警报器不断发出刺耳的声音,那些士兵一边喊叫,一边开始用野战炮、步枪和手枪射击,一架飞机飞过上空并扔下几个炸弹。

史迪威认为,那些在后面躲在装甲火车中的俄国人是最可恶的,他们开着架设机枪和火炮的火车来回走,把能搬动的东西全都偷走了。有些农民拆掉铁轨试图阻止这辆火车,但是这些俄国人把最靠近破坏点的全村人都杀死了。史迪威每天都在停车场观察,他看到一个孩子兵被火车碾过,躺在一张席子上等死。他心中充满了对中国人的"麻木不仁的愤怒"。

6月2日,北伐军到了。在仆人老赵的坚持下,史迪威躲藏起来。他每天纸上涂鸦,无事可做,躲了六天便受不了了。他们走出去,想见识一下南方军的士兵。他发现,这些人都乐呵呵的,多数是不到16岁的孩子,都是些肩头窄窄的小矮个儿,体重很轻。城里到处都挂着国民党的旗帜和欢迎的标志,商店重新开业,妇女又开始在街上露面,木匠忙着修理各种破损;但是已死的人仍然躺在街上,无人收尸;难民居住的临时棚屋充斥着饥饿、肮脏和疾病,"这个城市的现状让人触目惊心"。[4]

冒险南下

史迪威决定南下去上海。跟那些疯狂拥挤着要登上火车的人群一道,他和赵通过一番拼搏,总算上了车。旅程中又是各种停车和延迟,终于在凌晨3点到达蚌埠,距离可能有外国军舰的长江还有很长一段距离。火车不再继续南下,乘客都得下车,在黑暗中被撂下,只能站在站台上等。

这种处境让史迪威感到恐怖。他和赵又饿又渴,被困在这个陌生的地方,不知是否还会有南下的火车。担心引起他人注意,又不敢去问;担心错过火车,也不敢去找食物和水。他们担心,到天亮,会有更多的人,史迪威会更显眼,但是又没有其他办法。

早晨六点,两人终于跟着一批人挤上了一列被拉到岔道上的火车。他们竭力不引人注意,在一节煤车上找到了位子。史迪威感到其他旅客都在看他,觉得随时都会有人叫喊"老毛子!",或者会有卫兵过来带他出去检查。车厢里非常热,里面到处是鸡蛋壳、瓜子壳、茶叶、水、瓜皮、痰和鼻涕,以及其他各种扔在地上的脏东西。车里的人也不住地吐痰、咳嗽、打嗝、抠鼻子、咂嘴和哼哼唧唧,还窃窃私语或者不断打量史迪威。他和赵饥渴难当,但又不敢下车,因为下去就可能上不来了。

来了一个凶神恶煞的警官,他搜查史迪威时发现了手枪,得意扬扬,好像抓住了一个刺客。人们开始小声议论起来,该拿他怎么办?带出去枪毙?史迪威感到四周一片敌意朝自己袭来。到了下一站,这个警官下去报告。众人的敌意更加明显,有人用伞戳他,有人把茶水倒在他腿上,还有人往他背上吐唾沫。他好像有点醒悟,他们想让他做出反应,想让他反抗,这样就有了进攻的借口,最后他可能送命。赵用眼神警告他千万不要轻举妄动。

史迪威怒火中烧,但是竭力控制住了自己。在停车的时候,这群人开始争论是把他拉出去枪毙呢,还是到浦口把他交上去。浦口是最后一站,老赵灵机一动,提出把他逮捕,交给浦口当局。并告诉众人,这个外国人很有势力,任何伤害他的人都会有大麻烦的。他们开始骂赵是外国人的走狗,但是还没有来得及采取任何行动,火车又开动了。

当火车驶入与南京隔江相望的浦口时,史迪威和老赵在车还没有停稳时就跳下了车,推开那些吃惊的人们,朝江边跑去。他们感到后面有人紧紧追着他们,但又不敢回头。他们即时登上一条渡船,渡过了江之后,才感到终于安全了。

在史迪威回去后提交的报告中,对南方军给予了好评,这充分说明了史迪威能够保持其客观性。他描述说,南方军的士气高,有纪律,有信念,服从命令,不抢劫,受到民众支持,与军阀部队里的那些流氓大不相同。

尽管跟北洋军相比,南方军装备较差,但是南方军肯定能够击溃那些军阀的乌合之众。不过史迪威预计,由于缺少机车,南方军难以在徐州以北作战。但是,一旦他们可以使用铁路了,他们就会向北挺进,不大可能遇到顽强的抵抗。张宗昌的部队除了那些俄国人,都没有什么战斗力。

美国公使馆对这份权威报告很重视,表达了对史迪威"勇敢无畏的个人品质"的敬佩。卡斯特纳将军也表彰了他"极高的效率、军事智慧、超群的决心和勇敢的举止",很欣赏史迪威的过人之处。任何人要完成像史迪威那样的使命,都需要一种勇气,因为他孤立无援地近距离接触两支相互敌对的中国部队,以及"对外国人充满敌意的中国人"。[5]

1928年1月,美国第15步兵团司令部出现了纠纷,卡斯特纳将军与纽厄尔上校以及其他军官,包括他的总参谋长的争执愈加激烈。根据卡斯特纳将军的要求,史迪威被调往驻华总司令部任代理总参谋长,当年7月任命正式通过。

根据史迪威日记的记载,有阵子卡斯特纳出现了幻觉,面临"精神崩溃"。奇怪的是,史迪威在这里成了一名调和者,是这个难以相处的指挥官唯一信赖的人。卡斯特纳专行独断导致了许多不满。例如他坚持练兵时的行军速度要超过常规的每小时 4 公里,每年两次他自己在前面带队确定速度,带领整个团急行军,连军官也要下马参加。他试图使他的部队三天走 160 公里,虽然这个标准从来没有达到过,但是却曾成功达到 10 小时里走了 56 公里,精疲力竭的士兵跟跟跄跄地走到终点。

1928 年 5 月,史迪威晋升为中校。他被认为是整个驻华美军中最受欢迎的军官之一,被视为中国问题专家。除了担任语言学校校长的职位外,他还每月介绍中国局势。有听众说他对中国的纷争了如指掌。

在驻军自己出版的报纸《岗哨报》(*The Sentinel*)的头版,史迪威开辟了一个《中国局势中的重要人物》的专栏,每周发表一篇文章,通过他的视野来看中国。专栏在 1928 年 1 月开始,开篇是谈张作霖的,他认为张作霖的前途并不光明。1928 年 1 月到 6 月,局势变化不定,史迪威每周都要写文章,分析中国的局势。

史迪威对老百姓的命运十分关注,他在文章中谈到人民要缴纳各种苛捐杂税,生命和财产没有保障,铁路被损毁,商业凋敝,土匪猖獗,饥荒频仍,蔑视人权。[6]

1929 年 4 月,史迪威任期结束,启程返回美国。

南京事件

1927 年 3 月 24 日早晨,国民革命军开入南京城。从上午 8 时许起,南京城内突然爆发大规模的抢劫外国人的排外风潮，英国和日本领事馆成为袭击的首要目标，外国教堂、学校、商社、医院、外侨住宅均遭到洗劫。在事件中，金陵大学副校长文怀恩（J. E. Williams，美国人）和震旦大学预科校长（意大利人）等人遇害，英国驻南京领事霍伯特·吉尔斯（Herbert A. Giles）受伤。

下午3时，被围在下关的美国领事戴维斯向停泊在长江上的美英军舰发出援救信号，军舰开始炮轰南京。革命军司令程潜一方面制止抢劫，一方面委托红十字会代表联络英美军舰停止炮击。炮击持续约1小时后结束，抢劫于下午5时左右逐渐平息。

在此次事件中，外侨6人死亡，其中英国2人，美国、法国、意大利、日本各1人；5人受伤，其中英国和日本各2人，美国1人。受到抢劫的外国公私机构和外侨住宅共计151处，其中外国领事馆3处，外国公司45处，私人住宅103处。外侨因财产物品遭受抢劫，财产损失比较严重。其中有5处外侨住宅系被英美炮舰轰毁。中国军民有37人死亡，其中军人24名，居民13人。26人受伤，37间房屋被轰毁。[7]

阿班在回忆录中描述道，国民革命军胜利的消息频频传来，由于外国势力担心国民党的排外运动，美国、英国和其他条约国开始着手安排防御措施。在上海，仅英国和法国租界内调来的部队，就已经超过了两万，还有后援陆续赶来。关于外国与国民革命军的冲突，阿班认为这件事是非常重大的新闻，对这个故事进行了详尽的报道，《北京导报》头版使用了大标题，导语用黑体字。

第二天，《北京导报》的三位董事来到报社（第25章已经提到过他们），他们是司徒雷登、德怀特·爱德华兹和皮特斯博士。司徒雷登作为三个人的代表，说道："我们来这里，是因为《北京导报》被你弄成了一份不可原谅的报纸。你还故意夸大事实。我们对你的这些做法感到不满，表示抗议。你不但把南京事件放在头版，还用了使人震惊的大标题，你必须负这个责任。即使你要报道这件事，也只能把它放在内页，使用单栏标题就可以了。"

阿班对司徒雷登的这个表述十分吃惊，他说这条新闻绝对是最重要的。美国军舰炮击中国人，这是自义和团之后26年来第一次，这么重要的事当然应该占头版。这条新闻在美国和欧洲也肯定会被安排在最显眼的地方。

但是三个代表认为，南京事件一定会伤害到中国人民和美欧人民之间的感情，这样会影响到他们在传教、办学校、办医院等方面的事业。因此他们觉得这一类的新闻一定不能报道，即便报道也要尽量不让事态扩大。

双方都无法被说服，形势搞得非常紧张，几乎一触即发。最后，阿班只得拿出当时和柯乐文签好的书面协议，里面明确写着由他掌握办报方针以及决定新闻版面的使用。他对三位董事说，他们如果继续坚持干涉的话，他可以马上离职。结果这件事情也就不了了之了。[8]

当然正如前面已经提到过的，董事会的这些态度，影响到了阿班期望去报道真实新闻的初衷，也促使他最后离开了这家报纸。

* * *

赛珍珠在南京事件中，也有惊心动魄的亲身经历。她还清楚地记得1927年3月27日"那个决定了我们命运的早晨"。几天来，革命军兵临城下，军阀坚决抵抗，城门关闭了，士兵也做好了战斗准备。预料到革命军会将城池围困起来，因此，就像以前应付战乱一样，赛珍珠准备好了罐头、水果和粮食。他们有个小养鸡场，孩子们不会缺鸡蛋吃，还买了几箱美国罐装牛奶和一些澳大利亚罐装黄油。

战斗是在三天前开始的。从第一声枪响开始，她就没有睡过好觉。和以前一样，每逢战时，她家里总聚满了城里的中国人。那时和外国人在一起是安全的，因为那些不平等条约也保护白人的中国朋友。赛珍珠说："我一直都憎恨那些不平等条约，就我本人来说，我从不愿意接受它们的保护，然而事实上，我无力反对它们。尽管这些条约是不平等的，到那时也结出了苦果，结出了中国人积累起来的仇恨之果，而我却一直受到了这些条约的保护，好在我还让别人分享了我的安全。"

最后，她上楼休息去了，直盼着天亮，因为据说拂晓前战斗就要结束。她在想，天一亮就又有宁静的生活了，因为大局已定，现在的北洋军阀必败无疑，会被新的统治者所取代。青年人的理想和爱国热情都在另一方，因而她知道她的学生，她的多数年轻朋友，是站在革命者一边的。

对连年战争和统治者的更替，他们都已习以为常了，只希望新的统治者比旧的统治者好一点。"几乎什么人都比军阀好，军阀们一个个都自私自利，贪得无厌，残酷压榨他们统治下的良民百姓。"

那天晚上，她疲倦已极，昏昏入睡。次日早晨醒得很早，不是因为什么声音吵醒了她，而恰是一种不正常的沉寂让她醒来。她听不到一点声音，感到有些迷惑。天刚蒙蒙亮，枪炮声听不到了，屋内一片死寂。怎么会这样静呢？甚至没有了人声，没有了孩子的哭叫，

第七部 革命之路，1925—1928

地下室里的嘈杂声也消失了。

她起身穿衣下楼,室内空空如也。昨晚离开那儿时一屋的朋友以及朋友们的朋友不见了,铺盖卷和衣物也无影无踪了。打开地下室的门,走下台阶,发现一个人也没有,只见厨师在焦虑不安地来回踱着,两眼通红,两颊苍白。

"出什么事了?"她问。"他们都走了,"他说,"夜里走的。""为什么呢?"她又问。"他们害怕。"他说。即使那时,她也没想到,他们会害怕被发现与她一家待在一起,做梦也没有想到白人再也庇护不了任何人,甚至自己。

那天早上,一家人正在吃早饭,赛珍珠正在倒咖啡,邻居突然慌慌张张地跑来告诉,革命军夜里占领了南京,现在正在屠杀外国人。大家本正围着桌子吃饭,都在庆幸战斗终于结束了。那邻居一边说,一边擦着眼泪:"威廉斯老师已经被打死在大街上了。就在校门口。"他是基督教会大学副校长。

赛珍珠的父亲已经吃了早饭,离开家去神学院上课了。刚走不久,男仆马上跑着把他追了回来。一家人马上行动,家已不再安全了。房子依旧,客厅里的炉火仍烧得很旺,吃了一半的早餐还在桌上摆着。

一家人急急忙忙地跑了出去,站在屋外潮湿的寒风里,孤独无助,不知所措。天空中乌云密布,院外朔风凄厉。他们裹紧了大衣,浑身发抖,面面相觑。该怎么办,何去何从?

赛珍珠在回忆录中写道:

> 我们的生命处于危险之中,只因为我们是中国土地上的外国人。虽然我们一生中一直对中国人很友好,但现在看来那都帮不了我们的忙。今天,我们代人受过,代那些侵略者、帝国

主义者，那些欧洲的、英国的白人受过。他们发动战争，抢夺战利品，索取领土，与中国签订不平等条约，要求治外法权，而我们从来都不认识这些帝国的缔造者。我一直都害怕这些人，因为正是他们，才使我们在亚洲遭到仇视。现在，历史的报应竟落在我们身上，落在了我那善良的老父亲身上，他对自己遇见的每一个中国人都那样友善；这报应也落在了我那幼小的孩子身上，他们在这个世界上只知道这个国家，而现在他们却站在这儿，面临着死亡的危险。

突然，院子后面墙角里的那扇小小的后门"吱呀"一声开了，鲁妈移着裹得很小的脚，跌跌撞撞地奔了过来，宽松的裤子飘摆着，露出了脚踝。像往日一样，她没有梳头，棕色的头发披在脸上，善良而平庸的脸上满是关心、警觉和爱意。鲁妈是赛珍珠收留的难民，住在不远的菜园里。

"夫人，"她喘着粗气说，"你们快来，藏到我的小屋里去吧！没有人会到那儿去找你们的……快来，快来，没时间了！"

她拉拉赛珍珠，又很快地抱起个孩子。他们便连走带跑，只管跟着她，连大门也没有关。她家周围没有房子，是城中的一片空地。穿过一块草地、坟场，又穿过几个小菜园，这才到了那排低矮的土房前。鲁妈就住在其中一间土房里。"这些好心的穷人接纳了我们"，他们都是鲁妈的邻居和朋友。大家赶紧把他们让进鲁妈那间只有半间大的小黑屋里，刚好能放下一张小木板床、一张小方桌和两个板凳，没有窗子，只是屋檐下有一个小洞。屋里很暗。他们挤在狭窄的空间里，鲁妈关上了门。

她走了，大家都异样地沉默着。孩子们没有哭，没人说话，大

第七部 革命之路，1925—1928

家都想弄明白到底发生了什么事情。太突然了。她父亲从小孔里向外张望,能见到远处着火了。"他们在烧神学院。"他说。他每天到那儿讲课。大家陷入了寂静之中。

他们躲藏在小屋里,时间一小时一小时地过去了,但却一直没有人来。大家不敢出声,孩子们不哭也不敢说话。这段时间内,外面的喧嚣声越来越大。一座座外国人家的房子相继着火,大家相对无言。终于,屋门开了。鲁妈弯腰进来,手里拿着一个茶壶和几个碗。

"你的房子没烧,"她边倒茶边小声对赛珍珠说,"厨师、保姆和园丁,他们都在装着抢你的东西,但他们是为你拿的,还有这儿的邻居,他们也在抢,但都是为了你,你能明白我们不是为自己拿的吗?"

她轻轻拍了一下赛珍珠的脸:"在我无家可归时,是你帮了我,你还两次救了我儿子的命。"赛珍珠想:"她在冒着生命危险来救我们的性命。多么让人感到慰藉啊,世界上有这样好的人!"

几个小时过去了,门又开了,是一个住在那排小土屋里的中国老太婆。她端来几碗热腾腾的面条汤,放在桌子上。她压低了声音:"吃吧,好心的洋鬼子。尽管放心,他们不会找到你们的。这儿没有人会把你们说出去的。"

天快要黑了,大家都感觉凶多吉少。赛珍珠说:"我有生以来第一次真正认识到自己是谁。我是一个白人妇女,不管我对中国——我的第二祖国的人民有多么深的同情,也不能改变我的血统。我认为从某种意义上来说,就在彼时彼地,在那个矮小而又黑暗的小屋里,我又到了另一个世界。我无法逃避我是白人这一事实。"

他们听得见士兵们沙哑的嗓音,听得见粗声大气地唱出的歌曲,燃烧的房子无休止地毕毕剥剥地响着,倒塌的房屋轰然有声。

日暮时分,门再次开了。一个中国朋友,过来便行古代的磕头礼。"没有一点办法了,"他说着,已是泪流满面了,"我们太无能了。他们说天黑之前要将白人统统枪毙,原谅我们!原谅我们吧!"

赛珍珠的父亲坐在凳子上,神态自若,镇静异常。至于孩子们,他们还小,永远不会明白的。

土房里渐渐暗了下来,赛珍珠摘下自己那块小巧的金表,把它塞到了鲁妈的枕头下面,至少这表可以留给她。沉重的脚步一次次从门前响过,每次他们都想着门会被踹开,就此结束那一天。

在这种绝望的等待中,他们突然听到了令人胆战心惊的轰鸣,一声炸雷滚过屋顶。一声接着一声,只能是大炮,炮声压倒了人们的狂呼乱叫,一次次轰鸣隆隆不断。大家都想到了,那是长江上外国军舰的大炮。长江离这儿有十多公里,但炮弹落到了离他们藏身不远的地方。

只有几分钟,炮轰过后,一点声音也没了。喊叫声停了,脚步声也没有了,只有燃烧的房屋顶上偶尔掉下一根木梁,抑或是一堵墙壁倒下的声音,打破了这突如其来的沉寂。

外边现在怎样?赛珍珠多么希望鲁妈能来!但没有人来。他们又在孤寂中等了两小时,或许更多的时间,黑暗中时间过得太煎熬了!

门终于开了,一支火把在夜风里飘动着,那个中国朋友进来了。围着他的是一群士兵,"你们都到大学的楼里去。"他粗声粗气地命令道,"新司令有令,所有的白人都到那儿集合。"在火把的照耀下,她看到他的嘴唇微微在动,他的眉毛轻轻往上挑了一挑。他的粗野只是为了保护他们,从他的嘴唇间,吐出的是三个无声的字:"原谅我。"

赛珍珠懂他的意思,马上站了进来,一手领着一个孩子,带头走出了土屋。外边有不少人围观。在火光的暗影里,她在围观的人群中看见了鲁妈。她在哭,火把映出了她面庞上的泪痕。但别的人都没有任何表示。他们也没敢向任何人打招呼,害怕因此暴露了谁是他们的朋友,恐让他们受牵连。

他们走出那排小土屋,沿着菜地中间那条狭窄的小径向前走去,所有的白菜和洋葱早已被暴徒们践踏得不成样了。穿过那片长满青草的坟地,走向了通往大学的路。

他们被带进了大学院内,从两排士兵的中间走过,向教学大楼走去,别的白人早已在那儿等着了。火把的光亮照亮了那些士兵的脸,他们让她看到了革命军的样子。他们都很年轻,每张面孔都很年轻。

他们上了楼,走进一个大房间,那儿有许多白人,男女老少挤在一起。有的人中了枪弹,有的人被打伤。赛珍珠在回忆录中写道:"这些活着的白人都是那些勇敢的中国人救出来的。这些中国人想尽了一切办法来救我们,根本没有考虑自己的安危,也没有考虑到站在我们这一边将来会受到惩罚。这是一个奇妙而欢乐的聚会,我从未感到我与我的同胞如此亲密,也从未像现在这样热爱中国人,如此尊敬他们。我敢肯定,总有那么一天,这两个伟大的民族走到一起,彼此相解,永远友爱,而我们那可怕的一天正是在这样一种欢乐中结束的。"

他们在那儿待了一夜,又待了一整天,仍然不知结果会如何。在那一夜一天中,又有一些白人相继被带了进来。一直都有中国朋友勇敢地给他们送来食物、换洗的衣服、牙刷、钱、梳子……他们能想到的一切。他们来时总是伤心地哭着,他们的友谊使大家感到了温暖。

据说，外国军舰上的指挥官正为他们的获释而与革命军谈判，但仍感到前途未卜。然而第二天下午时，大家被集合起来，带出了那座楼，朝码头走去，军舰将把他们带走。走到大门口，那儿已为老年人和带小孩的母亲准备了几辆破马车。赛珍珠带着孩子爬了上去，车子便沿着她熟悉的街道而去。大街两边站满了默不作声的围观者。以前她所熟悉的街景，却在一夜之间不见了。还能再见到这座城市吗？她不得而知，然而她却"不能想象自己会一去不返"。

走得很慢，十几公里的路走了很长时间，最终来到了炮艇上。一到船上，他们就知道他们险些丧生，"不同的是，这一次我们差点死在自己同胞手里。"

事情是这样的：美国领事约翰·戴维斯是赛珍珠的老朋友，他父亲也是一个传教士，又是她父亲的老朋友。戴维斯与负责指挥外国人撤退的美国指挥官同在一艘军舰上，给城里的革命军下了最后通牒，如果不在预定时间下午六点把陷在城内的美国人送出来，就会全力轰炸南京城，而绝不会像上一次那样，只是朝着城中空地上开炮。六点钟到了，他们还没有露面，美国指挥官就要下令开炮，但是，戴维斯深知中国人是没有时间概念的，请求再等15分钟。15分钟过去了，还是不见他们影子，他又请求等一会儿，可还是不见他们来。美国指挥官正欲下令开火，戴维斯第三次请求他再等几分钟，而就在这几分钟内，第一辆破车远远地在江边出现了。如果大炮真的开火，他们可能会死在自己人的炮火之下。

赛珍珠说，驱逐舰上的水手，年轻粗野。他们对任何人都无任何友好的表示，她想水手可能是讨厌这些受难的白人，因为几个月前，

第七部 革命之路，1925—1928

当领事馆告诫他们要防备革命军时,他们没有离开南京。那些美国水手根本不会理解为什么这些人要待在中国。有些水手甚至还很傲慢。赛珍珠不愿再理他们,感到无比孤独。[9]

革命中的上海

国民革命军拿下南京后,上海的中外人士无不对未来的局势表示关心。这时,英国代理商公司的经理举办了一场记者招待会,鲍威尔出席了这次会议。在上海,除外国商会外,其他一些机构也相约筹集一批赞助款。

之后,根据鲍威尔的说法,英国人办的《字林西报》开始抨击国民革命运动。由于"这种言过其实的宣传",紧张的气氛随之笼罩在上海公共租界和法租界的上空。为了兴修战略防御设施,数以千计的中国劳工不分昼夜地挖战壕,安设挡马桩,还用钢筋水泥修筑碉堡。

当时,旅沪外国人面临危险的消息不胫而走,导致气氛愈来愈紧张。在几周内,4万名左右的外国军队入驻上海,包括美国的海军陆战队和步兵,英日的步兵,意大利的海军陆战队,以及法国的安南兵。

在上海的美国海军陆战队以及步兵,也是由我们前面已经提到过的巴特勒将军指挥,《纽约时报》的特派记者阿班对他也有不少的描述,但是鲍威尔还提供了更多的关于他的信息:巴特勒在义和团运动的时候,率领美国军队加入八国联军。他发表了以和平方式解决现有的国际问题的言论,这引起了其他国家的指挥官的不满。

鲍威尔采访了巴特勒,问他如果为了遏制国民革命运动,外国人需要动用多少武力,才敢向中国挑衅。巴特勒断言说:"倘若没有

50万兵力，那么我是没有胆量在中国境内公然挑衅中国的国民革命运动势力的。"如果战争僵持一年，那么"需要达到100多万，方可勉强应对中国的革命力量。"

鲍威尔在与巴特勒将军再度会面中，巴特勒告诉鲍威尔，他接到华盛顿的指令，不准向中国军队开枪，美军在华的唯一目的只是"维护美国公民的人身安全"。危机之后，巴特勒将军率部下撤回美国。回国后，巴特勒对外界宣称说："他的部下没有向中国军队发射一枪一炮。"之后不久，巴特勒退伍，随即在各种公众场合发表言论，极力劝解美国和其他国家的军队从中国撤出。[10]

* * *

南京事件之后，赛珍珠和家人到日本去逗留了一段时间，于1928年冬天重返中国。他们暂时在上海找了个住处。这个时候的上海给赛珍珠留下了非常不好的印象，她说，"上海那年比以往任何时候都更令人厌恶，街头到处都是各种各样逃难的人群。"

她之所以不喜欢上海，还因为军阀和富翁们住在租界，过着豪华的生活。他们坐在白俄开的私人大轿车里招摇过市。当他们从车里钻出来，走进豪华的英国和法国商店时，身边总有身着制服的高个子白俄青年跟随护卫。这些白俄青年都是那些被逐出苏俄的贵族和知识分子的儿子们。他们的姐妹们为谋生计，则在新开的夜总会中充当女招待。有时这些俄国姑娘们由于没有前途而感绝望，甚至沦为军阀的情妇，混居在他们的妻妾和孩子之中。那些居住在上海的军阀，找一个漂亮的俄国姑娘做情妇已成了一种时髦。很快，富商们和银行家们也纷纷效仿。

另外，对赛珍珠来说，"上海生活最令人厌恶之处之一，是存在于颓废的中国知识分子之中的混乱状态。"这个城市有很多"漂泊无根"的年轻人，他们多在国外留过学，除了整日沉迷于文学和艺术，什么艰苦的事情都不愿干。这些人中有从巴黎归来的艺术家，有从剑桥、牛津毕业的研究生，有在约翰斯·霍普金斯医学院毕业但是并不行医的医生，有精神痛苦的哥伦比亚大学毕业的哲学博士，以及保养得细嫩、整日泡在沙龙中吟诗作赋、消磨时光的哈佛和耶鲁大学的毕业生。他们出版一些颓废的小型英文杂志，目中无人，"好像普通中国人根本就不存在"。

在这些群体中，还有一些来中国冒险的美国女人，这些女人找上了中国情人，而她们的中国情人也因此大肆吹嘘。于是，"美国人可能据为隐秘的事情，在这里却尽人皆知。"一些美国商业大亨的主妇们，也常常在她们阔气的家中做东，邀请这些人做客，并以为这就是见到了"新的中国"。其实，她们见到的不过是一群对自己的祖国知之甚少的被放逐者。

看来，赛珍珠对这时的上海有很深的偏见，她甚至说，"上海生活中没有一处健康或美好的地方"。她举了一些例子，包括：在上海，中国人住的市区既拥挤又肮脏，外国租界表面上富丽堂皇，其实是各国罪犯的庇护所；大街上，乞丐和为生计而挣扎的人们忙忙碌碌，四处奔波。她看到了上海的混乱，看到了上海的不公，和她曾经深深喜爱的北方的小镇的生活，真是天壤之别，所以她对上海这样的大都市有这样的感受，也是不奇怪的。

她还在头脑中为上海绘了一幅不堪漫画，表达了对这个城市的不满和愤懑：

> 如果要我画一幅当时上海的漫画的话，我就画一个疲惫不堪的人力车夫。车上挤着五六个下班回家的工厂工人，一位高个的英国警察，或一位戴着头巾的英租界的锡克人正在威吓他。而这位车夫却在为一辆坐满了身着绸缎的人的小汽车让路，这些人或许是人们可以想象得到的任何国家的人，但常常是中国人。我不是那种认为穷人总是正确的人，因为我知道他们常常愚蠢偏狭，而富人也并不仅仅因为他们富有就错了。然而，每当我想起上海时，就是这种感觉。

赛珍珠对新的统治者国民党十分失望，在一封1927年12月26日致友人的信中写道：这段日子在中国的生活中，"最难堪的事情，莫过于到处滋生蔓延的幻灭和绝望情绪了"。有头脑的中国人对国民党"日趋明显的失败感到痛心疾首"。她看到国民党仍在推行"旧的军事主义的一套"，所谓的革命，根本不是为了民众，无非是一个漂亮的旗号而已。他们"横征暴敛，挥霍无度，旧的恶行又在重演！"[11]

所以，一场轰轰烈烈的大革命，打着为了国家、为了民众的旗号，战场上的腥风血雨、累累白骨，并没有带来一个他们所宣称的安定和繁荣的社会，无非是满足了一些政治强人控制这个国家的野心罢了，人民在受难，国家仍然没有得到安宁。

济南惨案

1928年4月，国民革命军到达北方，北洋军不断地在战场上吃败仗。没多久，这场革命竟然超出了内战范围，酿成了许多国际的冲突。也给一直对中国有野心的日本，造成了浑水摸鱼的机会。

日本军队抓住时机，趁国民革命军和北洋军阀争战最激烈的时候，迅速将势力扩展到山东地区。4月20日，中国外交部突然接到了日本政府发来的照会，说日方已经下达命令，要求日本驻天津租界的三个步兵连从天津出发，通过铁路到达济南，另外还有5000名士兵会从日本出发，从海路到达青岛，尽快控制住连接青岛和济南的胶济铁路。

中国政府对此立即表示强烈抗议，指明日本这种做法已经严重侵犯了中国的主权。中国在1922年的华盛顿会议上，已经收回了日本从德国继承的特权。

阿班敏锐地感觉到这个事件的严重性，决定亲自去山东查看所发生的情况。4月29日，他乘火车离开北京前往济南，结果最远只能到达黄河北岸的德州。但他决心继续前行，打算雇用一条船渡过黄河。可是这里戒备森严，等了好几天都无计可施，最后只好又折回天津。

在天津逗留了两天，阿班发现可以从天津坐海船先到青岛，通过陆路绕道沈阳，然后到大连，从大连向南600公里的水路就可以到济南。

他在5月9日到达青岛，那里已经被日本的陆军和海军陆战队占领了，市内的大街小巷都有他们的士兵在来回巡逻，周边布置了日兵把守。海上有8条满载士兵的运兵船，还有11艘满是弹药和军用物资的货轮。

从5月2日起，美国及英国驻青岛领事馆就和驻济南领事馆失去了联系。日本总领事馆、陆军总部、海军总部的新闻发言人都不透露一点儿消息。阿班感觉他们都在掩藏事实。这些人都讲电报线发生故障了。

阿班设法得到了日本方面的同意,在日本军方的陪同下,登上了去济南的火车。途中火车遭到好几次伏击,只能被迫停下,日军用大炮进行反击。每次遇到被破坏的轨道、桥梁,不得不下车修理,就会遭到乱枪扫射。这个时候日本士兵就会冲下火车,利用探照灯四处搜索。

从沿途可以看到,北洋军和国民革命军之间的战争毁坏了很多村庄,途中经过五个有城墙的城镇都没能逃过劫难,不是被引爆,就是在燃烧;不是被吃了败仗的北洋军所毁,就是遇到了国民军的炮火攻击。

火车经过的地方,经历了战火的洗礼,树木、建筑被烧毁了。抬眼看去,满目疮痍,田野上看不到一个人,但是一堆一堆的尸体却随处可见,有军人,也有普通百姓。内战带来的悲惨结局,一览无遗。所有的东西都在告诫着人们,战争是多么残酷。

火车接近济南城郊时,阿班看到到处是难民,匆忙离开济南。没有看见穿军装的,都拎着大大小小的包。后来阿班了解到,在数以万计的逃亡者中,许多是因为害怕日本人而逃出来的中国士兵。那些士兵在抢夺财物之后,为了不暴露身份,弄一身老百姓的衣服换上,离开了济南城。

火车终于到了济南火车站,一下车阿班就被日本人给扣了起来。他们不明白,一名美国记者为什么会来到这里。经过反复的交涉,几个小时后终于被释放了。

平时热闹的济南城现在寂静得可怕,拥有40万人口的城市,如今几乎空无一人。大街上到处都是灰尘,街道悄无声息,到处是断垣残壁，有门窗的房屋，窗户也已经破成碎片，留有炮火烧过后的痕迹。火还没有彻底熄灭，可屋里找不到活人了。所有的商铺都遭到了抢劫，无一幸免。

阿班以前也看见过死尸，然而这种由暴力造成的大批死亡，还是第一次见到，可以说是触目惊心。到处是横躺着的死尸，死者都是中国人，男女老幼都有；有的是军人，有的是百姓；无情的子弹穿破了人的身体，无数的人们失去了生命，却得不到安葬。尸体就被随意扔在荒郊野外或臭水沟中。在5月的炎热天气，尸体已经发胀，没有了模样。更让人惨不忍睹的是，小孩的尸体成了老鼠的美餐，被咬得面目全非。很多马匹也都横尸街头，有的马腿就僵硬地指向天空。

持续了40个小时的紧张工作，阿班感觉越来越疲惫。晚上他觉得屋中又潮又热，汗水浸湿了衣服。他突然感到胃里有什么东西在翻滚，赶紧摸着来到窗边，将身子露出窗外狂吐一阵。吐完以后还是困，随即又躺回床上，接着睡下了。刚醒来的时候，太阳晒到了脸上，很多吃过腐尸、令人厌恶的苍蝇也爬到了他的脸上。[12]

*　　*　　*

第二天是5月11日，阿班忙着调查整个事件的真实情况。这次事件被称为"济南事件"，也叫"济南惨案"。他找到了和事件有关联的许多人，进行了询问和调查，其中有：福田彦助将军和他的几个属下、日本驻济南领事西田、英国和德国驻济南领事、美国和英国的传教士。还走访了美国资助的山东基督教学院，拜访了美国领事馆。但是，他找遍了济南城，没有找到任何中国人可以提供消息。

济南城的中国人，只有领事馆的仆从，别的再也找不到了。

根据阿班的采访，事情的原委是这样的：济南城里住着1800多名日本人，日本政府命令福田将军带了2300名士兵赶到济南护卫。当时，正巧遇上了北洋军阀和国民革命军之间的激战，北洋军接连失利，开始向北撤退。济南市外不到10公里就是黄河，北洋军过了河之后，便把河上面的一座铁路桥给炸了。

蒋介石带领部队于5月1日到达济南。日本人在路上设置了障碍和铁丝网，想把外国人在济南居住的两个地区围起来。蒋介石于5月2日发出抗议，表示强烈反对日本人的做法。

济南城在5月3日早上还很安宁，所有的商店都正常营业。蒋所率领的10万国民革命军，驻扎在济南城内城外的多个地方。

5月3日上午差不多十点半的时候，战幕突然拉开。外界和济南的联系，在战斗打响的时候就中断了。外界除了知道这里发生了枪战外，对形势的进展全然不知。7000多名中国人失去了生命。日军方面表示，他们有40名士兵死亡，142人受伤。但是当时保持中立的西方军事专员表示怀疑，认为日军的伤亡情况应该远远高于所公开的数字。

蒋介石担心这件事会耽误向北京进军的行程，所以命令部队撤离济南。可是战斗的爆发已经激发了国民革命军中很多人对日军的仇恨，他们没有听从命令撤出济南，而是留在济南继续战斗。[13]

*　　*　　*

学者后来对"济南惨案"有不少的研究，还原了当时事件发生的前因后果。

1928年4月10日起,国民革命军第一集团军在鲁南发起攻击,孙传芳和张宗昌部已无斗志,不断溃败。田中内阁以就地保护山东居留民为借口,于4月17日决定第二次出兵山东。4月25日,日军第六师团5000余人在青岛登陆,一部继续沿胶济铁路西进,26日进入济南。

日军立即在济南城内设置警戒区,并构筑工事。4月28日,第六师团长福田彦助向蒋介石递交了声明书,宣称"胶济路与日侨之生命财产及日本之经济,均有关系,不许任何方面军队破坏云"。还禁止中国军队进入商埠区。

蒋介石只得下令第一集团军所部"暂勿入商埠区,及保护外人银行、领馆、病院,对于胶济路亦毋庸破坏,避免其藉词冲突"。第一集团军于5月1日进入济南。蒋介石则于次日清晨6时入城。经过商埠口时,沿途可见日军警戒森严,沙袋铁丝网依然张布,且不许革命军及人民在商埠通过。

此时济南附近有第二军团、第三军团、第四军团约5万人,北伐军内反日情绪高涨,"诸将多欲与战",但蒋介石认为这样必然"有碍北伐",因此抑制了高级将领的战斗欲望。

蒋介石派人请日本驻济南总领事来总司令部谈判,要求日军撤除一切防御工事。5月2日夜,日军即撤销铁丝网、沙袋及警戒兵。

5月3日上午,日领事和日宪兵司令见蒋介石,称赞"中国革命军到济南,军机风纪甚好,而且严肃守秩序,故日军与日宪兵于今天撤回。此宪兵司令所以特来辞行也。"

然而,半小时后就发生了军队冲突事件。根据《事略稿本》的记述：革命军派往商埠附近看守枪弹的一排部队全部被日军杀害。革命军第37军第一团被日军包围缴械。无线电台守兵皆杀，"中国平民被杀者尤多"。

蒋介石后来向国民政府报告说：革命军士兵由日军自行划定之防区附近经过，日军即开枪打死革命军士兵，又派大部军队至交涉公署，将战地政务委员会交涉员蔡公时用麻绳捆绑，"挖去目鼻，继将蔡枪毙"。又杀死许多属员，并纵火焚烧交涉公署。然后又转往外交部长办公处行凶，幸亏部长黄郛闻讯逃避，幸免于难。日军则纵火将外长办公处烧毁。日军还向中国军民扫射，死者不计其数。革命军不得不还击抵御。综计军民死伤人数在千人以上。

5月7日下午3时，福田彦助向蒋介石提出条件：一、处罚有关骚扰及暴虐行为高级军官；二、解除在抗争的军队武装；三、严禁一切反日之宣传；四、南军应撤离胶济铁道两侧沿线20华里以外；五、12小时以内开放张庄、辛庄之兵营。要求12小时以内回答。

由于国民政府在12小时内没有答应日方条件，日军于8日和9日共出动9个步兵大队、3个野炮兵中队，共计4862人，26人战死，157人受伤。但中国军民在济案中生命财产损失十分严重。

而日本方面的辩解是：当时济南城内有4000名中国军人，济南附近数万以上，万一战斗发生，日本军及居留民将"居于极可危险之地位"。所以，为了保护居留民，要求中国兵立即撤退。至5月15日，日本居民被杀害14名，包括妇女被惨虐，其他负伤者15名，有131个日本家庭被抢劫。

其实，日本参谋本部在5月7日便决定了要武力解决济南事件的态度，根据其拟定的《对华方策》，就是要"以震惊整个中国之威武，根除彼等藐视日本之观念,以此向中外显扬皇军威信,并为在整个中国发展国运奠定基础"。日本陆军已经"完全超越保护居留民的范围而开始了以全中国民众为敌的行动"。

5月8日,日军第六师团在济南展开了对中国军队的全面进攻;5月9日,第三师团接到开拔的命令,到5月11日,山东日军总数已达到15000人。

为了避免事态进一步扩大,蒋介石决定绕道,避开济南。[14]

* * *

史迪威对济南惨案也十分关注,在定期为《岗哨》所写的专栏中,他分析了这个事件可能造成的后果。史迪威认为,济南局势可能是多年来最为危急的。

结果,很快就爆发了严重的事件。当张作霖与北伐军的战争失败以后,他仓皇逃往东北。他的20节车厢组成的专列装满了他的财物,后面是各种机车、客车、公务车、豪华卧铺车以及装满士兵的货车,源源不断地驶出天津站。张作霖的撤离,造成了权力的真空,天津一片混乱,于是美国第15步兵团和其他驻军承担防卫任务。

1928年6月4日,走在最前面的火车接近奉天,日本关东军埋藏在铁轨上的一颗炸弹爆炸,张作霖被炸死。日本下手的原因是张作霖拒绝按日本人的要求跟日本合作。然而日本人的如意算盘落空,少帅张学良在东北宣布易帜,与国民革命军合作。国民党最终实现了全国的统一。[15]

国民党的南京

不久以后,赛珍珠一家从上海终于又回到了南京。但是赛珍珠说,"我们生活在一个完全不同的世界,它不再是旧军阀时代的世界,南京也不再是往日那个古城。"

到了南京以后,赛珍珠对国民党和蒋介石的看法,也没有一点改变,她说:"我一走出自己的房间就意识到,这个政府根本不像我以往所熟悉的任何一个政府。它是中国的国民党政府,首脑是蒋介石。"

她常在大街上或在朋友家里听到人们谈论蒋介石。例如有一次,为了迎接一位欧洲王子的来访,到处都在做准备工作,甚至拆毁了上千间乞丐们在城墙根搭起的草棚子。但是破旧的商店和贫民窟则是无法都拆毁的,后来用木条、席草搭起高墙"遮住了这古城中的龌龊的一面,以免让外国王子看到"。

赛珍珠因此感叹道,那些受过西方教育的年轻人,"是多么为他们深爱着的国民感到羞愧,而这种羞愧又是多么动人而可怜呵!"

赛珍珠也喜欢记录一些八卦,她说那个时候,每天都有关于蒋介石和他年轻的新婚夫人的奇闻逸事。南京人和其他中国人一样,好奇心重,又非常幽默。他们都感觉"蒋和他夫人如何相处是个大难题",因为蒋介石是一位中国军人,从未去过西方,从外表上看是一位地道的老派中国人。而宋美龄却年轻、漂亮、活泼,由于她从九岁就住在美国,中国人觉得她是个外国人。她讲不好汉语,也不了解中国历史,无论在生活习惯、行为举止上,或是在外表谈吐上,完全是西方派头。在中国人的眼里,她太咄咄逼人,而且说话直率,所以中国人"更同情她的丈夫"。总统府内庭的佣人们绘声绘色地向人们描述他们看到的趣事。全城人都津津乐道,"说一个强悍的旧式男人娶了一位强悍的新式女人"。人们还就这两人谁占上风而打赌。

赛珍珠对南京的变化也充满着疑虑。这座"跟耶路撒冷一样古老"的城市,石子铺的街道又弯又窄,过人力车或轿子时,行人不得不紧靠在路边的房墙上让路。路两边是污水沟,家庭主妇们经常往里倒厨房的污水和洗衣水,街上平时都飘荡着一股尿臊味。尤其是到了下雨天,妇女和姑娘们用便桶在屋里方便,而男人们则干脆走到大门口,随便对着墙解手。孩子们也由大人们抱着,在污水沟上大小便。成堆的蔬菜、水果、鱼、肉堆到街边上。街上有限的空地,也被那些算命的、卖旧书的摊子占满了。

哪怕赛珍珠描写了这个城市的种种不堪,但是她对国民党政府要把南京建成一个现代的首都,也很不以为然。因为她看来,"这一切以后都会变成什么样子呢?我们每日面临的油盐酱醋茶问题,将会发生什么变化呢?谁也不知道。"

这来源于她对国民党政府的不信任。要修建起宽阔的马路,还要装备电力、电话,通汽车,建大百货商店,要盖新的政府大楼、影剧院、办公楼,甚至要装设现代化的卫生系统和城市供水,"我们听到这些,感到茫然不解"。

其实,从她对首都建设的评论来看,她是不愿意看到这个城市的过去被丢失。有一天,裁缝邻居告诉她,政府正用"一个魔鬼般的机器"推倒人们的房屋。她亲自跑去看,一个年轻人驾驶着机器沿着大街的一边慢慢开动,正在推倒房子。那些古老的平房都是用砖和石灰沙浆砌成的,"几百年来坚固无损,一直是人们的栖身之处。这些房子远在西方人发明那个机器以前就建成了,但现在却抵不住机器的推压，成了一堆堆瓦砾。"

赛珍珠有想跑上去制止的冲动，但是她没有那样做。"我是个外国人，我有自知之明，没敢去质问他们。我站在中国人中间，观望着、沉默着，心中悲愤莫名。"一个生下来就住在其中一所房子里的老太太嚎啕大哭，她轻声地问那个老太婆的儿子，是否会得到一笔房屋赔偿金，他回答说政府曾许诺过，"但他们谁也不相信那许诺"。

赛珍珠深深地感到，"那些永远消失的庭院，以及随之而逝的那些世代相袭的传统和有纪念意义的事物，是任何金钱也补偿不了的。"国民党政府可能就是近代中国城市中最早搞形象工程和大规模拆迁的始作俑者吧。

赛珍珠心情沉重，从那天起，她就"开始意识到，新的政府注定要失败了"。为什么呢？"因为它已经不能够理解它所要统治的人民；如果一个政府不为被统治者谋利益，那它终究要失败的。"[16]的确，赛珍珠有机会看到了国民党政权的覆没。

注 释

[1] 巴巴拉·塔奇曼:《史迪威与美国在中国的经验,1911—1945》,第111—124页。

[2] 巴巴拉·塔奇曼:《史迪威与美国在中国的经验,1911—1945》,第125—126页。

[3] 哈雷特·阿班:《我的中国岁月》,第67—73页。

[4] 以上见巴巴拉·塔奇曼:《史迪威与美国在中国的经验,1911—1945》,第131—136页。

[5] 以上见巴巴拉·塔奇曼:《史迪威与美国在中国的经验,1911—1945》,第136—139页。

[6] 以上见巴巴拉·塔奇曼:《史迪威与美国在中国的经验,1911—1945》,第

141—143页。

[7] 关于南京事件外方和中方的死伤人数、财产损失等存在很大的争议,数字相差也非常之大。这里的数字是根据陈谦平:《1927年南京事件伤亡人数和财产损失的考证》,《民国研究》第1辑,2008年。关于1927年南京事件的前因后果,国内学术界也进行过比较多的研究,基本都同意是国民革命军所引起的南京事件。可以参见:岳谦厚、李卫平:《〈申报〉关于1927年南京事件报道之分析》,《安徽史学》2012年第1期;黄岭峻:《谁是1927年南京事件的肇事者?》,《史学月刊》2011年第9期;郭曦晓:《对1927年南京事件几种评论的剖析》,《近代史研究》1990年第2期;孔庆泰:《1927年宁案与宁案处理始末》,《历史档案》1987年第2期;杨天宏:《北伐期间反教暴力事件及其责任问题》,《历史研究》2004年第1期。

[8] 以上见哈雷特·阿班:《我的中国岁月》,第51—52页。

[9] 以上见赛珍珠:《我的中国世界》,第225—242页。

[10] 约翰·本杰明·鲍威尔:《我在中国的二十五年》,第132—137页。

[11] 赛珍珠:《我的中国世界》,第253—256页。

[12] 以上见哈雷特·阿班:《我的中国岁月》,第74—82页。

[13] 以上见哈雷特·阿班:《我的中国岁月》,第82—86页。

[14] 以上参见陈谦平:《济南惨案与蒋介石绕道北伐之决策》,《南京大学学报》2011年第1期。其他学者的有关研究,见赵修磊:《"济案"前夕日本出兵山东与南京国民政府对策》,《民国档案》2004年第2期;臧运祜:《中日关于济案的交涉及其"解决"》,《历史研究》2004年第1期;裴京汉:《国民革命时期的反帝问题——济南惨案后的反日运动与国民政府的对策》,《历史研究》2001年第4期;鹿锡俊:《济南惨案前后蒋介石的对日交涉》,《史学月刊》1988年第2期;李家振、郭墨兰:《济南惨案述论》,《近代史研究》1985年第5期;齐春风:《国民革命时期的反帝问题再探讨——国民党中央与济案后反日运动关系辨》,《历史研究》2007年第5期。

[15] 巴巴拉·塔奇曼:《史迪威与美国在中国的经验,1911—1945》,第109—147页。

[16] 赛珍珠:《我的中国世界》,第268—271页。

第 27 章　中国的道路选择

> 这个古老又拥有着众多人口的民族已经开始觉醒，而且充满着愤怒和狂热。这种情况不论好坏，它都在促使着一场重大事件的形成，而且是难以压制的。
>
> ——《纽约时报》驻华特派记者哈雷特·阿班

五四运动以后是中国共运兴起的关键阶段，正如学术界所普遍认为的，这个运动给共产党的成立和发展奠定了基础。美国哥伦比亚大学教授韦慕庭 1960 年在《纽约时报》发表为周策纵所写《五四运动史》的书评中，指出那场运动是广泛的社会、政治和思想的冲突，催生出现代中国的文学和社会改革的潮流，开始对中国文化进行重新评估，对中国传统道德展开批判——"一个有生命的民族主义，以及共产主义的开端。它的呼声依然在大陆、台湾以及遍布世界的中国知识分子中回响"。[1] 韦慕庭和周策纵都充分强调了五四运动对社会主义在中国的发展有着决定性的影响。

五四时期以及 1920 年代的社会主义思潮（当时多称为布尔什维主义）在中国的扩展，是一系列因素造成的：首先是因为巴黎和会的结果，让中国人对西方特别是对美国的失望；其次是苏俄对中国表现了更多的善意，特别是关于被沙俄掠夺领土和其他在华权益的表态,尽管中国最后并没有从中得到任何实际的好处,但是已经足够赢得相当一部分知识分子的青睐;第三是在中国反对帝国主义和反对殖民主义的运动的扩展;第四是国内的学生和工人运动的不断高涨,激进主义在中国日益流行,改良反而处于次要的地位;第五,布尔什维主义也是中国知识分子用来抵御基督教在华影响的一种武器。

美国主流媒体在这个时期关于布尔什维主义在中国发展的报道和评论,反映了这个时期社会主义思潮对中国政治的影响。这些评论大多是站在反俄国革命的立场,分析布尔什维主义在中国的发展会造成什么样的结果,讨论为什么苏俄的政策在当时更能受到中国人的欢迎,为什么美国的影响力在逐步地降低,为什么反对帝国主义、反对殖民主义的运动在持续地发展等等。美国媒体看到了苏俄在中国的成功,主要是因为其对中国的态度,宣布要放弃沙俄攫取的一切特权、放弃沙俄夺取的中国领土,这当然受到了中国人极大的欢迎。而没有任何一个其他西方列强对中国做出过同样的承诺。

那些报道还把布尔什维主义在中国影响的扩大,放到当时学生和工人运动蓬勃发展这样一个大环境中进行分析。当时的许多西方观察者认为,布尔什维主义不适合中国,而且他们也不相信其能够得到大多数知识分子的青睐。他们错误判断了那些激进主义只是青年学生的一时心血来潮,或者受到布尔什维克的鼓动,而没有看到当时中国政治、经济、社会矛盾正酝酿着深层次的变革和进一步的动荡,没有充分意识到中国民族主义的兴起、反对帝国主义的运动,都为苏俄的扩大影响创造了绝佳的条件。尽管美国媒体在一些具体问题上的分析还是客观的和务实的,但是从长远来看,它们的观察并没有认识到问题的实质,从而在中国总的发展趋势上,犯了判断的错误。

社会主义在中国的早期传播

五四运动爆发时,杜威正在中国巡回演讲。1920年,他在《新共和》(New Republic)发表写于北京的文章《学生骚乱的结果》(Sequel of the Student Revolt),便指出,一些中国官员认为这场运动不是爱国运动,而是布尔什维克影响的结果,游行示威成为他们"废除作为自由主义思想中心的大学和高等学堂的借口"。激情过去,高潮不会永远维持。他认为,这种看法严重低估了这次运动的意义。

不过,杜威对布尔什维主义在中国的未来发展,也不抱乐观的态度。杜威发现,"虽然马克思很难比柏拉图对中国目前的形势更有针对性,但他的著作被广泛翻译并讨论"。"五四"是中国接触各种思潮的时期,所以杜威说,在中国,"所有新的主义都被讨论了"。他发现,无政府主义之所以拥有众多的追随者,一是中国历史上"对政府的蔑视",二是法国对那些接触共产主义思想学生的影响力。[2]

美国政府曾请杜威提交一份关于中国布尔什维克的报告,认为杜威是对这个问题发表意见的最佳人选。其实,杜威本人"否认布尔什维主义在中国的存在",他认为教师和学生在社会和经济思想上是激进的,但坚信他们不是布尔什维克。杜威看到,学生团体反对旧的中国政治和社会制度,特别是旧家庭制度。他们认为辛亥革命是失败了,因此"在民主政治牢固地建立起来之前,一个思想上的变化首先发生"。因此,学生"更倾向于新的想法和社会及经济变革的计划"。由于缺乏经验,学生们更多的是"只要是新的、只要和现存的东西不同,他们就欢迎"。

杜威指出,几乎所有的学生都是社会主义者,有些人自称是共产主义者。他发现,许多人认为俄国革命是"一件好事",其中一些听起来"或多或少地有些布尔什维克的色彩"。这里,我们看到,其实杜威把布尔什维主义与共产主义(马克思主义)是明确地区分的。但杜威相信,这不是受俄国影响,他"绝对肯定"布尔什维克宣传与中国激进思想"毫无关系"。最后杜威指出,运动的许多方面似乎是"愚蠢和肤浅的",但他认为这是一个"有希望的迹象",学生们已经认识到,拯救中国必须要有具体的行动。[3]

相比杜威,美国媒体对布尔什维克在中国的影响看得更清楚一些。1919年1月22日,那是在五四运动爆发之前,《华盛顿邮报》(*Washington Post*)发表题为《布尔什维克希望改变亚洲》(Bolsheviki Hope to Convert Asia)的文章,称俄国布尔什维克政府"长期以来在中国、印度和波斯进行了大范围的革命宣传活动",他们现已准备就绪。[4]

同年年底,该报又发表《布尔什维主义在中国的收获》(China Ripe for Bolshevism),称现在是人民穷困,国家财政枯竭,"激进分子散布在全中国,为布尔什维主义铺平了道路"。最好的解决方案是,敦促参加巴黎和会的各国代表团,"为中国的领土完整启动在上海会谈"。[5]

可以看到,《华盛顿邮报》对布尔什维克在中国的发展持一种忧虑的态度,希望通过巴黎和会保护中国的利益,来遏制布尔什维主义的流行。但它准确地看到了,中国存在爆发革命的土壤。的确,后来的事实证明，由于巴黎和会对中国权利的漠视，西方信用的破产，为 1920 年代共运的蓬勃发展留下了非常大的空间。

根据美国的媒体，日本对布尔什维克在中国扩张也密切关注，1919 年 6 月 15 日《纽约时报》转美联社报道《日本看布尔什维克在上海的活动》(Japan Sees Bolsheviki at Work in Shanghai)，称日本官员对中国的反日风潮很焦虑，尽管全国的事态已有好转，但在上海情况则更糟，认为这很有可能与布尔什维克普遍参加有组织的反政府运动有关。

日本官员表示，上海作为一个公共租界，任何干预都可能涉及其他国家，日本海军陆战队随时待命，很可能随时采取行动。另外，在华美国企业通过了要求日本履行承诺，归还山东给中国的决议，"美国人的行为被日本人指为是一种侮辱"。[6] 要求日本归还山东是美国朝野上下的一致的态度，这引起日本人的极大不满。我在前面的许多章节中已经进行过讨论，这里便不再赘述了。

俄国十月革命爆发以后，以防止布尔什维克势力进入东西伯利亚、保护协约国侨民的生命财产安全等作为理由，日美 1918 年联合出兵西伯利亚。但是日本很快违背了日美间关于"有限出兵"的约定，并与美国关于西伯利亚的政治控制产生深刻的矛盾，美国 1920 年初宣布单独撤兵。[7]

1920 年 1 月 27 日的《洛杉矶时报》(Los Angeles Times) 发表《日本警惕布尔什维克》(Japan Alarmed by Bolsheviks) 的报道，美国政府官员表示，日本对于布尔什维克的东移非常警惕，日本在军事上也有所准备，以防止苏俄渗透中国和日本。美国对日本越过中国，将势力渗透进西伯利亚十分关注。日本在西伯利亚大修铁路，

第七部　革命之路，1925—1928　　　　　　　　　　　　　　　753

与中国东北连接，以保障日本在东北的交通。过去美日两国军队在西伯利亚都有驻守，但现在美国从西伯利亚撤军，日本则保持在西伯利亚的军事存在。[8]

根据孔华润（Warren I. Cohen）的研究，这个时期所有正在向国务院提供关于中国信息的人中，只有乔治·索科尔斯基（George Sokolsky）和杜威两人认为中国必须进行"彻底的社会变革"。但这两人并不在政府任职，不过他们的意见由美国官员转交给华盛顿。这个索科尔斯基，就是前面提到过的，1926年阿班到上海，正在《字林西报》做编辑的他介绍阿班南下广州，在《广州英文日报》干了一阵。他毕业于哥伦比亚大学，是广播电台节目主持人、专栏作家、中国问题专家。

1921年3月，索科尔斯基认为，在广州和杭州的知识分子群体自称为激进派，有些人甚至自称为布尔什维克。这个群体最大的弱点，在于他们设想家庭制度必须摧毁。这些青年人可能是反日运动中的干将，但是却被"日本的翻译质量极差的有关俄国的小册子牵着鼻子走"。[9]索科尔斯基与杜威的看法形成了一个有趣的对比，当杜威竭力否认布尔什维克对学生的影响，而索科尔斯基却认为学生是被苏俄的宣传所左右。这也反映了在当时的情况下，关于布尔什维克影响的局面并不是很明朗，还需要一定的时间才能真正地做出准确的判断。

布尔什维克可能在中国立足吗？

前引1920年斯卡尔的文章《布尔什维主义有可能在中国立足

吗?》,指出在五四运动之后,苏俄的宣传攻势相比西方国家占了明显的优势。总部设在塔什干(Tashkent,即乌兹别克斯坦首都)的"自由东方联盟"(Union for Freeing the East),用亚洲语言传达布尔什维克的宣传。观察家们都看到了苏联的态度在中国广受欢迎,吸引了无数绝望的人们,抓住了中国人民"对列强贪婪的对立情绪"。

《凡尔赛和约》对中国的背叛,加强并扩大了这种潜在的仇恨。这种敌视目前主要是针对日本,所以抵制日货运动到处可见。布尔什维克不仅引导民众谴责日本帝国主义,而且也针对欧美帝国主义。掌握了中国人民的情绪,宣传人民的利益是至高无上的,人们拥有神圣的意志以推翻无能的统治者,不允许资本家和垄断集团剥削人民。文章指出苏联有一个计划,以"人民绝对权威作为指导思想",劳动和生产的阶级,大部分是农民、工人和手工业者,拥有组建国家和政府的权利,最终目的是团结所有亚洲人组成一个"共和国"的联邦。

斯卡尔指出,由于内战以及所造成的不稳定,中国人逐渐认识到现在统治各省的军阀,影响着国内的和平。布尔什维克告诉人们,当"布尔什维克的太平盛世到来之时,他们就可以立刻得到他们所应该得到的",到时候人们便可以"自由支配整个国家的财富"。目前中国人对于"任何形式的激进主义都十分欢迎",因为被压迫的人们普遍存在着不满。一旦有一个领袖能够成功地把他们动员起来,他们"将群情激奋,这种不满的情绪使他们投身到摧枯拉朽的运动之中"。

斯卡尔也看到了中国的变化。"和谐和传统的社会结构"被打破,西方工业体制开始传入中国。以西方的标准来衡量,这个变化并不剧烈，仅限于通商口岸。1919年的中国官方数字称，中国有25000多家工厂，但是大多规模非常小，平均每家只有20个雇工。只有大约700家是西方概念中的工厂。在这700家企业中，"雇工和老板很少有利益上的冲突"。劳工其实没有什么阶级意识，而更多地是认同自己在村落的宗族，这比他们对群体的"共同利益的意识"要强烈许多。

斯卡尔认为中国工人的阶级意识很淡薄，这是比较准确的判断。他们都来自农村，过去并没有受到过阶级观念的启蒙，但是随着时间的推移，共产党在工人中的影响越来越广泛，他们被逐步组织起来，成为工运的中坚力量。

布尔什维主义在中国一步步地扩大其影响，越来越多的人接受社会主义的宣传，马克思的著作陆续翻译出版，社会主义文学广为传播。劳工被发动起来，意识到他们遭受的剥削，恶劣的工作条件，超负荷的劳动时间和强度，童工的使用，以及低工资，等等，都造成了他们对现状的不满，工人罢工开始频繁出现。另外，斯卡尔还称，大战中到法国和比利时返回的中国劳工，带回了新思想。自从推翻了君主制，西方个人主义的哲学开始挑战中国人的传统思想。布尔什维主义已经在有大工业基础的东北地区站稳了脚跟，那里工人已经与苏俄布尔什维克总部有直接的联系。不过斯卡尔表示，无法知道这个时期其他地区的劳工运动，是否与布尔什维主义有着直接的联系。

但是，斯卡尔对布尔什维主义在中国的全面扩张，并不抱很乐观的态度，指出特别是在中国农村，还存在相当大的障碍。他认为布尔什维克对占中国人口90%以上的农民并无影响，尽管大量中国劳动者生活在贫困的边缘，但是他们"并未遭受来自政府的沉重负担"，因为他们"交税很少"。许多农民是佃户，他们交适度的实物地租，对地主很少有抱怨。佃农得到保障，不会受到高额地租的榨取或是被地主驱赶成为流民。中国不是一个有很多封地、世袭贵族或是贵族等级的地方。在斯卡尔看来，总体上中国的贫富差距和西方并不能相比，阶级仇恨在中国并不多见，人们接受自己的地位和身份。而且由于宗族观念的影响，"同宗的富人避免压迫其宗族中最穷的人，使他们免于极度的贫困和痛苦。"[10]

斯卡尔似乎更多地强调了乡村社会相对稳定的那一方面，事实上在近代以来，由于乡村经济的破产、赋税的增加，农民的生活越来越困苦，特别是遇到战乱和灾荒，更是民不聊生。农村的破败为革命造成了必要的条件，而他在这方面的认识显然是不足的。

中国与苏俄的关系

这个时期中国与苏俄布尔什维克新政权的关系，受到美国媒体的关注，仅在1920年10月初，几家主要大报便接连发表了几篇报道。10月1日《华盛顿邮报》发表《芮恩施为中国政府辩护》(Reinsch Defends Chinese Government's Attitude) 的文章，称布尔什维克的影响造成中国政府取消对驻京俄国公使的承认。芮恩施说中国政府暂停支付庚子赔款给俄国，并撤销对俄国外交和领事官员的承认，在华的俄国人也反对继续留任这些官员。所有这些问题，中国政府采取的行动可谓是深思熟虑的，并反映了中国面临的实际问题。不过，北京政府仍然对那些已不再代表任何政府的前俄国外交和领事官员，采取比较宽容的态度。[11]

关于中国怎样对待前俄国外交官问题,10月2日的《亚特兰大宪政报》(Atlanta Constitution)发表《中国被美国叫停》(China is Halted by United States)的文章,称10月1日中国接受苏俄布尔什维克当局的提议,即苏俄正式放弃所有权利以及俄国政府之前在中国的租界。美国认为所有俄国的利益的归属是"至关重要的决定",应该被暂时搁置,直到一个被认可的政府到任。

美国国务院也向中国政府表达了这个态度,并要求英、法、意、日等采取共同行动。在收到美国公使9月23日发布的照会以后,中国政府暂停了俄国在华的所有权利,并要求所有前克伦斯基政府的俄国外交和领事代表撤回。[12]美国的这个政策,显然违背了当时中国人的意愿,因为他们乐于接受苏俄的这种友好姿态。当时美国希望中国与美国一致抵制苏维埃政权,但是却忽视了中国收回主权的那种迫切愿望。美、苏两相比较,所以中国人选择接受苏维埃的好意,那就不足为怪了。

两天以后,即1920年10月4日,《基督教科学箴言报》发表《苏俄对华压力被否》(Soviet Pressure on China Denied)的报道,据传中国政府受到了苏俄的压力,取消了俄国在华利益和特权,但是根据中国政府顾问芮恩施的说法,实际情况并非如此,中方在苏俄代表到达北京之前就做出了决定,苏维埃代表来华是为了解决关于贸易和边界问题,本次会议在几个月之前就已敲定。中国政府特别要求布尔什维克保证不在中国进行鼓动,有关部门已接到指示,要严防布尔什维克利用中东铁路进行宣传,并在沿边城镇维持秩序。美国政府表示历来遵循"尊重中国的原则",特别是主张"门户开放"

和机会均等，宣称要将中国对过去俄国权益的处理，与布尔什维克的扩展联系起来。[13]

我们可以看到，在1920年代初，美国媒体对中国向何处去并不是很清楚。美国政府坚持对苏俄不承认的态度，希望北京政府和美国共同行动。虽然美国意识到苏俄布尔什维克政府宣布放弃在华特权和攫取的领土，赢得了中国的民心，但是美国仍然拒绝也走这条似乎是行之有效的道路。而且，中国人会经常联想到1919年巴黎和会上所受到的创痛。显然，美国已经无力阻止中国知识分子、青年学生和工人运动逐步走向布尔什维主义的方向。

走向民族主义

1921年《卫斯理公会评论》(*Methodist Review*)上发表题为《中国学生思想的苏醒》(The Awakening Student Mind of China)的文章，作者保罗·哈钦森（Paul Hutchinson）比较看好布尔什维克在中国的发展前景，认为"如果社会主义能够展现出它的效用，它很快会在教会学校的学生中受到欢迎"，或者"能够拯救饱受践踏的中国底层大众"，革命将随之起来"反对这个国家的不公"。学生们也不断在问这样的问题："为什么穷人必须这么辛苦工作却只得到如此微薄的回报？"

他们讨论了各种变革的方法，打算尽自己所能改善"当今无法容忍的苦力、女工和童工的生存状况"。在女校中，人们发起了对女权的讨论，包括离婚和自由恋爱等，而这些思想经常被教会所宣传。基督教学校中的女生提倡男女同校，希望像西方国家那样男女平等，希望女人获得和男人一样平等的受教育权利,她们还表达了希望"改变根植于过去家庭中根深蒂固的传统观念"。[14]

上述《卫斯理公会评论》的预测应该是准确的。几年之后,西方记者发现布尔什维克思想在中国更进一步地流行。1925年4月11日《华盛顿邮报》(Washington Post)发表《中国布尔什维克化》(Bolshevizing China)的报道,在北京大学举行的纪念列宁逝世一周年大型集会上,苏联大使卡拉汉(即发布《卡拉汉宣言》的那位)主讲,"对青年人进行鼓动"。这篇评论称,那些年轻人的思想还正在形成当中,苏俄和卡拉汉推动"幼稚的中国学生走向民族主义"。报道说苏俄布尔什维主义者"聪明地选择了在中国存在最少阻力的一条路线",即把目标放在很容易被说服的青年和劳工身上。对他们很容易灌输这样一种信念:"即中国的问题都是外国人造成的"。因此,布尔什维主义在中国的宣传,"其目的就是单纯地、简单地挑动起易受影响的"青年人来抵制外国人,以达到其目的。[15]

显然,这种宣传策略是非常成功的,因为民族主义的兴起,民众很快地把他们的矛头对准了西方帝国主义,而沙俄在中国攫取的权利和对中国的暴行,几乎可以说是全身而退。随着沙俄政权的倒台,很少再被中国人所注意,而英、美等西方列强还得为它们损害中国的行为继续买单。

1925年5月30日,即五卅运动爆发的那一天,《密勒氏评论报》发表了查理·戴利(Charles Dailey)的文章《布尔什维克学生让美国捐赠受损》(Bolshevik Students Put Check on American Donations)。这篇文章中提到的学潮,显然在五卅运动爆发之前,但是我们也可以看到其规模和影响了。

根据戴利的文章，由美国长老教会妇女海外宣传会（American Women's Foreign Missionary Society）创办43年之久的北京卫理学院（Peking Methodist Academy），这一次也受到严重损害，原因在于警察"粗暴的处理方式"。当时，"在布尔什维克领导下"，各校学生联合起来攻击砸了教育总长的宅邸，攻占了政府行政长官官邸，要求内阁成员辞职。

戴利进而提出了这样的问题：当现在的学生成熟了，并且开始承担对中国政治、商业和经济命运的掌握，美国将得到什么回报？在这篇文章中，他表达了对学生激进和反西方倾向的失望。戴利前几天去外交部采访，发现大厅里聚集着一大群人，约有两百人，都是一个俄语学校的学生，要求解除他们学校校长的职务，因为校长太严厉，"坚持要求学生要么学习，要么退学"。但这所学校并不在教育部的管辖范围之内，而由外交部管理。这所学校是靠中东铁路收入来维持的，其目的是教中国年轻人俄语，让他们以后可以进入由俄国人控制的中东铁路服务。学校同时也招收那些在外交部门工作的中国人，让他们可以胜任在俄罗斯城市中的工作。学生们要求见外交总长，在那里待了两小时，但总长拒绝同他们见面，只派了一个小职员传话说，"校长非但不能开除，还应该鼓励他用更严格的纪律。学生罢课与否都不要紧，只要学生自己满意就行，但是学校不能交给学生来管理。"

戴利宣称要写一本书，试着阐释为什么教会学校会"布尔什维克化"，以及学生们对排外、反基督教的诉求。这些诉求导致了学生罢课以及一些教员的请辞，传教士教员承受着各方面的压力。当戴利在和一位教员谈话的时候，教员希望美国公众继续捐献，他正在为学校房屋修建而筹集资金,这样才能招收更多的学生。在传教士递交给在美国的教会本部的报告中,他们并不总是把中国的全部情况讲出来。大多数传教报告都是讲怎样努力扩大信徒的人数,并没有提到到底多少中国年轻人接受了基督教。[16]

戴利对教会学校的学生活动持否定的态度,认为学生的游行使情况变得很糟糕,担心如果这些学生代表了中国的未来,那是令人担忧的事情,甚至连女生都是"让人反感的精神状态"。1925年5月,北京女子师范大学的学生发起了驱逐校长杨荫榆的运动,为了阻挡校长的进入,校门被学生上锁。校长开除了6名学生自治会成员,遭到学生的强烈反对。校长坚持那些要进入社会并且将成为教师的年轻女士,自己必须达到一个必要的教育标准。

5月11日,学生自治会召集所有学生在学校礼堂聚集,决定驱逐杨女士,按照她们自己的意愿来管理学校。她们封锁了校长和秘书办公室的门,阻止她们进入学校。杨女士决定不直接跟学生对抗,回家等待官方让她恢复原职的政令,同时女子师范大学由学生自主运行。[17]

戴利的文章没有提事件的起因:1925年3月18日,北京学生抗议日本军舰炮击大沽口,向北洋政府请愿,遭军警镇压,北京女子师范大学刘和珍等学生遇难。校长杨荫榆未支持学生的爱国运动,受到学生抵制和谴责。鲁迅还写了著名的《纪念刘和珍君》。杨荫榆1922年获得哥伦比亚大学教育学硕士后,回国任教。1924年任北京女师大校长,是中国第一位女大学校长。由于学生不满她反对学生参加政治活动和从严治校,1925年1月,学生自治会要求她去职,但教育总长章士钊支持杨荫榆。女师大学生决定驱逐杨荫榆后,鲁迅、钱玄同等七人联名发表《对于北京女子师范大学风潮宣言》，表示对学生的支持。1925年8月杨荫榆提出辞职。具有讽刺意味的是，这位遭到众人唾骂的"保守的"教育工作者，在抗战中拒绝与日寇合作，谴责日军暴行，1938年在苏州被日军杀害。[18]

其实，在那个激进的年代，许多从事教育工作的知识分子都不赞同学生过多地投入政治运动，认为他们在学校就应该认真地学习，而不是搞政治运动。我在第14章已经提到过，在五四运动中北大校长蔡元培辞职，也主要是因为与学生在这个问题上的冲突。

戴利还描述了1925年5月7日在北京的大游行，有九所大学参与，其中甚至有来自两所美国教会学校的中国教师。这次"反外大游行"发生在"国耻日"（即1915年5月7日日本强迫中国政府签订《二十一条》）那天。学生在打砸司法总长兼教育总长章士钊的家以后，又冲击了段祺瑞的官邸，不仅要求教育总长请辞，还要求对死伤的学生赔偿。学校罢课，教育总长提交辞职信，但是临时政府总统没有准允。

在辞职信中，章士钊重述了他在教育改革和学校纪律方面的努力，以及他想为在祖国的青年人做点好事的努力。他也抱怨关于改革的想法现在遭到憎恶，一些人想尽办法阻止，甚至想把他赶下台。他们为了达到目的而罔顾法律和他人的尊严。但是如果惩罚他们，他自己会感到不安；但如果让他们任意而为，将会招致和他们一样的过失。章士钊抱怨，当前社会对任何建设都提不起兴趣，如果大多数教育者对当前教育情况感到满足，那他也不用进行教育改革了。

学生们反对帝国主义，谴责不平等条约，反外情绪高涨，以及伴随而来的反基督教运动，燕京大学和长江流域的一些教会学校的学生强烈抵制读《圣经》。[19]

根据戴利的观察,这个时期教会学校已经感到了深切的危机。实际上,他们在与布尔什维克争夺中国年轻一代的斗争中,显然已经处于下风,尽管他们在中国经营的时间要长得多。他们当然不甘心眼看着长期的努力就这样付之东流。

1925年6月6日,《密勒氏评论报》发表戴利的另一篇文章《学生的希望和危险》(Students a Hope and a Danger)。他指出,五四运动在中国的爆发,为"自我牺牲的爱国主义树立了良好的榜样",这种爱国主义旨在发动中国人"对外部侵略和内部官僚腐败的抵抗"。世界将此运动视为"中国的希望所在",是从过去"几十年乃至几个世纪的无望中苏醒来的象征"。

但是,戴利对1920年代以后的学生运动持批评的态度,他认为"现在的学生运动已经失控了",被引导去反对外国传教士,反对基督教和教会学校,反对自己的教授,把他们赶出学校,或者驱逐他们去了租界的学校,学生自己掌控学校,取消他们不喜欢的课程,"以符合他们自己的方式经营学校"。[20]

戴利指出,中国不能把自己的过去统统抛弃,而完全用一个西方的意识形态来取而代之。中国的年轻人开始肩负命运,那么中国的未来将会如何呢?没有纪律和约束,任何一个国家都"不可能成为伟大的国家"。除了努力工作和学习,没有通往成功的捷径。现在中国学生正在引起各国不满,抛弃了爱国者的事业,那些爱国者为民主共和的事业长期奋斗。在戴利看来,学生们摧毁了教育前辈的事业,"这些教育者将最新的学识,以及曾使其他民族变强大的知识和经验带到了中国。"然而,现在激进学生正把中国引向"可能会使中国彻底丧失主权和独立"的道路,甚至更糟的情况,"使独裁降临中国"。[21]

戴利的预言不幸言中,在几年之后,当国民党统一全国以后,便直接建立了一个独裁体制,与五四至五卅时期的学生激进运动的愿望背道而驰。

"红色在中国弥漫"

1925年12月6日,《纽约时报》发表《红色在中国弥漫》(Finds Red Influence Growing in China)。这篇报道是根据瑞莫德·瑞奇(Raymond T. Rich)在外交政策协会午宴上的发言。瑞奇曾任教于广州格致书院(Canton Christian College),他根据自己亲身的经历说,"当地人不相信美国",但是"苏联的政策很流行"。他发现"中国对美国的诚意变得越来越疑惑"。从1924年夏天以来,布尔什维克的影响大大增长。不过他认为,"对中国人有吸引力的并不是共产主义,而是苏俄的外交政策"。其实,他所反映的关于美国在中国的信誉受损,在巴黎和会时期,就已经有媒体提出了警告,现在显然已经成了现实。

瑞奇指出,"我们愚蠢的对抗立场已经反过来损害我们了",而俄国则不做其他列强所做的事情,在中国赢得了民心。瑞奇引用"基督将军"冯玉祥告诉他的话:"除非美国改变它的对华政策,中国除了跟布尔什维克同一阵线外,别无他法。"瑞奇批评美国所坚持的其放弃在华权益之前中国必须建立一个稳定政府的政策,"这无异于说我们会给你所有的权利,只要你能够迫使我们这样做"。[22]因此这是不现实的，也是美国失败的原因之一。

《纽约时报》就治外法权、关税自主和修改条约的问题，还采访了不同的人士，其中包括郭秉文（Ping Wen Kuo）和查理·巴切尔德（Charles C. Batchelder），但是两人有着不同的立场。郭秉文在美国哥伦比亚大学获得教育学博士，中国现代高等教育事业的先驱，先后任南京高等师范学校、东南大学、国立中央大学校长，1923年起当选世界教育会（World Federation of Educational Associations）副主席兼亚洲分会主席，1925年任中华教育促进会会长。巴切尔德是前美国驻京公使馆的代理商务参赞，担任过美国商务部驻印度商务代表，现在纽约大学任职。[23]

郭秉文指出，中国旨在收回在鸦片战争之后所丧失的权利和地区，这些条约是多年前作为战败的代价而签订的不平等条约。现在情况已经改变了，中国在最近数十年间取得了很大进步，制定了法律，建立了现代的法庭，"教育也足以媲美世界上最好的系统"。

郭指出，列强很久以前就放弃他们在日本、暹罗和土耳其的治外法权，而德国、奥地利、玻利维亚和苏俄都放弃了他们在中国的治外法权。虽然现在中国政府还有欠债、有腐败、有渎职，但是这些问题哪怕是美国也不能完全避免。中国并非唯一还债困难的国家。有外人担心称，如果恢复关税自主，外国商业利益将会受损。其实完全不是这样，当中国收回主权，商业会蓬勃发展，购买力会上升。中国是一个大市场，国际社会也会因此获益。

巴切尔德的看法显然与郭秉文不同，他指出学生应该把他们的矛头对着中国的腐败政府。中国人是"勤劳诚实的"，执政者和民众之间的差异非常明显。事实上，上一任总统是靠贿选国会得来的（应该是指 1923 年曹锟贿选的事件）。中国的年轻人是诚实的，可惜他们不是掌权的人，而各国想等到这些诚实的年轻人掌权时，才放弃条约权利，不是显得很荒谬吗？

巴切尔德看到，军阀是"强盗和封建主"，他们的人控制了官僚体系，所以跟政府签订条约是无用的，因为不知道能维持多久。现在的情况是，西方不确定是否会有一个中央政府存在，所以现在真正需要做的不是针对西方的治外法权问题，而是要解决中国国内的问题，特别是发展生产，以提高民众的生活水平。在南华地区，平均年收入只有 60 美元，而养活五口之家则需要 150 美元。但是可惜的是，这些年轻的中国人，"专注在排外运动"，而非试图去"改变这种贫困的状况"。[24]因此，在巴切尔德看来，国内的军阀统治才是问题的根源，只有中国建立了一个稳定的和值得信赖的政府，才能真正解决主权问题。

1926 年，美国教育家孟禄在《论坛》(Forum)杂志上，发表了题为《中国的学生政治》(Student Politics in China)的文章。在回答中国学生为什么越来越多地接受了布尔什维主义问题时，称学生比其他阶层更了解现代政治议题，他们经常发表政见，逐渐在民众中产生了影响。但是"由此带来的最主要的危险，在于他们可能左右中国的未来发展趋势"，因为他们"追随一种全新的却并未充分考虑其实践可能性的理论"。孟禄认为，俄国对中国造成的影响，主要不是中国是否接受布尔什维克的思想，而更在于苏维埃"谴责了那些不平等条约，把中国当作平等国来对待"。[25]也就是说，孟禄认为，中国学生接受布尔什维主义并不在于这种理论是否符合中国，因为其从来没有经过验证，而在于他们对苏俄的好感，这个好感来自当时苏俄对中国的态度。

把矛头对准帝国主义

周策纵在他的《五四运动史》中讨论道,虽然杜威在五四时期认为社会主义和马克思主义在中国没有立足之处,然而他充分地意识到,由于缺乏劳工保障的法律,中国是剥削者的天堂。中国还处于工业革命的最初阶段,如果中国不愿重蹈其他国家的覆辙,避免劳资关系产生的各种罪恶,防止劳工的低薪,以及对童工、女工的压迫等等,如果中国想从其他国家19世纪的经历中获取教训,中国就必须对这些问题先有准备。因此,杜威和当时的许多知识分子如孙中山、梁启超、陈独秀等一样,认为中国必须防范将来的社会革命。当时杜威的追随者、马克思主义者、无政府主义者,都攻击儒家和中国的旧传统,而马克思主义者还把矛头对准帝国主义。

当时,西方对布尔什维克将怎样改变中国,还并不是很清楚。1920年罗素在中国的演讲甚至公开地支持共产主义的理想,称赞苏俄革命以后的成功,认为其实现了经济上和政治上的平等。他的结论是:世界上所有的国家都应该协助苏俄维持共产制度,还表示世界上每一个文明国家"都应该试验一下这种卓越的新主义"。[26]

1921年11月5日纽约的《文摘》〔Literary (NY) Digest〕发表《中国劳工组织起来》(Chinese Labor Organizing)的文章,反映了国际舆论开始注意到中国工人的团结,保卫他们自己利益的趋向。但是西方有些观察者担心,中国工人太热衷自己的利益,而忽视了"对他们雇主情况的考虑"。他们担忧,中国大城市的劳工运动,"注定要成为远东最大的问题之一",香港和广州的劳工开始像欧洲的工人那样组织起来。香港政府发布的一份报告指出,近期最值得注意的便是劳工群体的快速增长,他们"效仿西方工会的运营模式和组织方式"。幸运的是,多数罢工最后能圆满解决,达成一致,并最终提高了工人的工资,有些还减少了工人的工作时间。香港的工人组织也得到高度地发展,以至于他们"在很大程度上已成功取得对所有工人的控制"。[27]

劳得尼·吉尔伯特(Rodney Gilbert)于1922年7月发表的文章《中国的新劳工运动》(China's New Labor Movement),描写了广州劳工游行的情形:在旗帜、标语后面的游行队伍,劳工们都衣着简陋,因为体面的服装"对于每日只挣20文的他们来说并非易事",队伍达一两公里长,但是队伍中没有一个人穿着袜子,游行者都穿着常见的苦力或劳工的服装,一件棉袄和一条棉裤。队伍中有巨大的横幅,要求选票,要求权利。广州人对这种场面已经见惯不惊,据运动组织者称,整个城市三分之一的人参加过这类示威游行,表达他们的诉求。另外三分之二的人还在观望之中。

这场工人运动是为了争取能够生存的薪水,这是他们"面对饥饿和灭亡的唯一可行的选择"。显然,运动的方法、形式"都是从国外引进的"。在社会的剧变之中,他们"吸收了西方语言"和"外国精神",有了新的"政治武器"。但是这也让"外国旁观者"忧心忡忡,"强烈地渴望知道是谁,是什么激发了这场运动?"劳工组织的报纸翻译了马克思社会主义,相当数量的这类文学传播开来,有些语言非常激进。

吉尔伯特自己也想对工运的组织者有所了解,于是采访了一个工运组织者谢先生。谢先生告诉他,自己是议会会员并在政府中担任职务,坚持说无论是他的组织,还是参加运动的其他劳工,"都不曾受到政治上的煽动"。他 1915 年出国留学,开始对社会主义产生兴趣,并在纽约加入了社会党,他称是美国式的社会党(Socialist Party),而非共产党,是为了帮助工人改进他们的物质条件,提高他们的受教育程度,宣传社会主义学说。他对于马克思主义学说的知识,"远不止停留在表面"。

谢先生说,他自己被认为是劳工组织的激进派,他的追随者都是激进分子、无政府主义者、主张恋爱自由者,年轻人受到这些思潮的影响。然而,也有人谴责工运领袖是"胆小的投机分子",中国目前"没有开展工运的土壤"。他们断言,现在中国还是农耕社会而非工业社会,当克伦斯基被推翻时,俄国也并没有大量的无产阶级,而且俄国也不是"一个应用纯粹的马克思主义理想的地方"。在这派人看来,不仅中国现在不适合共运的发展,甚至俄国革命也不存在坚实的无产阶级的基础。

吉尔伯特的这篇报道还透露,现在广州的劳工协会已经超过 200 个,散布于各行各业,例如在木工业,便分成了建筑木匠协会、木雕协会、家具制作协会等等。香港和广东省的其他城市中都有相关的协会,有成百上千的工人加入其中,占了总人口的三分之一。他们缴纳会费,以便于为大型的罢工积累资金,同样也可以起到政治的目的和救济的作用。

广州和香港从去年开始罢工"就像流行的传染病一样",如果不想让它失去控制的话,就必须要"理智地引导它"。同时,人们倾向于相信无论运动的趋势如何,都有教育的价值;如果能很好地引导,它甚至可以成为一个比现在学生运动"向人们传递健全的民主思想的更好的途径"。如果整个运动及其结果都是"无政府的混乱状态",事情开始发展得如此迅速,"以至于没有一个中国人知道明天会发生什么"。[28]

显然,1920年代的工人运动的演进,并没有按照吉尔伯特所期望的那种趋势发展,而是变得越来越如火如荼,越来越激进。到1925年,中国工运空前高涨,该年6月4日的《华盛顿邮报》发表《骚乱继续,罢工造成上海食品短缺》(Strikes Cut Food Supply in Shanghai as Riots Continue),报道了上海超过15万工人参加罢工,整个城市几乎陷入了瘫痪状态。然而,在沪的外国人行动起来,以保证食物供应和重要的行业如电话、电灯和电力等的运行。但有消息称,"排外的情绪迅速传播",上海的外交官十分关切外国人和在内地的传教士的安危。北京政府的态度使在京的外交使团觉得政府支持罢工,"以及联合所有的政治派别抵制外国人"。报道称,由于骚乱,造成21人死亡,约百人受伤。[29]

这个报道应该是指因为五卅惨案所引起的大罢工。西方人似乎对北洋政府多有抱怨,认为政府对运动压制不力,甚至怀疑政府在后面支持,当然这是完全没有依据的。今天历史很清楚了,共产党在这个大罢工中,扮演了组织的角色,李立三、刘少奇、邓中夏、瞿秋白、项英等也参加了领导上海总工会的罢工活动。[30]

留美学生也日益左倾,许多人同情甚至参加了共产党。1927年12月,《月报》转载了来自英国共产党报纸的一篇报道,俄勒冈州立大学(Oregon State College)的中国留学生以此为基础,改编成话剧。这个故事讲的是,一个富有而又爱国的中国商人有两个女儿,她们身上流着"同样爱国的血",为共青团工作。1927年4月,秘密印刷厂遭到突袭,姐姐被捕。妹妹到监狱里探望姐姐,还跟姐姐换了衣服,以便让姐姐出来继续为革命事业工作。十几分钟后,妹妹被敌人处决了。俄勒冈的中国留学生表演这出话剧之后,《月报》又登出了剧本,以便其他俱乐部也能排演。

旧金山中国学生俱乐部的若干成员也是主张"以政治救中国",一些人在美国加入了共产党。《月报》也开始公开宣传马克思主义。1928年秋,刊登了《中国的农民运动》以及《国民党的理想主义已经死了吗?》等文章。到1929年春,《月报》登了四篇文章,其中包括《美帝国主义,中国独立之敌》,作者是芝加哥《劳工团结》的编辑厄尔·布劳德(Earl Browder),他后来于1932—1945年担任美国共产党的领袖。[31]

"两股相反势力的斗争"

《密勒氏评论报》很关注布尔什维主义在中国的传播,它频繁地报道俄国十月革命,介绍马克思主义,以及中国的共产主义运动。到1949年,《密勒氏评论报》共发表了60多篇有关报告。[32]

1925年9月25日,《密勒氏评论报》发表《罢工是经济问题还是布尔什维克问题?》(Is the Labor Strike Economic or Bolshevik?),指出挣非常微薄工资的中国劳工,"被认为是这个世界上最爱好和平、最温和的人"。当前全国大规模的工人罢工被大多数人"视为是爱国运动",但另一方面,罢工的信息在外国"作为反外情绪被广泛传播",要不就是"被当作布尔什维克的煽动"。这些带有偏见的看法,促成了当前存在于中国的"两股相反势力的斗争"。

中国是一个纯粹的农业国家,依靠土地养育日益增长的巨大人口。现代工业直到20世纪才被引进,如果没有现代集中的工业,大规模的工人罢工就不可能产生。目前拥有最多劳工的行业有纺织、烟草、印刷、丝绸、铁路和船运等。第一次全国性的工人大罢工发生在1919年,是一场抵制日本侵略的纯粹的爱国运动,但是只维持了几天;第二次是1921年香港的海员罢工,持续了49天,并以得到所要求的加薪而落幕。

这篇报道说,"中国历史上最大的工人骚乱"开始出现在上海的日本棉纺厂,原因是残酷对待工人,这显然是指五卅惨案。骚乱平息后不久,另一起类似的罢工在青岛的日本棉纺工厂发生,参加者上万,持续了三周。随后罢工又转向上海的日本棉纺厂。这些事件刚开始的时候,当然是劳工问题,但不久之后,"布尔什维克因素加入进来,这些因素不仅改变了罢工的规模和组织,而且鼓励把罢工扩散到其他工厂。"五卅事件也许可以被看作是一个象征,劳工只有一个选择,即联合起来对抗外国的和中国的资本家。

在最开始的时候,只是一个"单纯的爱国运动,整个国家至少在表面上支持它的原则"。但是这个事件的"不祥趋向慢慢从外资企业转变到华资企业",与此相伴随的是各种劳工组织的建立。目前差不多每一个雇佣超过百人的工厂都有一个工会,并且通过各种努力让工厂主认可其存在。

文章指出,罢工对工厂主最直接的影响是财产的损失,以及工资从10%到20%的增长。但是一些"更严重或更隐蔽的情况可能会跟随罢工的发生",对不同的人群有着不同的反响和影响。罢工对工人来说,是"争取提高待遇的斗争";对一般中国人来说,是一场纯粹的爱国运动;对资本主义经济来说,"意味着布尔什维克的到来";对一般外国人来说,"意味着排外情绪"。

罢工对不同行业的影响也不同,其中船运业受到的影响最严重;在烟草工厂中,英美烟草公司作为老牌大公司,产品卖到中国每一个角落,价格上涨,也只对瘾君子有影响;中资和外资印刷工厂,因为没有来自外部的直接竞争,也都受损不大。遭受损失比较大的是棉纺和缫丝业,这些行业都遭遇了来自国外的激烈的竞争。

棉纺业是那时中国最大的工业之一,工人数量超过其他行业,总人数约为20万。在这些企业当中,日本企业占约45%,英国占约10%,剩下的才是华资。中国劳工的"报酬和工作效率也许是世界上最低的",因为妇女和小孩占据全部劳工人数的70%。缫丝和纺织厂分布在不同的地区,对工运来说没有那么重要,因为没有被组织起来。

这篇文章指出,劳工并不是商品,但在中国的所有外国人的企业中,"劳工确实是一件商品"。许多中国资本家也仍然相信,这种"商品"的价格完全由供求关系决定。在中国,由于人口众多,这种"商品"的供应大大超过需求,因此工人要十分幸运才能得到一份工作,哪怕付给他们的工钱非常少。

在华资工厂,有两类不同报酬的工人:劳工和工头。前者无论他多忠诚、多优秀、多聪明,也不可能被提升到后者的地位;而后者可能对业务一无所知,但却有监督前者的绝对权力。在中国人和外国人中间,这样的区分更明显,高工资、好待遇,以及各种外快的机会,实际上总是给了外国人。

作为不平等条约的结果,中国没有保护性的关税,不能通过关税手段来保护"弱小的民族工业"。一战后棉纺织业的意外繁荣,导致大量投资进入这个行业,资本和新厂都趋于饱和。

西方观察者注意到,中国劳工正在发生变化,老规矩、旧道德的自我约束,"都已经不见了"。过去他们接受了资本家给予他们的微薄工资,现在他们要求提高待遇,"对资本家的憎恨刻印在他们的思想中,这也许会引发这片土地上对立双方持续的冲突"。

通过罢工来得到工资增长是一种新的想法,"也是一种有效的武器"。他们意识到自己的报酬"是世界上最低的",想增加收入,提升生活质量,"新潮流进入他们头脑中太突然太快"。

文章也从企业主和行业的角度来看这个问题,认为罢工对于中国工业来说,是"弊大于利"。事实上,中国所有的工业都处于发展初期,因为没有保护性关税,工资增长便意味着"产品成本的增加",而在与外国产品竞争中,处于不利的地位。工人必须接受技术训练、科学教育,受到安全保护。同时,企业管理者必须学习现代经营方法,以便指导工人做好工作。不过,这一切在几天或几个月之内是无法完成的,这些都需要投资和增加成本,那么现在人们不得不为中国制造的产品支付更高的价格。

这篇报道也看到,中国发生的罢工"是自然而然发生的结果"。当前罢工的种子"早已在数年前就种下了",与中国内部和外部因素都有关。生活的成本一直在增加,他们不得不罢工要求增加工资。

所以,"无论是否有布尔什维克的影响,工人罢工都是正常的。"特别是某些外国公司出售上百万元价值的军火给军阀,官僚贪污腐败,还有传闻官吏把上百万元存入外国银行,而不愿用他们的财富发展国内工业，那么人们为什么要指责那些又穷收入又低的工人，"仅仅是为了每天增加五分钱而作的斗争呢？"

中国人开始去思考怎样才能成功，他们必须解决怎样才能生产比进口更便宜的商品的问题。日本的棉纺厂从中国购入原棉，纺成纱或织成布，然后出口成品卖给中国。但是中国棉花产区的棉纺厂却无法与之竞争，因为中国工厂的效率低下。

虽然中国的资本家很熟悉中国的做事方式以及市场情形，但是他们不怎么懂得效率。当前罢工是悲是喜并不清楚，但肯定中国需要一次经济的大调整，等罢工平息之后，工厂会提高效率，建立更多的大工业，使中国成为"更繁荣的工业国家"。[33]

这篇文章对中国的劳工问题有比较深刻的反思和分析，它站在不同的角度进行观察，既从劳工的角度，也从企业和资方的角度来解读。不像有的文章把劳工运动仅仅看作是布尔什维克鼓动和组织的结果，而且看到了这种运动在中国出现的内在逻辑和合理性；不仅看到了劳工组织罢工的必要性，以及批判和谴责现行的雇佣制度和工厂管理制度，而且还提出建设性的方案。也就是不仅仅去砸烂旧制度，而是同时考虑怎样改革才能真正建立合理的劳资关系和促进中国自己工业的发展。

不可避免的政治和社会革命

巴黎和会关于山东问题的决定，对中国知识分子是一个沉重的打击，他们开始对美国以及美国的道路产生了怀疑，这种怀疑为布尔什维克在中国的影响和发展创造了条件。在五四新文化运动时期，受过新式教育的青年学生,特别是留学生促进了西方政治思想和文化的输入,从而在一段时间里,"民主"与"科学"成为中国知识分子的最响亮的口号,也为中国的思想和政治转型创造了条件。五四运动以后是中国思想界风起云涌的时代,由于各种思想的引进和介绍,摆在中国知识分子面前的也有各种不同的选择和各种不同的道路,以及对中国未来的不同思考。

美国媒体对社会主义(按照它们的用词"布尔什维主义")在中国的影响日益扩大是深感忧虑的。它们几乎都认为,现阶段的中国,不能走太激进的道路,无论是对政府的改造,还是处理国际问题,都应该稳妥地进行。

令美国观察家们感到沮丧的是,布尔什维克把中国民众的注意点转向了反对西方和帝国主义,成功地推动了中国民族主义的兴起。其实,把西方帝国主义作为斗争的目标,也是一种逻辑的结果,因为在事实上,西方帝国主义的压迫,的确给近代中国人民带来了深深的伤害。

美国的媒体更强调中国的内部问题,也有一定的合理性。如果我们仔细分析中国近代的各种问题,辛亥革命以后出现的种种乱象,诸如军阀混战、南北争斗、贪污腐败等等,都是内部的政治强人和军事强人所带来的恶果。中国必须解决好自己内部的问题,才能走向独立自主、和平繁荣。

其实,这种观点,与中国共产革命的主要方向应该是殊途同归,因为共产革命的主要对象,始终是国内的"封建官僚集团"和各种"反动势力"(如从北洋军阀到国民党)。强调中国问题主要在于内部,应该是看到了问题的实质。

就这样,美国媒体提出了一个两难选择,当前中国应该把焦点放在什么地方呢?也就是首先解决帝国主义、殖民主义的压迫问题,还是首先解决国内的政府腐败、财政危机、人民生活贫穷等问题呢?

在那个时候,中国的问题积重难返,国内出现了试图用激进的手段、思想和理论来解决中国的现实问题,一点都不奇怪;而国外的观察者们,并不赞同中国走激进的道路,而是希望在现存的体制之下,逐步地改良政府,同时达到经济、教育和社会的进步。

从今天的观点来看,这两条道路似乎都各有其理由,取决于站在什么时代、立场和角度来进行观察。有的时候不解决国家体制问题,便不能解决国内的经济、教育和社会的问题;但解决了体制的问题,结果人们才发现,那个过去人们所憧憬的所谓理想的体制,也不能引导中国走向民主、平等和富强。

也有美国的观察家是从对中国社会的分析,去观察是否存在社会主义在中国发展的可能性。他们有的认为,中国农村的阶级矛盾并不尖锐,不具备发生革命的条件。

虽然不能否认,地主的压迫和农村的状况,的确并不像过去那些强调阶级斗争的史家所描述的那么悲惨,在清代和民国时期的中国农村,各地方的区别也是非常大的,阶级的状况和经济的发展不一样,农民和地主的矛盾也有所不同。

但是,我们也可以看到,一些农村地区的阶级矛盾也在激化,因此农村中存在着求变的诉求和动力也就不奇怪了,那也是共产革命能够在农村发动起来,中国革命走农村包围城市道路最后成功的基础。

对苏俄和布尔什维主义对中国的影响,美国媒体的报道应该说是有先见之明的。它们能够站在比较超脱的地位,去看待中国的问题,即社会主义运动,是由于社会和政治推动的结果,因为中国需要根本性的改变。

在这个时期,尽管中国的局势非常混乱,但是有一点值得我们关注的是,中国的大门始终是大开着的。中国人可以走出去,外国人可以走进来,中国和世界的联系始终是紧密的。所以,政局的混乱,并不等于中国就没有进步。其实,这个时期不仅仅是中国民族资本主义的黄金时代,也是中国思想进步、社会文化发展的繁荣时期。1928年国民党统一中国之后,开始建立一个一党专制体制,从政治和思想层面上来讲,反而是急剧地倒退了。

注 释

[1] Martin Wilbur, "Peking, 1917–21: Professors Changed the Course of Chinese History." *New York Times*, May 15, 1960.

[2] John Dewey, "Sequel of the Student Revolt." *New Republic* vol. 21 (February 25, 1920), pp. 380–382.

[3] Warren I. Cohen, "America and the May Fourth Movement: The Response to Chinese Nationalism, 1917–1921." *Pacific Historical Review* vol. 35, no. 1 (February, 1966), p. 98.

[4] "Bolsheviki Hope to Convert Asia." *Washington Post*, January 22, 1919.

[5] "China Ripe for Bolshevism." *Washington Post*, December 28, 1919.

[6] Associated Press. "Japan Sees Bolsheviki at Work in Shanghai." *New York Times*, June 15, 1919.

[7] 参见崔丕:《日美共同出兵西伯利亚时期的关系初探》,《社会科学战线》1991年第2期。此外中日之间也有协定,中国派兵1700人到海参崴。见

李永昌:《1918—1920年中国出兵西伯利亚述论》,《近代史研究》1993年第1期。

[8] "Japan Alarmed by Bolsheviks." *Los Angeles Times*, January 27, 1920.

[9] Warren I. Cohen, "America and the May Fourth Movement: The Response to Chinese Nationalism, 1917-1921." *Pacific Historical Review* vol. 35, no. 1 (February, 1966), p. 97.

[10] Wilhelm Schuler, "Is Bolshevism Possible in China?" *The Living Age*, May 29, 1920.

[11] "Reinsch Defends Chinese Government's Attitude." *Washington Post*, October 1, 1920.

[12] "China is Halted by United States." *Atlanta Constitution*, October 2, 1920.

[13] "Soviet Pressure on China Denied." *Christian Science Monitor*, October 4, 1920.

[14] Paul Hutchinson, "The Awakening Student Mind of China." *Methodist Review* vol. 37, no. 6 (November 1921), pp. 851-859.

[15] "Bolshevizing China." *Washington Post*, April 11, 1925.

[16] Charles Dailey, "Bolshevik Students Put Check on American Donations." *China Weekly Review*, May 30, 1925.

[17] Charles Dailey, "Bolshevik Students Put Check on American Donations." *China Weekly Review*, May 30, 1925。

[18] 见钱江涵:《从"女校长"到"'国民之母'之婆"——论女师大风潮论争中的杨荫榆》,《鲁迅研究月刊》2019年第3期。

[19] Charles Dailey, "Bolshevik Students Put Check on American Donations." *China Weekly Review*, May 30, 1925.

[20] "Students a Hope and a Danger." *China Weekly Review*, June 6, 1925.

[21] "Students a Hope and a Danger." *China Weekly Review*, June 6, 1925.

[22] "Finds Red Influence Growing in China." *New York Times*, December

6, 1925.

[23] 王悦芳:《至平至善风范长存——纪念国立东南大学校长郭秉文逝世40周年》,《东南大学学报》2009年第S2期。巴切尔德1924年在 The Annals of the American Academy(vol. 112, no. 1, March 1924)上发表"Economic Pressure as a Cause of the Revolt of the Asiatic Peoples Against Occidental Exploitation"。

[24] "Finds Red Influence Growing in China." *New York Times*, December 6, 1925.

[25] Paul Monroe, "Student Politics in China." *Forum* vol. 76, no. 2(1926), pp. 186-193.

[26] 周策纵:《五四运动史:现代中国的知识革命》,第228、232—233页。

[27] "Chinese Labor Organizing." *Literary*(NY)*Digest*, November 5, 1921.

[28] Rodney Gilbert, "China's New Labor Movement." *The Living Age*, July 1, 1922.

[29] "Strikes Cut Food Supply in Shanghai as Riots Continue." *Washington Post*, June 4, 1925.

[30] 关于共产党对五卅运动的影响,见马思宇:《五卅运动前后中国共产党对反帝话语的宣传及其影响》,《马克思主义理论学科研究》2019年第2期。

[31] 史黛西·比勒:《中国留美学生史》,第225—227页。

[32] 郑保国:《密勒氏评论报:美国在华专业报人与报格(1917—1953)》,第158页。

[33] 以上见 S. Y. Lie, "Is the Labor Strike Economic or Bolshevik?" *China Weekly Review*, September 5, 1925。

第八部
反思历史

自身强大——不仅仅是身体的强大,更重要的是自信和智慧以及正确的道路的选择——才能真正主宰自己的命运。大到一个国家、一个民族,小到一个家庭、一个个体,都要坚信,把命运掌握在自己手中,才是立国、立身、立命的根本。

第 28 章　渐行渐远的"朋友"

> 瓜分中国或者为争取统治中国而进行斗争都包含着大国开战和中国动乱的可能性，而这将不可避免地损害美国的贸易和她的传教活动及慈善工作，并且有可能使美国卷入一场她不愿意卷入的武装冲突。因此，美国在远东的利益并不在于取得权力和领土上的特别待遇，而在于远东局势的普遍稳定。
>
> ——美国华裔政治学家邹谠

巴黎和会以后中国人对美国的失望，以及 1920 年代中国反帝运动的高涨，曾经看好中美关系的各界人士，对中美之间关系的渐行渐远都表示了极大的遗憾和痛心。因此我用"渐行渐远的'朋友'"来概括这样的关系。国与国之间的理解，在相当程度上取决于舆论以及影响舆论的那些记者和作家。美国朝野在多大的程度上了解中国，或者不了解中国；有多少是真知灼见，有多少是偏见或者误解。这本书可以给理解 20 世纪初的中美关系，提供一个有用的参考。

本书所引用的资料，真实地反映了当时美国媒体对中国事务的看法。这些资料不仅来自像《纽约时报》《基督教科学箴言报》等这些主流媒体，也包括了当时许多其他报刊上关于中国的文章，不分背景、政治观点的多视角的资料。当然，由于主流媒体关注中国的报道比较多，因此不可避免地本书所采用的资料来自像《纽约时报》这样的主流媒体自然更多一些，但是这并不影响我资料多元化的初衷。

收集和使用资料的多元化，使我能够有效地避免片面性，尽量真实地、全面地反映这个时期美国媒体对中国事务的态度、看法和评论。不同的媒体对中国政治、社会和文化的看法，既有热情的赞扬，又有严厉的批评。虽然媒体对很多事务的评价还是有共同的倾向性，例如对日本在中国的侵略和扩张的批判，但是也反映了多方面、多角度对中国的认识，那些媒体报道的珍贵之处也就在于此。

另外，在辛亥革命之后，也有不少到过中国的美国人，写下了他们在中国居住、对中国的观察、在中国采访，以及与中国人民交往的往事，写下了对中国的观察。芮恩施、鲍威尔、史迪威、赛珍珠、阿班、司徒雷登等，给我们留下了外国人眼中中国的珍贵记录，从一个不同的角度了解那个大变革时代的中国。

美国的对华态度

从美国媒体对中国问题的报道，以及对中国局势的分析，我们可以了解美国对那个时代中国的认识，美国媒体对中国内政的看法，对当时各种政治派别的态度，以及它们对中国未来的预测和思考。虽然那些报道和分析多少带有西方的偏见和优越感，但是它们能够超脱中国内部的党派纷争，对怎样应对中国的复杂问题提出了建设性的意见，为我们理解那个时代中国的政治演变，提供了非常有用的参照；为我们今天理解那个时期的中国，提供了一个不同的视角和珍贵的资料。这些文章的价值，在于西方媒体作为一个旁观者，能够看出当时中国人所看不到的方面。

那么，20世纪初期的中美关系，到底是什么关系呢？从辛亥革命到巴黎和会，美国一直自认为是中国的"朋友"。美国人认为，他们比欧洲列强对中国的态度要好得多，而且在关键的时候挺身而出为中国的利益发声。为什么是打引号的朋友呢？因为这取决于谁来下这个"朋友"的定义。对许多美国人来讲,美国为中国做了许多"好事"，把中国人当做他们的朋友，也有不少亲美的中国人士持有类似的看法。但是，当时也有不少中国人认为，美国是西方帝国主义的一部分，特别是在巴黎和会上放弃对中国的支持，背信弃义，这是中国人永远难以愈合的创伤。

美国总是在世界上扮演着救世主的角色，所以中国人对他们的期待特别高，一旦受到伤害，所受到的打击也特别沉重。其实，在中美关系问题上，存在两国文化的误解。美国的文化和中国的文化不一样，中国人认为，既然是朋友，就应该为朋友两肋插刀，在一切问题上都支持中国。而美国做不到这一点，正如我们经常说的，美国自己的利益始终是第一位的，哪怕是站在中国一边，也是和美国自己的利益相关，有利于门户开放。

美国的对华态度，是以门户开放为基石的，也是其从19世纪末以来一以贯之的远东政策。中美双方都有一个保持友好关系的美好期望，但是没有能实现。这个失败，对中美关系有着长期的影响，特别是在1920年代的非基督教运动、民族主义兴起、反对帝国主义的运动中，美国在中国的影响力逐渐被苏俄所取代。回顾20世纪初的中美交往，历史或许能告诉我们什么东西，帮助我们理解今天和未来的中美关系。

＊　＊　＊

中国认为，日本对中国的侵略和中国维护自己的权利，并非仅仅是中日两国之间的事情，希望把这个问题提到国际舞台上，特别是希望美、英、法等列强介入其中。对于在中日关系中处弱势地位的中国而言，这未尝不是一个非常好的策略。不过，正如美国媒体所指出的，中国不得不把自己的命运交给其他国家去决定，这本身就是一个悲剧，但这是中国的外交官们所无法改变的。正如论者所言，中国代表团在和会太依赖美国，"可能是失败的原因之一"。[1]因此，今天我们来看中国的这段历史，可以学到很多东西。其中最重要的，就是把命运掌握在自己手中，掌握在一个代表人民利益的政府手中，也唯有如此，一个国家才能真正得到国际社会的尊重。

外交是需要实力说话的。当时，中国尚处于南北分治，国内政治和军事都十分混乱。一个如此不稳定的政府，如何能登上外交舞台大展身手？如何在外交上与日本抗衡？巴黎和会上中国的挫折，根子应该在这里。当自己的实力不足，在外交问题上，妥协是必要的，也是正常的。但是对于参加巴黎和会的中国代表团来说，国内舆论强大的压力，使他们基本上没有这个选择，否则将被"钉在历史的耻辱柱上"。而国内舆论对谈判桌上的情况，也并不是很清楚。五四运动在很大的程度上是不了解当时中国代表团在巴黎和会的种种努力的情况下爆发的。当我们今天来回顾这个历史，这个历史比当时参加五四运动的激进学生所了解的清楚得多。巴黎和会的失败，是弱国外交的必然结果。

现在越来越多的研究已经指出，中国代表团在巴黎和会上尽全力维护中国的利益，并不存在所谓的"卖国贼"出卖中国利益的情况，当时人们对参加巴黎和会代表团的行为实际上有非常多的误解。虽然收回山东权益的目的没有达到，那并不是代表团的问题，而是中国的实力、国内政治的混乱和整个国际环境的限制。

当时，中国内部分裂，孙中山在南方成立政权。参加凡尔赛会议的代表团，南北势力都有，内部互相争斗。王正廷是南方代表，和北方政府代表顾维钧在许多问题上都有分歧。而且当时好多西方国家认为中国政府无能、腐败，军阀割据等，没有实力处理好自己的问题，所以哪怕它们对日本非常警惕，在道义上站在中国一边，但是实际上关键时刻又放弃了对中国的利益的支持。

当时乃至以后的人们都没有意识到的是，在巴黎和会上日本直接归还山东半岛给中国的可能性几乎不存在，因为一旦美、英、法强迫日本这样做，日本将退出和会并拒绝在《凡尔赛和约》上签字。如果日本不签字，和约便对它没有约束力。因此，美国迫使日本所做出的两年内归还山东的承诺，应该是在当时的情况下，中国所能得到的最佳结果了。事实也是如此，中国在1921—1922年的华盛顿会议上，成功地收回了山东权利。

而且，过去把巴黎和会上中国的失败，归咎于美国没有坚持原则，我认为并没有触及问题的实质：美国当时也受到各种因素的制约，虽然美国主导了和会，但是并不是一言九鼎；协约国内部，也有各自的算盘，特别是英、法、意三国在一战期间与日本的秘密协定，不支持中国的诉求，都使美国回天无力。而且《凡尔赛和约》和参加国联,最后都没有得到美国国会的通过。如果说威尔逊主义失败了,那么不仅仅是在中国失败,同样在美国也失败了。

＊　＊　＊

这里需要指出的是,美国的对华态度也只是一个笼统的说法,一般我们理解为美国官方对中国的态度。但是本书除了讨论美国官方的对华态度以外,更注意的是美国社会精英的代表对中国的态度。因此,提到所谓"美国的对华态度",必须把美国政府与媒体区别开来。甚至也不能把官方的态度视为最终能够实施的政策。因为政府在国会的制约下,往往也无法把其政策贯彻下去。总统和国会经常就是相互矛盾的,例如由威尔逊提出的国联,最后却被共和党把持的国会所拒绝,所以美国始终没有加入国联。但是应该指出的是,美国对中国的支持,并没有因为总统换届而受到影响,在哈丁上台以后主持的华盛顿会议,便是按照威尔逊在1919年的设想,帮助中国最终收回了山东半岛。

就是在总统的圈子里边,总统与他的幕僚的观点也经常相左。如在参加巴黎和会的美国五个全权代表中,只有威尔逊坚持与日本妥协,而其余四人都是反对的。而在不同的时期,美国官方的态度和政策也是不一样的。例如在巴黎和会之前,是支持中国收回山东的;在和会上,应该说"友好"的态度一如既往,但是政策却改变了。为了让日本配合美国的全球和平计划,牺牲了中国的利益,不再支持山东权利直接归还中国的诉求;但是在巴黎和会以后,美国官方对日本的态度又逐渐趋于强硬。因此,官方的对华政策是根据美国本身和东亚乃至全球利益和布局来决定的。但是在民间，美国媒体对中国的报道也反映了美国社会的价值观，以及对中国命运的理解和同情。

更不用说，美国媒体有着自由主义的传统，它们的言论经常是与政府唱反调的。官方和媒体，对中国的态度可以是相同的，但是更多的时候，却分歧很大，所以我们也不能简单地把媒体言论视为"美国的态度"。如果说美国政府在具体实施对华政策的时候，更多地是从国家利益和国际大局势来考虑的，而美国媒体则基本上出于政治倾向、道义和行为准则，来报道新闻和阐发对国际局势的看法。

那些媒体对中国的言论，有的显示了他们的同情心和正义感，有的则表现了对中国怒其不争的抱怨，对中国腐败政府和军阀的抨击，对中国命运的担忧，有些话甚至今天读起来也是很尖锐的。在这种情况下，出现了怎样帮助中国的各种不同的声音就不奇怪了。

美国官员和媒体在各种不同场合下关于同情和支持中国的表态，自然有着美国的利益诉求和价值观导向。虽然美国内部也有着不同的声音，但是主流是同情和支持中国、谴责日本的，所以在美国外交史学界才有了所谓"中美特殊关系"的说法。费正清在《美国与中国》中强调美中的"传统友谊"，认为美国对中国的行为是"善意的，寻求赐予和获得"。麦克·亨特（Michael H. Hunt）则强调美国对在中国"推动民主、法制和基督教这个现代三位一体的责任"。[2]

保罗·瓦格（Paul Varg）虽然对两国官方和政府层次的所谓"特殊关系"提出商榷，但也承认美国民间对中国的态度是真正友好的，强调两国人民的友谊。丹尼尔·科瑞（Daniel M. Crane）和托马斯·布鲁斯林（Thomas A. Breslin）认为这是一个错觉，这个错觉产生于中美关系的早期阶段。科瑞和布鲁斯林比较了威尔逊政府对中国革命的态度和对墨西哥及俄国革命的态度，发现没有什么不同。他们试图证明中美间"既没有积极的，也没有消极的"特殊关系。美国对待中国与对待其他国家一样，采取什么态度取决于国内政局。由于中国内部事务的不确定和不稳定，因此保持其秩序、稳定是美国社会、政府和商人集团最强烈的要求。[3]

詹姆斯·瑞德（James Reed）则从经济的角度观察这个问题：虽然中国乃至整个东亚都不是美国十分重要的贸易伙伴，美国从这一地区的进口双倍于出口，贸易的种类基本上局限于农业品，但是他指出不能据此认为中国对美国不重要，批评那种认为在海外贸易和投资中加拿大、欧洲和拉丁美洲比东亚更重要的看法，认为这是一种误导。[4]

这些学者关于中美关系的观点不同，在于他们从不同的角度和立场上来观察问题，也说明了中美关系很难用特殊或者正常这样的词来简单概括，而只能对具体问题进行分析和讨论。其实他们的不同观点，都不同程度地在本书所引用的美国媒体关于中国事务的报道中以及参与者的回忆录中，得到了印证。

美国在中国的角色

历史已经很清楚了，在巴黎和会上，美国并没有像它一直所宣称的那样成为中国的"坚强后盾"。威尔逊为了建立国际联盟的理想，没有能顶住日本要退出和会的威胁，山东问题最终不能在和会上解决。中国之所以受到如此大的打击，是因为中国对美国的期望太高了。中国人很难接受这样的理想与现实的巨大落差。

王立新从积极的方面来看待威尔逊的历史遗产。在他的《踌躇的霸权》中指出，威尔逊主义包括两个方面：一是国际秩序应该建立在自由主义原则基础上，包括集体安全、自由贸易、民主政府；二是美国外交路线应该是国际主义的，积极参与国际事务并充当领导的角色。在威尔逊看来，在国际上民主共同体的扩大可以保障美国的安全，一个开放的、自由的世界经济体系，不仅有利于美国经济，同时保证世界的和平与繁荣。威尔逊主义把自由主义与国际主义相结合，因而被称为自由国际主义。他的一整套自由国际主义思想产生了长远的影响，并成为20世纪美国对外政策的基本原则。[5]

人们在二战后反思战争根源时，总是把大战的爆发与《凡尔赛和约》和威尔逊建立的国际新秩序联系起来。批评者认为，威尔逊认为依靠国际舆论、国际法和国际组织可以制止侵略过于天真，忽视了国际政治是权力政治，是把国际秩序建立在空中楼阁之上。乔治·凯南批评威尔逊沉醉于不切实际的理想主义，幻想和平将建立在人类的良心之上，结果是把和平建立在沙滩上。王立新对威尔逊的评价是中肯的："他未能使自己亲手缔造的国联计划在国会通过，他缔造的凡尔赛体系只维持了20年的和平，但他绝对是一个伟大的思想家。从长远来看，威尔逊无疑是正确的，而且他提出的自由国际主义思想影响了整个20世纪的国际关系和美国对外政策。"[6]

的确，威尔逊的失败，是因为在一战后还没有形成实现他的理念的那种国际国内的大环境。理想主义经常在短期内都难以成功，但是从长远的观点来看，威尔逊的许多理念，为后人所接受。因此，对于怎样建立永久的世界和平，百年后来思考，是非常有意义的。这个所谓的"理想主义"，有两个意思：一是威尔逊的一战后理想主义的国际秩序，二是中国精英对威尔逊的理想主义的认同和期望。美国的对华政策，一直都有着理想主义的色彩，自以为要在这个世界上匡扶正义，对一战后的中国政策，其实也有这样的情怀。

威尔逊想建立一个新的和平框架和国际秩序，但实际上在美国国内并没有得到许多支持，而且为了建立国联还得和日本妥协，并最终牺牲了中国的利益。这些问题都需要在当时中国所处的国际环境下进行考察。如果我们仔细考察第二次世界大战以后的历史，实际上就是威尔逊主义的具体的实施，美国对日本和德国的改造就非常成功，奠定了二战以后国际和平的新格局。

而孔华润却是更多地从批判的态度来看待威尔逊主义。他认为，其实开始的时候，好牌似乎握在美国手中：中美友谊的悠久历史，中国人对美国领导的接受，中国知识分子对西方特别是美国思想的热情。最初美国并没有充分意识到五四运动的意义，威尔逊竭力让国会批准《凡尔赛和约》，但是"列宁和他的同志们对反帝的潜在力量有更深的了解"，《汉卡拉宣言》的作用使苏俄共产党"可以用来夺取反帝运动领导权"，而美国在凡尔赛却失去了对重建世界秩序的领导权。[7]

根据孔华润的研究，美国的失败，是策略上的失败。美国似乎在对华问题上缺乏灵活性，坚持如果没有先恢复秩序，就没有繁荣。尽管有一战的教训及其后果还摆在眼前，"他们仍坚持他们的进步信念和这种信念在18世纪的基础——相信和平和秩序是'自然的'，暴力和战争只是暂时的错误。"[8]

* * *

五四运动已经过去了一百多年,但是关于五四运动与美国的关系,我们却所知不多,甚至对此也没有进行仔细地探讨和梳理。一些研究对五四运动爆发以后美国的态度有所提及,但缺乏系统的研究,而且语焉不详。例如周策纵的《五四运动史》是迄今为止研究五四运动最早、最权威和最全面的一本专著,然而关于美国的角色和态度,也只有一两页的篇幅。[9]

其实,在许多问题上,乃至对当时中国的认识以及中国未来的走向,当时美国媒体可能比中国自己有更清楚的认识,而五四运动则是在中国民众并不清楚内幕的情况下爆发的。当然,对有些事件,美国媒体的报道并不完整,所以我也使用了一些中文资料去弥补。

五四运动的成就是什么?按照韦慕庭为《五四运动史》所写书评中引用周策纵的话,就是知识分子对现状成功的反叛,开阔了受到教育的人关于生命和世界的视野。在获取现代知识方面,尤其是在科学观点以及方法上,中国取得了重大进步。运动的另一个成就是,在人文主义、浪漫主义、现实主义以及自然主义的基础上创立了新的文学,促进了媒体以及大众教育的快速发展。同时,这场运动促进了社会改革,例如在提高妇女地位以及促进婚姻制度现代化。这场运动同样注意到了中国对经济改革的需要。研究者经常把五四和新文化运动放到一起来看,新文化运动被称为"中国的文艺复兴"。运动的发起者对西方共和制度"在中国的惨败感到深深的失望",开始对中国生活的各个方面提出批判。

当然,并不是中国人对五四运动都持支持的态度,保守派强烈反对五四运动,国民党包括蒋介石都蔑视这场运动。而自由主义者一方面批评运动所引导的政治方向,但同时又对运动对思想界、文学界以及社会革新所做出的贡献进行了肯定。指出五四运动是强调自由主义和民主的自由话语,反对独裁政府,这场运动是对专权主义的一个威胁。[10]

正如周策纵所指出的,在评述近代中国与西方的关系时,不能忽略五四运动。这期间对中国传统伦理观念、习俗和制度最大的挑战,就是以自由主义、民主、科学等观念的面目出现的西方思想。美国的巨大影响是不可否认的。然而,受到苏俄快速发展的激励,伴随着高涨的民族主义,从自由主义转变为社会主义逐渐成为一个趋势。中国在近代的屈辱,对现代化的追求,专制主义的政治传统,加之西方列强为了取得中国经济利益而采取的各种遭中国人厌恨的手段,以及中国自由主义者的错误政策,都推动了中国人逐渐远离西方政治文明的趋势。[11]

费正清也认为,五四运动的惊人之处在于它是由知识分子领导的,并且他们在反帝的政治纲领中,提出了科学和民主的新文化思想以及新爱国精神。中国的学生比以往任何时候都更多地自动承担了为中国命运操心的责任,他们甚至通过学生组织深入到农村中去,虽然他们的影响仍主要局限在城市中。在五四运动中,知识分子阶层在短暂时间内担当了中国革命的积极领导。新知识分子提倡用白话文作为学术研究和所有日常交往的书写手段,文言文逐渐退步到边缘的地位。他们提出了科学和民主的口号。胡适主张用批判态度对待传统,逐步改变中国人的思维方法;陈独秀则以人权和社会平等的名义,反对儒家思想;蔡元培提倡思想言论自由,聘陈独秀和胡适为北大教授。[12]

但是,我想指出的是,在那个时期,美国对中国问题并没有完全深入的了解。不过，这一点都不奇怪，因为当时中国人对自己的国家及其未来都是如此地模糊，那么美国有这种局限性，就是很正常的了。当然这种局限性也并非一无是处，有时候可能正是这个大轮廓的观察，使其不会被那些枝节所迷惑，可谓是站在庐山之外。美国媒体对当时中国问题的看法和评论，其中许多今天看起来也不乏真知灼见。从本书所引用的，在五四运动爆发的当时，美国媒体以及了解中国的像杜威这样的学者，就已经充分认识到，这场运动会产生深远的影响。

*　*　*

我们不能把西方作为一个整体来看，西方列强对中国的政策也是不同的，特别是美国在可能的情况下，对中国给予了支持。虽然美国支持中国保持领土完整，但当时的美国在国际舞台上也并非无所不能。在建立一个怎样的世界秩序以及谁主导这个世界秩序的问题上，美国与英、法有着巨大的矛盾。而且正如我在第 10 章所分析的，在百年后的今天来看，实事求是地讲，中国在巴黎和会上收回山东主权的可能性，几乎是不存在的。

由于美国在五四乃至以后的时期对中国的支持，所以日本舆论以及后来也有不少日本人称，五四运动是美国煽动的。正如本书所证明的，或许美国在思想上对领导这个运动的精英有影响，但是五四运动的爆发，与美国没有直接的关系。不过，巴黎会议以后，美国对日本的态度日渐强硬，因此在华盛顿会议上帮助中国解决山东问题。哪怕中国在华盛顿会议上没有得到满意的成果，但收回山东主权却已是在当时国际形势下能够得到的最好结局。

过去国内学术界把华盛顿会议上中国所取得的进展，主要强调为两方面的原因，一是国内反日浪潮的高涨，二是美国为了自身在东亚的利益对日本施压的结果，其目的是在东亚扩张势力。这些观点当然正确，但并不全面。从美国主流媒体的报道来看，无论官方，还是民间，美国对中国的境遇和主张是十分同情与支持的。如果忽视这一点，只是从"利益"上强调美国的外交政策，就不能完全理解美国的对华态度和对日本的警惕。

美国媒体和个人描述中的中国

美国人对1912—1928年间中国的观察，是美国人的眼中反映出来的中国政治和社会，是一个混乱和转折的时代。从美国人所看到的中国这个角度出发，提供了与中国人看自己历史的一个不一样的观察。这些报道是通过第三者的角度，从国际的视野，因此具有重要的参考价值。当然，由于这些报道是出于西方人之手，是西方人看待彼时中国的政治、社会、教育与文化，难免是从西方的价值观和意识形态出发的。但也正是这样，他们的观察和评论对我们今天认识这段历史，才具有了独特的视角和不可取代的意义。

纵观美国媒体在1912—1928年关于中国的报道，大概可以总结出几点：

一、让外界得知中国的情况，引起美国民众对中国问题的关注；二、在国际上发出正义的呼声；三、揭露日本试图控制中国的野心和政策；四、对中国事务的分析和设想对策；五、批评中国的混乱局面;六、对美国的对华政策进行批评。它们在中国的历史转折关头,在对历史的影响和记录方面,扮演了一个积极的角色。

应该指出的是,通过利用媒体报道,来研究这个时期的中美关系,还是有相当的局限性。例如它们并不能全面揭示美国的对华政策,因为我们知道,许多国与国的交往,往往是在关门之后,或者台面下的交易。因此,档案资料是非常重要的。但是,通过媒体的报道来观察中国,是与挖掘档案去建构历史,是不同的研究方法和研究取向。

美国媒体的报道和来华的美国人的记叙中,对中国的政治和社会现象,有许多尖锐的批评。我们不能简单地认为,美国媒体只要是支持中国的言论和行动,就是对中国友好的表现,反之就是对中国的敌视,历史往往比表面上看起来复杂得多。如第23章所讨论过的《基督教科学箴言报》所报道的对瑟斯顿的采访,她指出美国不能贷款给北京政府,因为这实质上是支持中国军阀,支持腐败的北京当局,违背了中国人民的意愿。掌权的北京政府的权力若不是来自民意,则其权力就不应该拥有。

也就是说,这些美国媒体在考虑怎样支持中国的时候,把支持当前中国政府,还是支持中国人民走向法治和民主,是区别得很清楚的。另外,我们对当时一些在今天看来是典型的殖民主义观念的西方言论,也应该放到当时的具体历史背景中进行分析。

当时,中国社会混乱,官员贪腐、政府无能、政治黑暗,这不仅让中国人失望,也让真正想帮助中国的美国人失望。从本书所研究的这段时期美国舆论对北洋政府和军阀的批评来看,这个政府充满罪恶,是一切灾难的根源,要为中国的种种问题负责。既然中国人民没有任何权力对这个政府进行监管,西方人提出由国际监管,也并不是什么惊世骇俗的建议了。但是美国始终认为,中国国内的稳定和政治统一,是解决中国问题的前提条件。所以美国政府一直对干涉中国持抵触的态度。

即使美国媒体对当时的中国政局显示了担忧和批评,美国官方和舆论对支持中国的倾向性是非常明显的。另外,美国媒体所报道的中国争取权利的新闻,给我们提供了了解当时国际形势和中国处境非常重要的参照。本书所引述的美国媒体所报道的中国人对自己国家过去和未来的各种观点,说明了国人在怎样使中国强大起来,摆脱西方列强的束缚方面有着各种不同的看法。

在国际环境对中国不利的情况下,在中国内部也出现了许多激进的观点,这也是不奇怪的。有的观点今天看来是无法接受的,包括希望日本能占领中国,以此来激发中国人的仇恨,以及应该让日本殖民中国50年,等等,但确实反映了当时中国人不能把握自己命运的无可奈何的心境。

美国媒体所指出的种种问题都是实际存在的,执政的北洋军阀应该承担其责任。但是如果我们和随后接替北洋军阀的国民党政权相比较的话,我们可以发现实际上在很多方面,北洋军阀时期对中国的统治要开明得多,可以说是这个相对的开明为那个时期中国发生的历史转折提供了可能。在那段时间里,新文化运动、《新青年》的流行、对"德先生"和"赛先生"的追求、五四运动、马克思主义的传播、共产党的成立、五卅运动、农民运动、劳工运动、各种新书新报刊的出版……社会充满着活力,思想发生着碰撞,新潮流摧枯拉朽般地冲击着那个旧的社会。

虽然北洋军阀是一个乏善可陈的政府,军阀混战带给国家和人民无穷的灾难，但是国民党的统一并没有把中国引向进步，而且在很多方面都大大地倒退了。因此，历史就是这么无情，似乎它是根据某种轨迹向前演进，但是又似乎演进的结果并不是人们所预想的；有时候我们以为迈向了正确的方向，做出了正确的历史选择，但是许多年以后，我们发现那只是一个虚幻的梦想。

美国在巴黎和会上的妥协在中国人心理上造成的损害永远不能够弥补，也可以说是永远地改变了中美两国的关系，改变了中国的未来走向。其所造成的影响，可以说直到今天，仍然可以看到余绪，因此无论怎么强调它的后果都不为过。芮恩施的担心，可悲地成为现实。对这样有远见的、敢于批评自己国家的美国人，关怀中国未来和中美友谊的正直的美国人，我们应该抱有最大敬意。但是，在巴黎和会和五四运动百年以后，我们也应该有深刻的反思精神，想想中国自己的问题在哪里。

中国只能自己救自己，哪怕有任何强国的支持，都没办法根本改变中国积贫积弱的现实。因此，中国的问题，不在于所谓的"朋友"要对我们怎样，而在于我们自己怎样做出正确的选择。自身强大——不仅仅是身体的强大，更重要的是自信和智慧以及正确的道路的选择——才能真正主宰自己的命运。大到一个国家、一个民族，小到一个家庭、一个个体，都要坚信，把命运掌握在自己手中，才是立国、立身、立命的根本。

历史的偶然性和需求的必然性

美国一直希望中国建立一个稳定的政权，开始是相信袁世凯能够维持中国的共和制度,在1920年代又把希望寄托在军阀吴佩孚身上。在抗战之后,它选择了实行专制独裁的蒋介石。美国决定支持蒋介石,应该与古德诺支持袁世凯是一脉相承的:就是中国需要一个强人来维持稳定,但是美国人又反感蒋介石这种独裁者,这也是抗战时期史迪威和蒋介石发生尖锐冲突的原因之一。其实,美国就是这样不断陷入自相矛盾之中。

避免军事卷入,是美国一贯的外交政策。在海约翰发布门户开放政策的照会之后,主要用谈判、外交协议等手段达到自己的目的。我们应该看到,这个时期美国的对华政策和态度,是和威尔逊的理想主义分不开的。亚当·图兹指出,"美国曾经明确想要扼制的是帝国主义,而它所理解的帝国主义既不是高效的殖民扩张,也不是白色人种对有色人种的种族统治,而是法国、英国、德国、意大利、俄国和日本所进行的'自私'的激烈对抗,这种对抗会把一个完整的世界分割成四分五裂的利益范围。"[13]

邹谠认为,从1919年巴黎和会,到1941年底的珍珠港事件爆发,美国都奉行了这样一个原则,包括威尔逊在巴黎和会上为中国的努力,日内瓦裁军会议美国代表团主席史汀生(Henry L. Stimson)的宣布不承认日军侵华行动的"不承认主义",罗斯福总统的国务卿科德尔·赫尔(Cordell Hull)不计其数的声明、照会和备忘录,最后直到对日本实行全面的石油禁运,美国都力图避免采取军事行动。

虽然美国逐渐摆脱了其相对而言在地理位置上的孤立,然而它并未彻底放弃传统的孤立主义。1941年7月,因为日本计划切断英国在南太平洋的贸易通道,将使西方各国无法取得东南亚的重要的原料。正是在这种情况下,美国对日本实行全面的石油禁运,美国采取了强有力的行动,主要目的是阻止日本全面占领东南亚。从实质上来说是直接地捍卫美国在东南亚的利益,间接地捍卫美国在欧洲的利益。

邹谠指出,美国永远不会放弃原则和目标的权利,这些原则都是需要以外交的、和平的手段去寻求的长期目标。所以太平洋战争的爆发"是美国对华政策的传统模式的自然结局"。[14]因此,美国的对华态度和政策,取决于一系列的因素,包括最大限度地避免直接的军事冲突,遏制日本在远东、东南亚乃至整个亚洲的扩张,在道义上支持中国抵抗日本侵略的行为,等等。但是,一旦和平成为不可能,美国最后也会义无反顾地投入战争。

如何制定对待非洲和亚洲的"新兴"国家的民族主义,是美国政策制定者一直面临的最重要的问题之一,孔华润认为这不是一个容易回答的问题。第一,美国不是在行动和不行动之间进行选择,而是在有意识、有益的影响和无意识、也许有害的影响之间进行选择。第二,共产党的势力在民族主义运动的过程中,取得了不容忽视的成功,美国必须"对这个竞争者有所动作,或者对竞争者的默认"。[15]我们可以看到,美国一直在影响与不影响、干涉与不干涉这样的犹豫之中。它的主流认为,中国的事情还是要由中国人自己去解决,但是在20世纪初,美国又试图通过教育、医疗、国际条约等等方面来协助中国的稳定。

巴巴拉·塔奇曼在《史迪威与美国在中国的经验,1911—1945》这部巨著的最后写道:"美国无法解决中国的问题。美国维持现政权的努力无法给一个腐朽的政府注入力量,实现稳定,也无法使它获得民众支持。它无法支撑一个空壳,也无法长久延迟天命周而复始地轮回。最后，中国走了自己的道路，就仿佛美国人从来没有去过那里似的。"[16]

费正清在给塔奇曼的这本书所写的序言中，引用了塔奇曼的最后那句话。我知道塔奇曼和费正清所要表达的是，美国试图改变中国、让中国走美国道路努力的失败。但是这里我想指出的是，既然美国来过中国，就会留下了它的痕迹。其实历史就是这样，不管怎么评价它留下的痕迹，但是它总归来过，有的像协和医院、燕京大学、华西医科大学等等，虽然名称改变了，但是它们的实体还在。而更多的像飞虎队、史迪威、司徒雷登等，却留在人们的记忆中，因此不可能没有留下任何痕迹。

注 释

[1] 见唐启华:《巴黎和会与北洋外交》，第378页。

[2] John K. Fairbank, *The United States and China* (Third edition), p. 402; Michael H. Hunt, *The Making of a Special Relationship：The United States and China to 1914*, pp. 217-225.

[3] Paul Varg, *The Making of a Myth：The United States and China, 1897—1912*, pp. 121, 129; Daniel M. Crane and Thomas A. Breslin, *An Ordinary Relationship：American Opposition to Republican Revolution in China*, pp. ix, xx, 162.

[4] James Reed, *The Missionary Mind and American East Asia Policy, 1911—1915*, p. 43.

[5] 王立新:《踌躇的霸权——美国崛起后的身份困惑与秩序追求（1913—1945）》，第83页。

[6] 王立新:《踌躇的霸权——美国崛起后的身份困惑与秩序追求（1913—1945）》，第79、82页。

[7] Warren I. Cohen, "America and the May Fourth Movement: The Response to Chinese Nationalism, 1917—1921." *Pacific Historical Review* vol. 35, no. 1 (February, 1966), p. 99.

[8] Warren I. Cohen, "America and the May Fourth Movement: The Response to Chinese Nationalism, 1917—1921." *Pacific Historical Review* vol. 35, no. 1 (February, 1966), p. 100。

[9] 在他的书中,周策纵将美、英两国合在一起进行了简单的讨论。见周策纵:《五四运动史:现代中国的知识革命》,第202—206页。

[10] Martin Wilbur, "Peking, 1917—21: Professors Changed the Course of Chinese History." *New York Times*, May 15, 1960.

[11] 周策纵:《五四运动史:现代中国的知识革命》,第14页。

[12] 费正清:《美国与中国》(第4版),第215—218页。

[13] 亚当·图兹:《滔天洪水:第一次世界大战于全球秩序的重建》,第15页。

[14] 邹谠:《美国在中国的失败》,第7—9页。

[15] Warren I. Cohen, "America and the May Fourth Movement: The Response to Chinese Nationalism, 1917-1921." *Pacific Historical Review* vol. 35, no. 1 (February 1966), p. 83.

[16] 巴巴拉·塔奇曼:《史迪威与美国在中国的经验,1911—1945》,第642页。

第 29 章　最后的故事

> 透过他者的眼睛，或许可以帮助我们认识自己。
>
> ——本书作者

1920 年代以及以后的美国人，当望着渐行渐远的中国知识分子和人民大众，肯定是五味杂陈，有着极大的失落感。其实，中国的大门，仍然对美国打开着，燕京大学、圣约翰大学、《密勒氏评论报》、司徒雷登、鲍威尔、史迪威、赛珍珠、阿班……美国因素仍然影响着中国。在同一个时期，不断有中国人远渡重洋，到美国寻求真知，吴文藻、费孝通、陈寅恪、陈梦家、梁思成、林徽因、林耀华……在美国最好的学府里，诸如哈佛、耶鲁、康奈尔、加州伯克利、芝加哥大学，都可以经常看到他们的身影，从那里产生了那一代最优秀的中国知识分子。

1941 年 12 月 7 日，日本偷袭珍珠港，太平洋战争爆发，中美面临共同的敌人——日本军国主义，两国又成了生死攸关的朋友。如果我们看美国政府拍摄的纪录片《我们为何而战——中国战场》（*Why We Fight: The Battle of China*），便可以看到这样的描述：美丽的土地，悠久的历史，勤劳的人民，正在被日寇所蹂躏，那么美国为谁而战，不是就一目了然了吗？于是，在中美关系史上，便有了飞虎队、驼峰航线、史迪威公路等等这样的历史记忆。

太平洋战争爆发后，本书的六位故事讲述者芮恩施、鲍威尔、史迪威、赛珍珠、阿班、司徒雷登，有的早已离世，有的被日本人监禁，有的回到了美国，有的帮助中国抗战……他们余下的故事可以说是圆满地诠释了他们人生的追求，以及对中国的情谊。还是让我们来看看他们的最后与中国的故事吧。

芮恩施壮志未酬而英年早逝

威尔逊在巴黎和会上对日本妥协，极度的失望促使芮恩施辞去了驻华公使一职。芮恩施在1919年6月7日给威尔逊总统的辞职信中写道，现在需要使美国人民认识到，中国局势的发展与美国的关系极大，试图以美国人民的力量去影响美国政府的对华政策：

> 除非美国人民了解这种情况，除非美国政府感觉到本身足够强大，可以采取适当的行动，否则美国将要不可避免地丧失在中国140年来工作的成果。我们的人民只有在别人允许的情况下才能在中国存在，而中国人民给我们提供的协助中国发展教育和自由制度的大好机会，一去不复返了。代之而起的将是一种以东京为中心的反动军阀政权用无耻的办法控制的罪恶局面。

芮恩施认为，日本是专制的代表，如果中国被日本所控制，那么必然走向专制，因此美国必须对日本予以充分的警惕。"如果不反对这种势力及其一切惯用的办法的话，那么远东将出现一个世界上前所未见的最大的武力压迫和统治的工具。我们也不可避免这种罪恶的后果产生时，美国首当其冲的结局。"[1]

中国拒绝在巴黎和约上签字，给中国一个"挽救山东的机会"。芮恩施甚至认为不能让日本掌握山东的经济特权。如果经济特权转移给日本，就会发现"经济特权就意味着美国在山东的独立企业的完结"，因为人们看到日本在满洲已经利用过这种经济特权，会造成怎样的结果，知道日本会在山东行使什么政策。他批评威尔逊所认为的国际联盟将会阻止日本侵占山东的完整主权，"关于这一点他又误解了，日本无意要求取得山东的主权，他绝对没有这种权利，只是他能保持巴黎和会判给他的政治经济权力，他并不需要什么主权来实现他的计划。"[2]

哪怕辞职以后，以后他还是苦口婆心地向美国政府反复阐明对日本妥协的危害。山东问题没有解决，给中国留下了深深的创伤。芮恩施在给华盛顿的电报中陈述了这一见解，指出一个外国政府取得对港口设备和一条通向内地的铁路所有权，以及独有的商业上的优先权，是一种"由政治支持的经济权利"。这些权利构成了现在满洲那样的"一种没有政治控制名义的政治控制"。

他表示了对日本没有哪怕最基本的信任，尽管日本发表许多要尊重中国主权的声明，但是日本的"这些权利丝毫也不会受到损害"。他认为如果山东的经济和政治权利被日本控制的话，那么谈论山东的主权就是一句空话。"山东的主权既不属于德国人，也不属于日本人，而始终是属于中国的"。青岛港口以外的土地，应该"连同其他完整的主权归还"。[3]

多年之后的1945年，鲍威尔回忆道，芮恩施向中国人民做出的外交承诺"将永远不会兑现，并且最终导致了两国关系的灾难性结局",这对芮恩施本人"也是个悲剧"。[4]回到美国之后,他在美国发表了许多次演讲,让美国人民和媒体知道巴黎和会对中国的伤害以及美国决策的错误。

看来芮恩施的直觉没有错,中国人民似乎永远都没有忘掉威尔逊对中国的食言。威尔逊的食言为什么使芮恩施痛心疾首,因为他看到美国在中国的长期努力毁于一旦。孔华润认为芮恩施是一个"小威尔逊",两人有着共同的理念。他是一个知识分子,一个政治学家,"是中国和中国民族主义的朋友,以及日本帝国主义的对手"。他对年轻的中国知识分子有很大的影响力,并让威尔逊了解中国的问题。芮恩施对美国在中国的活动有深远的影响。[5]

芮恩施在1919年辞职以后,1920年作为民主党的代表在他的家乡威斯康星州竞选参议员,但是没有成功。1921—1922年他作为中国代表团的顾问,出席了华盛顿会议,为中国收回山东权利,做出了最后的努力,而且卓有成效。随后,他又赴华担任中国政府的顾问。1923年1月,他从汉口到上海后就病倒了,竟然于1923年1月24日不幸在上海逝世,年仅52岁。

据《纽约时报》就他逝世发布的消息称,这是由于长期"过重的工作负荷"(overwork)和"对中国局势的担心"(worry over the Chinese situation)。[6]从这个意义上来说,称他为了中国的福祉鞠躬尽瘁、死而后已也不为过。他的经历有点像明末的意大利传教士利玛窦,把毕生事业放在了在中国的传教,企图建立起中西方文化和宗教的理解,最后也死在北京。芮恩施对正义公平的追求和对中国的同情,像宗教信仰那样执着,但不幸却是以悲剧而结束。

DR. PAUL S. REINSCH DIES IN SHANGHAI

Former U. S. Minister to China Suffered Mental Collapse From Overwork Last Fall.

WRITER AND LECTURER, 52

Adviser to the Chinese Government Was Defeated in 1920 for Senator From Wisconsin.

Copyright, 1923, by The Chicago Tribune Co.
SHANGHAI, Jan. 24.—Dr. Paul S. Reinsch of Wisconsin, former United States Minister to China, and recently adviser to the Chinese Government, died

《纽约时报》关于芮恩施在上海去世的报道。

资料来源：*New York Times*, January 26, 1923。

鲍威尔狱中失掉双脚

鲍威尔 1917 年来到中国，1942 年离开。在中国的 25 年，是中国风云激荡的时代。他采访过许多中国政治人物，长期对中国的政治进行分析和评论；游说美国总统、国会和政府，通过了《中国贸易法案》；是军阀混战、五四运动、北伐战争、共运发展、西安事变、日本侵华等历史的经历者，对这些大事件都亲自做过报道。正如我在本书中引用的《密勒氏评论报》上的大量文章，我们可以看到，他对西方世界了解中国的真相，起到了非常重要的作用。

这个真相也包括中国共产革命的兴起。1928 年，埃德加·斯诺（Edgar Snow）到上海担任《密勒氏评论报》的助理编辑，1936 年他便是以《密勒氏评论报》记者的身份前往延安进行采访，后来写下了《西行漫记》，让外界了解到真实的中国共产党和红军。鲍威尔作为《密勒氏评论报》的主编，能够有这样的眼光，让西方世界看到一个真实的延安，充分展示了他对新闻的敏锐和求实的态度。他刊登埃德加·斯诺延安之行所作的《毛泽东访问记》，以及首次公开发表毛泽东的身世和照片，在海内外引起强烈反响。[7]

他在《密勒氏评论报》成立之初，就一直对日本抱着很深的警惕，不断地揭露日本侵略中国的各种阴谋和行为。"七七事变"以后，更是持续严厉谴责日军的罪行。1941 年 12 月 7 日珍珠港事件爆发后，日本军队随即占领上海公共租界，《密勒氏评论报》被查封，鲍威尔被关进集中营。他在监狱里和一个英国人相遇，被囚禁在同一个牢房里，发现两人曾经在"蓝钢皮"事件中被山东土匪劫持，共过患难。两人都非常感慨："与日本侵略者相比，我们更喜欢中国土匪！"[8]

在监狱里，鲍威尔遭受了长时间的审讯。他过去发表的谴责和揭露日本阴谋的文章，都被日本宪兵用作反日或者收集情报的证据。他在监狱里遭受了残酷的折磨，最后生命危在旦夕。1942 年 8 月，日本人担心鲍威尔死在狱中可能会给他们带来麻烦，以日美之间交换战俘的方式释放了他。他离开上海的时候，已经骨瘦如柴，所以当时见到他的人称他为"甘地"。他双脚得了坏疽病，而且非常严重。

在回美国的漫长的跨太平洋的旅途中,他接受了记者的采访,他的事迹发表在《生活》杂志上,《读者文摘》做了转载,在美国引起了相当大的反响。当他到达美国的时候,人们把他当作英雄欢迎他回家,已经有 600 多封信等着他去阅读。

他的事迹也感动了当时的中国政府和人民。1942 年出狱以后,蒋介石拨款给他 10000 美元作为他的医疗费用,中国新闻学会也为他募集了 11000 美元。[9]当船经过里约热内卢的时候,中国驻巴西大使谭少华专门去看望他,还为他带去了蒋介石、外交部长宋子文、驻美大使胡适,以及纽约等地的其他中国外交官员和使领馆人员的问候。

他还受到在美华人的尊崇,纽约一家中餐馆的老板对鲍威尔说,无论什么时候,餐馆都欢迎他来用餐,而且决不收他一分钱。老板告诉鲍威尔,得知他被日本人关押时的经历,感到触目惊心,对中国做出了很大牺牲,他非常想用实际行动来表达对鲍威尔的感激之情。老板还说,无论鲍威尔走入哪一家中餐馆,只要那里的老板知道他的身份,就决不会收他的钱。

在接受治疗的漫长过程中,鲍威尔必须经常接受输血,他回想到在上海医院接受输血时所遇到的各种困难,因为在整个中国也找不到一个血库,认为中国迫切需要建立血库系统。在他的努力下,纽约长老会医院(Presbyterian Hospital)决定赠送一套完整的血库设备到中国,这成了中国的第一个血库。[10]

鲍威尔身体的治疗和恢复是漫长和痛苦的。但是,在治疗的同时,他以坚强的毅力完成了回忆录,记述了他在中国 25 年的经历,即《我在中国的二十五年》(*My Twenty Five Years in China*)。回忆录让后人得以更加真实、详细地了解那段岁月，也给我写本书提供了非常珍贵的资料。

在日本监狱里受到的折磨，永远地损害了他的身体。1947年2月28日，鲍威尔在华盛顿去世，年仅60岁。3月1日的《纽约时报》发布了他逝世的消息，使用了这样的标题《鲍威尔，新闻人去世；日本人残酷折磨的幸存者》（J. B. Powell, Newspaper Man, Dies; Survivor of Japanese Brutalities），另外还有小字的标题介绍："在中国许多年，不断严厉警告美国保持在太平洋的强势，他在日本的集中营失去了双脚。"这个副标题显然是在批评美国政府始终没有对日本的威胁予以足够的重视，最后终于酿成了代价惨重的太平洋战争。这篇讣告里面还透露了他回国后活动的一些更多的细节。他坐在轮椅上，参加各种集会。最让世界瞩目的是，他挂着拐杖，远赴日本，出现在东京大审判法庭上，为审判东条英机在内的日本26个甲级战犯做证。[11]

现在，除了新闻史的研究者有时还会提到他，他几乎被中国人遗忘了，可以说是已经完全不为人们所知。历史的遗忘，让我十分唏嘘，我们不应该忘记他。他为中国的新闻从业者树立了一个标杆，就是为了真相，为了真理，不畏强暴，勇于直言，哪怕付出生命的代价，也无所畏惧。他用自己的奋斗和生命诠释了什么是友谊，什么是正义。

中缅战场英雄史迪威

1929年6月，史迪威回到了美国，担任本宁堡步兵学校（United States Army Infantry School）战术系主任，那个时候马歇尔担

J. B. Powell, Newspaper Man, Dies Survivor of Japanese Brutalities

Editor in China for Many Years Stricken as He Warns U. S. to Stay Strong in Pacific—Lost Both Feet in a Prison Camp

WASHINGTON, Feb. 28 (U.P.)— John B. Powell, American newspaper man who barely survived six months of brutalities in a Japanese prison camp, died of a heart attack today after warning the United States to remain strong in the Pacific. His age was 60.

The crippled journalist —, portions of both his feet had been amputated to check the spread of gangrene—was guest speaker at a luncheon of the University of Missouri Alumni Association. He had just finished his address and sat down when he slumped across the speaker's table. He was dead before an ambulance arrived.

His last words were a note of caution to Republican congression-

JOHN B. POWELL
The New York Times (Tokyo Bureau), 1946

F. Millard, another Missouri news

《纽约时报》关于鲍威尔去世的报道。

资料来源：*New York Times*, March 1, 1947。

任该校的校长,希望史迪威的到来能帮助他进行战术教学的改革。1935年史迪威第四次来华,在北平任美国驻华武官,任职期间,考察了中国南北许多地方。"七七事变"以后,他带领一个情报组及时向美国报告战争进展,并实地考察中国战况。1939年回到美国,出任步兵第2师第3旅旅长,第二年出任第7师师长,1941年出任第3军军长。

1941年12月太平洋战争爆发,美英首脑决定成立中国战区,蒋介石担任中国战区最高统帅。1942年3月,晋升中将的史迪威担任盟军中国战区参谋长兼中缅印战区美军司令。但是史迪威不能容忍蒋介石把他的专权和面子视为比抗战还重要的做法,因此他们产生难以调和的矛盾就是不可避免的了。

史迪威很早就对"面子"这个问题有所感悟。1929年,他在题为《东方人的心理》的演讲中,便探讨了西方和东方之间的一个基本的障碍,这个障碍因为太显而易见,反而常常被忽视。他指出,西方人常常动不动就说中国人"不可捉摸",其实他们只是发现中国人"跟我们不同"。为什么中国人不同?史迪威说,这是因为他们在漫长的历史长河中都跟我们的文明是"分割开的",因此在不同条件下他们发展了自己的文明。"那么怎么可以指望一个中国人做出像一个西方人那样的反应?……回答是,不可能。"

其实,这是个很重要的原则。他还指出,由于中国社会非常古老,而且固守成规,因此中国人有种"保守的心态……惰性极大"。谈到东方对"面子"的看法时,他阐述的东西足以表明,日后他未能跟蒋介石处好并非由于无知:"因此尊严是最受珍重的东西,谁剥夺了别人的尊严他就会树立大敌……跟中国人打交道不要扫他们的面子,除非你想侮辱他们,或者你不在乎与他们为敌。"[12]哪怕他充分照顾到蒋介石的权力和面子,但是他们在战略和战术方面的巨大分歧,不可避免地发生各种冲突和纠纷。

史迪威向蒋介石提出了中国军队改革的建议,包括精简整编、撤换无能的高级军官以及授予前线指挥官全权等,但是并没有得到蒋介石的认可。1942年7月,蒋介石向美国总统提出撤换史迪威,但是罗斯福总统并没有同意。后来史迪威又出任中国驻印军总指挥。1943年,为了更好地在中国战场上协同作战,史迪威提出使用共产党部队的建议,还打算给予其武器和供给的支持,当然没有得到蒋介石的同意,而使他们的冲突进一步激化。

1944年,当大战局势越来越有利于同盟国,但中国战场的形势却不断恶化,这让同盟国的主要首领如罗斯福、丘吉尔、斯大林等,对蒋介石的能力产生了怀疑。而史迪威在滇缅战场上虽然条件十分艰苦,却取得了不少的胜利。1944年8月,史迪威晋升四星上将。在这种情况下,罗斯福提出将史迪威调往中国战场指挥作战,并将租借物资的一部分拿出来装备中共部队。

蒋介石认为,这一切是史迪威在后面运作。在蒋介石的强硬要求下,1944年10月罗斯福同意召回史迪威。10月31日《纽约时报》发表题为《巨大的分裂浮出水面》(Long Schism Seen)的文章,批评蒋介石"把他的军队投入与日本的战斗视为对他统治的威胁"。也谴责美国政府召回史迪威,实际上是屈服了"一个在中国日益不得人心、不为人民所信任的统治者"。[13]

由印度利多、经缅北密支那、至中国云南的中印公路通车,被命名为"史迪威公路"。当第一批卡车经过24天艰难跋涉,从阿萨姆邦到达昆明的时候，近千名欣喜的民众挥动着彩色横幅，上面用中文写着"欢迎第一支车队通过史迪威公路"，史迪威的画像跟蒋介石和罗斯福的画像一起被人们举着。蒋介石宣告说："我们冲破了对中国的封锁。请允许我以约瑟夫·史迪威将军的名字命名这条公路，以纪念他所做出的卓越贡献以及在他指挥下盟军与中国军队在缅甸战役和筑路过程中发挥的巨大作用。"[14] 当然蒋介石的这个表态，也是为了维持与美国的关系，以继续得到美国的支持。

在史迪威与蒋介石的这种错综复杂的关系中，我们可以看到他在处理军事问题的时候，考虑的多是战略战术本身的逻辑，但是蒋介石却是以政治、权力、尊严和面子为主导的。史迪威试图把中国军队按照现代军队的标准进行改造，为了提高中国抗战的军事实力，而蒋介石考虑的更多的是怎么能够掌握和保存更多的军事权力，怎样不失掉尊严和面子。所以他们在这方面的争论无休无止，显然影响了在中国建立一个有力的军事力量而与日本侵略者在战场上进行较量。

由于日本的投降来得如此突然，中国军队并没有和日本军队进行最后的决战，所以中国军队的弱点并没有完全地暴露出来。从一定程度上来说，蒋介石拒绝接受史迪威所提出的军队改造的计划，实际上就埋下了他内战中彻底失败的命运。在内战中，国民党军队的战略、战术、指挥、补给、协调等等问题，都是当时史迪威试图解决的，但是在蒋介石的阻挠之下，最后都无疾而终。可以想象当蒋介石失败以后，在台湾孤岛上仔细地思考自己失败的前因后果，是不是会后悔当时没有采纳史迪威的建议？因个人恩怨要求罗斯福总统调回史迪威，是否犯了一个致命的错误？

史迪威在离开中国以后，继续受到重用，仍然在大战中扮演着非常重要的角色。1945 年 6 月，他出任第 10 集团军司令，率军参加了冲绳战役，率领大部队为彻底打败日本浴血奋战。9 月，与盟军最高统帅麦克阿瑟上将、尼米兹海军上将、中国代表徐永昌将军等一起，出席了在"密苏里号"巡洋舰上的日本投降仪式。

战后，史迪威继续担任要职。1946 年 1 月，史迪威被任命为第 6 集团军司令，负责西部防御，总部设在旧金山的普来西多（Presidio），距离他在加州卡梅尔（Carmel）的家只有几小时路程。1946 年夏天，妻子温妮发现他变化很大：显得消瘦，没有力气，时常发冷，偶尔头晕，经常感到筋疲力尽。9 月底他入院进行检查，发现肝部有问题，10 月初进行了手术，但是发现胃癌已经扩散到肝脏。让医生感到不解的是，显然他发病已经很久了，却没有感到过疼痛。1946 年 10 月 12 日，午后不久，史迪威在睡眠中去世，享年只有 63 岁。

次日，《纽约时报》报道了他的死讯，所用的标题是《中缅战区英雄、第 6 集团军司令史迪威将军去世》（Gen. Stilwell Dies; China-Burma Hero, Headed 6th Army）。根据他的遗愿，没有为他举行公葬，遗体被火化，骨灰撒在太平洋中。[15] 蒋介石在南京的私宅中举行了很小规模的基督教纪念仪式，"悼念这位一直不遗余力攻击他的人的过世，事前没有进行任何报道或者公告，在场的只有美国大使司徒雷登和少数几位受邀的美国人，没有邀请任何中国人参加。"对此巴巴拉·塔奇曼评论说，这样的悼念对一位为中国努力战斗过的美国统帅来说，"未免过于卑微，令人伤感"。

史迪威去世之后几天，史迪威夫人正在卡梅尔家的楼上。她听说有客人来，是"那个基督徒"，这让她感到迷惑不解。她下楼后，在客厅里看到的是身材魁梧、脑袋很大、具有军人风度的男人，他

GENERAL STILWELL: HE EMERGED FROM BURMA'S JUNGLES A WORLD WAR II HERO

Leading his troops out of the country during his successful retreat from the Japanese in 1942.
The New York Times (U. S. Signal Corps)

In 1944 "Vinegar Joe" was photographed back in Burma, this time as the pursuer of the enemy.
Associated Press

stern and upright, yet with a kind heart, General Sze always was at the head, setting the pace and keeping the column tightly together.

"At one river where the group was ferried over on rafts and primitive boats, he was among the last to cross. He was ever on the watch for stragglers, never himself showing fatigue."

At New Delhi he said in his own trenchant way:

"I claim we got a hell of a beating. We got run out of Burma and it is humiliating as hell. I think we ought to find out what caused it, go back and retake it."

Then followed more than a year spent mostly in China bombing Japanese installations with the limited number of planes at the disposal of his United States Army Air Forces, waiting for supplies and training Chinese officers and men, with a trip to Washington for the conference between President Roosevelt and Prime Minister Winston Churchill in May. Finally, at the beginning of 1944, General Stilwell was back into Northern Burma with his American-trained and equipped Chinese troops to protect the new Ledo Road that cut from Assam into China to the old Burma Road and established a new lifeline into China. Meanwhile Admiral Lord Louis Mountbatten had been sent to India as Supreme Allied Commander of the Southeast Asia Command created at the Quebec Conference.

As commander of American troops in the China-Burma-India Theatre in 1944 General Stilwell devoted himself for the most part to his successful campaign in

Gen. Joseph W. Stilwell
Associated Press, 1945

July, 1942, when the United States Army Air Forces were established, with Chennault in command, the American Volunteer Group was disbanded. In the following March, General Stilwell announced the creation of a China Air Command, the Independent Fourteenth Air Force, with Chennault in command. Formerly Brig. Gen. Clayton L. Bissell, commander of the Army Air Forces in China, Burma and India, had had over-all authority.

Generals Stilwell and Chennault together sought to use their limited though increasing number of Liberators, Mitchell medium bombers and fighter planes, with greatest effect against Japanese installations and cities in occupied China, and struck repeatedly at Japanese airfields at Lashio and other Burma points. They operated with notably small losses of American planes and pilots.

Leaving the Far East late in 1944, General Stilwell was briefly in Washington as Commander of United States Army Ground Forces. After that, while touring the Pacific battle front, he was made commander of the Tenth Army. For a short period he commanded on Okinawa, and on Aug. 31, 1945, he accepted the surrender of the Ryukyu Islands from the Japanese. He returned to the United States in September, 1945, and was appointed commander of the reactivated Sixth Army, which succeeded the Western Defense Command on the Pacific Coast, on Feb. 23, 1946.

When he went to China after the first World War his wife and their

《纽约时报》关于史迪威将军去世的报道。

资料来源：*New York Times*，October 13，1946。

是冯玉祥。他对她说:"我是来同你一起悼念我的朋友史迪威的。"冯玉祥这个时候已经被蒋介石强迫退役,正以"特派考察水利专使"名义在美国游历。[16]

卡梅尔是美国加州海岸一处世外桃源般的地方,处在旧金山和洛杉矶之间。其精华是沿海岸被称为"17英里"(17 Miles)的著名海岸风景区,礁石浪花、碧海蓝天、悬崖峭壁、古松老柏,以及海滩、海鸟和海豹,风景如画。那里就是史迪威最后的定居地。

他的骨灰被撒进了太平洋,也就是说在卡梅尔也找不到他的坟墓了。不过,后来我查阅了资料,发现在西点军校的"西点墓地"(West Point Cemetery)给他立了一个纪念碑。如果以后有机会的话,一定要去那里向这位为中国抗战胜利呕心沥血的美国将军,致以最崇高的敬意。

赛珍珠未能实现的梦

赛珍珠在南京的时候,就开始了她最重要的作品《大地》的写作。起初起名《王龙》,就是这部小说主人公的名字,但她的出版商纽约庄台公司(John Day Co.)老板查理·沃尔士(Richard J. Walsh)认为,这很难为人们所注意。1931年春,这部小说以《大地》(The Good Earth)作为书名出版,好评如潮,成为当年全美最畅销的书,并于次年获普利策小说奖。赛珍珠后来又写了《儿子们》(Sons, 1932)和《分家》(A House Devided, 1935),这即是后来一般所称的"大地三部曲"。1933年她翻译出版了《水浒传》(All Men Are Brothers),这是这部中国名著的第一个英译本。

1934年，赛珍珠离开她度过了大半生的中国，回到了美国。关于赛珍珠离开中国的原因，一般都说是由于中国时局的动乱，被迫离开；还有一个原因是她的一个女儿神经出现了问题，送进了新泽西州的一家精神病院，需要她就近照顾。[17] 其实还有一个重要原因，《纽约时报》关于她去世的长篇报道中，对她离开中国的来龙去脉讲得很清楚。1932年赛珍珠和她的农学家丈夫卜凯回到美国，她丈夫在康奈尔大学深造，而赛珍珠由于小说的成功，经常和她的出版商沃尔士出席各种社交场合，他们渐渐坠入了爱河。1933年，她和丈夫回到了南京，沃尔士追到南京向赛珍珠求婚。1934年赛珍珠离开了她的丈夫，也离开了中国，回到了美国与沃尔士开始了新的生活。[18]

1938年赛珍珠达到了她人生的顶峰，获得了诺贝尔文学奖。她因批评蒋介石独裁，国民政府明令驻瑞典大使不得出席她的诺贝尔文学奖颁奖典礼。她由于同情中国革命，在麦卡锡主义横行的那些日子，因"亲共"而被怀疑是共产党，而上了中央情报局的黑名单，调查她的秘密档案就有好几百页。

1937年拍摄的好莱坞的同名电影《大地》，至今仍然不失为美国人了解中国和中国文化的经典。王龙那个勤劳、朴实的中国农民形象，可以说便是抗战中美国人坚信要帮助的中国人的典型形象。赛珍珠在她的回忆录中提到，在拍摄《大地》的过程中，在中国受到了很大的阻挠，那是在政府中有"一帮极端的爱国主义分子"，不让拍摄"中国乡村和农民的真实情况"，借口是"以免使外国观众对中国产生不好的印象"。其实开始时，赛珍珠从一定程度上是认同这种担心的，因为她对中国怀有很深的感情，毫无疑问，希望外部世界对中国有一个正确的认识。她因此立即"中断了同拍片有关的一切联系"，因为对赛珍珠来说,"友谊比电影拍摄成功更为重要"。

国民党当局为拍摄这部电影处处设置障碍。例如,政府坚持在拍摄之前要把村庄粉饰一番,女人们都要穿上干净的衣服,人人头上都戴一朵花,道路要铺平,家家的房子要干净整齐。特别荒唐的是,当局还试图用一台美国拖拉机来代替故事中那头不可缺少的大水牛,当时拖拉机在中国几乎是闻所未闻。甚至大量拍摄的胶卷,竟然被人故意用硫酸腐蚀而完全损坏。结果在电影最终上演时,影片中只有12分钟的胶片是在中国实地拍摄的。甚至连著名的战蝗虫的镜头,也是在美国西部制作的,那里遇到的蝗灾正巧弥补上了这个重头戏。这部电影提名奥斯卡金像奖的最佳影片,后来在中国以及亚洲其他国家上演,皆大获成功。[19]

抗战爆发以后,赛珍珠为中国人民的反侵略战争奔走,向美国朝野发起声势浩大的宣传。许多美国人正是通过赛珍珠的小说了解到中国,为中国人民的抗日战争慷慨解囊。20世纪50年代,世界上两大阵营的对立与冷战,割断了赛珍珠与中国大陆的联系。美中对立、国共对立,让赛珍珠处于非常矛盾的境地。1972年尼克松总统宣布访华后,年迈的赛珍珠主持美国国家广播公司(NBC)专题节目《重看中国》,并积极准备再访第二故乡,但那时中国正是"文革"的极左时期,她的要求被否决了。

1973年3月6日,赛珍珠带着她重回中国的梦,带着对第二故乡的无限的思念,在佛蒙特州的丹比(Danby)逝世,享年80岁。她的去世在当时的中国,没有引起任何反响。我想,九泉之下,她可以欣慰的是,她留下的伟大的著作《大地》,在中国会有一代又一代的人继续读下去。

Pearl Buck Is Dead at 80; Won Nobel Prize in 1938

Pearl S. Buck

Associated Press

By ALBIN KREBS

Pearl S. Buck, the author of more than 85 books and winner of the Nobel and Pulitzer which, "The Red Earth," deals with the modern-day descendants of the characters in her

《纽约时报》关于赛珍珠去世的报道。

资料来源：*New York Times*, March 7, 1973。

最早报道西安事变的阿班

哈雷特·阿班是民国时期西方在华新闻报道者中当之无愧的翘楚,成了在华西方新闻圈子里的传奇人物。他独家报道了许多重要的新闻,在中国乃至西方媒体中建立了非常高的声誉。由于他的新闻挖掘的敏捷、报道的不留情面和尖锐,引起了国民政府和日本人的愤恨,他面临着被政府驱逐出境的威胁,他的居处也被日本人入室盗窃和搜查重要文件,日本人还对他大打出手,使用暴力。

除了本书已经讲述过的他采访和新闻报道的故事,还有两件事在这里也值得一提,首先就是对西安事变的报道。

1936年12月的一天晚上,他想到,过去的几个月,没有什么大的新闻,便决定打电话找几个在政府内熟悉的政要聊一聊。先是找宋子文,秘书说他不在家,刚接到孔祥熙的电话,就着急地直接过去了;他又想找蒋介石的外国顾问端纳(Donald William Henry),结果端纳的秘书说他也是接到孔祥熙的电话后就过去了;接着又打电话找蒋夫人,也得知蒋夫人去了孔祥熙家。

这些人突然聚集在财政部长孔祥熙那里,阿班感觉好像有重要的事情发生。到底发生了什么事呢?如果是开家庭会议,为什么要叫上端纳呢?阿班急着想知道发生了什么,便不停地给孔家打电话,但好长时间都占着线。终于接通了电话,找到了端纳,"一家人都聚在一起,出什么大事了吗?"阿班劈头就问。端纳没有立即回答,而是反过来问道:"你怎么知道这事的?"阿班告诉他无非是因为直觉,但是端纳说他不能透露实情,他去问问宋子文,是否要对外宣布这个消息。过了一会儿，阿班听见了宋子文的声音，告诉他蒋介石失去了自由……他还说，具体如何营救，用什么样的方法，现在还没有决定。全上海的记者都还不知道这件事。

阿班决定立即发布这个重要新闻。当时是晚上9点，即纽约时间早上9点，当天的《纽约时报》早已印好出售或者投递。但是他想起了《纽约时报》可以用霓虹灯字幕发布重要新闻。他开始写稿，每完成一段，就由车夫送到电报局拍发，车夫不停地在阿班的办公室和电报局之间来回跑，一条条快讯被发往纽约。这样，通过《纽约时报》的得力记者阿班，全世界立即知道了中国这个重大事件的发生。[20]

第二件事情发生在1937年8月23日，那天他差一点被日机空袭炸死。那是一个晴天的下午，十分炎热，他与助理安东尼·比林汉姆（Anthony Billingham）去南京路的永安公司购买考察所需要的野外望远镜。车停在了百货大楼的西墙下，那是一条和南京路垂直的窄街。

车停好后，阿班留在了车里，比林汉姆一个人进入商店去购买望远镜。他舒适地靠在椅背上，点上了一支烟。忽然间，他发现很多中国人密密麻麻地在仰着头朝天上看。于是，他也透过车窗向天上望去，只见楼和楼的缝隙中正有一架银色的飞机飞过。他不以为然地接着抽烟，没想到瞬间一颗炸弹在附近爆炸，爆炸声音之大，把他的耳朵都快震聋了。他整个身体都软了，坐在车里，无法动弹。

他感觉最难受的就是浑身无力的那段时间。巨型炸弹带来强大冲击力，浓厚烟雾久久不散，足足有四分钟，只能听到玻璃和碎石掉落时发出的响声，再也听不到其他声响。人们的尖叫声、痛苦的呻吟声在四分钟之后才响起。一个个生命仿佛也停止了几分钟,此时才从惊吓中苏醒。人们听见了救护车、救火车的警笛声由远而近。

当阿班的意识完全恢复过来,他开始挪动双腿,慢慢地从车内走了出来。下车后他才发现,所有的车窗都碎了,只有前面的挡风玻璃还在。走在街上,他发现自己是整条街上第一个能起身行动的人,周围地面到处都是玻璃碴,受伤倒地的人,没有一个人能爬起来。百货公司的侧门就在不远处,他朝着那个方向走去,偶尔还会有碎砖块从上面掉落下来。他觉得自己的两条腿好像不听使唤,不停地碰到那些横躺在街上的尸体。

到大楼门口,正碰上大批人流从里面蜂拥而出,一边乱跑,一边大声地喊叫,大部分人身上带着伤,有的伤得很重。他走了进去,爆炸破坏了供电,一楼漆黑,幸好橱窗的背景灯还有一点光亮。里面几乎不能呼吸,烟尘乱飞。橱柜全被震碎了,地面上铺满了碎玻璃,横七竖八都是死伤的人。他一个个去辨认,看他是不是助理。可是店内太暗,根本就看不清,只好先摸他们的衣服,如果是西装,又是男性,就划着一根火柴,辨认一下。

他忽然记起,比林汉姆是要去二楼的光学部,于是赶忙顺着楼梯往二楼上去。上去后,看到通道上到处是尸体。楼内没有找到助理,他跑到正面的窗口前,朝着外面仔细搜索,顺着南京路来回地看,路上躺满了尸体,有些男人跌跌撞撞地走着,很像喝醉酒的样子,一看就是受了重伤。爆炸过去的时间已经不短了,可是早就听到拉着警报声的救护车和消防车,并没有来到这里。

他又顺着楼梯跑了下去,一条条通道去找,一具具尸体检查,很多需要帮助的伤者都希望他能帮帮他们,但他也无能为力,"只能选择无情地离开,不管不问"。他走出大楼,回到车旁,心情十分沉重,就在这时,忽然从车子后排传来了呻吟声,真是奇迹,竟然是比林汉姆。他正在那缩着身子,在座位上趴着,全身上下都沾满了鲜血。

后来,他才知道,爆炸发生时,比林汉姆在电梯中准备下楼,电梯被卡在了一楼和二楼中间。里面一共有11个人,只有比林汉姆和开电梯的男孩逃过这一劫,其余9人全部丧生。比林汉姆伤在左侧,他用右肩撞开电梯的铁栅门,用右手吊住一个突出物,然后滑落到地面。比林汉姆忍着伤痛用力爬到了车边,然后又使尽力气挪到了车里,因为伤势过重,流血太多,他不省人事了。

阿班匆忙检查了一下他的伤势,发现主要伤在左腕和左肘之间,中间的肌肉大部分都被炸掉了。腋下的伤势也很严重,有一块弹片打中腋下,那个部位的一根大血管被切断。受伤的面积太大,以致没有办法再使用简单的绷带包扎,只有尽量减缓失血。从衬衣上撕下一块布,把他的手臂用力绑在了他的身上。还算幸运,车子竟然还能发动,街上的人太多,他只好挂着低挡慢慢往前开,还要时时躲开那些伤者,但不可避免地有时要从尸体上轧过,嘎嘎直响。

在去医院的路上,又费尽周折,几个小时以后才到达。到了医院,医生才发现,阿班的右脚踝也受了伤,里面扎着差不多有小指那么大的一块玻璃;在手术室,一个护士又发现了阿班脖子后面有一个伤口。比林汉姆最终捡回了一条命,由于上海缺乏必要的医疗条件,先把比林汉姆送去了香港,然后通过运输机把他运回了纽约,在那里接受了三次手术。为了使手臂被切断的神经再次恢复功能,医生把他脖子后面的神经移植到了手臂上,最终恢复了他左臂和左手70%的功能。后来得知,此次空袭612人丧生,重伤482人。[21]

在逃出了那次生死劫以后，阿班坚持留在上海报道，多次遭到日本人的暗算。1940年10月，阿班被日本人驱逐出中国。他在回忆录中描写了离开的情景：第一站是香港，他看到英国人正在努力增强岸炮防御力量，水雷已经布满了通往海湾的水域，但英军的守卫力量很薄弱。英国海军主力离香港很远，最近的也在苏伊士运河附近。麦克阿瑟将军当时正在菲律宾，驻扎马尼拉的美国陆军只有3000多人，而且缺乏训练，装备简陋。

然后，阿班到达新加坡，1940年12月中旬，终于坐上了一艘荷兰船驶往美国，经过37天的航行，到达俄勒冈州的波特兰市。他后来回忆当时的心情："面对中日两个国家，还有远东其他的地方，那里的局势和未来，让我看不到任何希望。"他当时就觉得，面对世界的战争局面，美国全国上下肯定预见到了"危险即将到来，早就做好了作战的准备，所有人决定齐心协力，共同对付来犯之敌。"可是，当他1941年1月底踏上波特兰的土地时，发现情况和他想的完全不一样，美国人似乎还过着歌舞升平的生活。"还好我天生就对美国人有信心，以美国人的本性，还会有救的，如果不是这样安慰自己，我早就绝望了。"[22]

1941年回到美国以后，先在《纽约时报》的华盛顿分部工作，但是1942年便选择做一个独立作家。他有多种著作问世，包括《苦难中国》(Tortured China, 1930)、《中国能生存吗？》(Can China Survive? 1936，与比林汉姆合著)、《亚洲的乱局》(Chaos in Asia, 1939)、《揭开日本的面目》(Japan Unmasked, 1941)、《太平洋的防卫》(Ramparts of the Pacific, 1942)、《我的中国岁月》(My Life in China, 1944)、《一半为奴，一半自由》(Half Slave,

Half Free，1950）等。在他的后半生，他还为许多重要报刊写专栏，比如《星期六晚邮报》（The Saturday Evening Post）、《读者文摘》（Reader's Digest）、《大都会》（Cosmopolitan）等等。

1955年11月27日，阿班因心脏病突发去世，终年66岁。第二天的《纽约时报》报道了他去世的消息，介绍他是前《纽约时报》驻远东记者，说他"见证了蒋委员长在南京建立了中央政府"和"日本人怎样一步一步地蚕食了中国"。还介绍他"可以说各种中国方言，能阅读中文，还有大量的玉和象牙收藏。"[23]阿班一生未娶，孤身到老，把他的全部精力都放在了新闻报道和写作上。

司徒雷登杭州入土为安

从燕京大学成立，一直到抗战爆发，司徒雷登把这个学校办成了一个世界级的大学，这是他给中国和世界的教育事业留下的一座丰碑。在这个最后的故事里，让我们跳出燕京大学，来看他怎样走完了他人生的道路。

1937年日本占领北京，日本占领军要求司徒雷登在燕京大学校园"挂满洲国旗，感谢日本的解放"。但是他毫不犹豫地予以严词拒绝，并回信指出，"我们拒绝遵循这些命令，因为这是大学，没有权力强迫学生介入政治活动。"[24]

1941年12月7日日本偷袭珍珠港的当天上午，司徒雷登就被捕了，显然日本人是蓄谋已久。《纽约时报》报道，就在日本投降之前不久，日本军方以释放司徒雷登作为条件，要他协调蒋介石和美国，与日本签订和平协定，但是他不为所动。[25]1945年8月15日日本

HALLETT ABEND, NEWSMAN, DEAD

Former Times Correspondent in Far East Was Editor of Marshallton, Iowa, Paper

Special to The New York Times.

SONORA, Calif., Nov. 27 — Hallett Abend, former correspondent in the Far East for The New York Times, died of a heart ailment in the Sonora Hospital early today. He was 66 years old.

Mr. Abend had come to nearby Jamestown several weeks ago to live with a cousin, Morgan Craig, a schoolteacher, after suffering a heart attack at Marshalltown, Iowa. He had been editor in recent years of The Marshalltown Times-Republican.

He was stricken with a second coronary attack on Monday and

The New York Times, 1939
Hallett Abend

《纽约时报》关于阿班去世的报道。

资料来源：*New York Times*, November 28, 1955。

投降以后,司徒雷登才被释放,度过了漫长的"三年八个月零十天的监禁生活"。他回到燕京大学,继续担任校务长。

抗战结束没有给中国带来和平,国共内战一触即发,马歇尔将军被派往中国,肩负协调国共两党、建立联合政府的使命。他接受了马歇尔将军的邀请,于1946年7月11日出任美国驻华大使,那时他刚过完他70岁生日不久。他担任这个职务的主要使命,就是和马歇尔将军一道,参与国共和谈,希望中国能够避免内战。一年的时间,"努力想帮助中国建立起联合政府,实现这个饱经灾难的国家的和平民主和经济上的复苏。"即使在谈判中断后的最后两个月里,"仍旧没有放弃,努力寻求生机,坚持和政府、共产党的代表团私下会面。"[26]

1949年4月,解放军攻占南京,司徒雷登没有随国民政府南下广州,而是留在那里,希望能够与新政权保持联系。但是当时美中关系已经彻底破裂,司徒雷登不可能有任何的作为。8月2日,司徒雷登离开南京返回美国。司徒雷登在回忆录中写道:"能踏上回国的路程还是令我们十分高兴的。在中国的最后几周太煎熬了,不断被动荡的局势、忧愁、烦恼、愤怒交替折磨着。"[27]

据当时担任驻美大使的顾维钧回忆,司徒雷登回美不久,8月在华盛顿的一次燕大校友为他举行的招待会上,就中美关系表示,共产党统一整个中国,"美国也将承认它"。10月,为讨论对中国的政策问题,美国国务院举行了一个圆桌会议,费正清也出席了这次会议,司徒雷登还专门请他吃了一顿午饭。在这个会上,司徒雷登发表了他对中国共产主义运动的见解,认为这个运动虽然受到苏俄很深的影响,但是具有"完全的中国特色"。

11月底，司徒雷登拜访了他的老朋友辛辛那提大学校长乔治·巴尔博（George Barbout），巴尔博早年曾在燕大教过书。11月30日晚，从辛辛那提（Cincinati）乘火车回华盛顿，他在餐车吃晚餐，感到不舒服，竟然立即便失去了知觉。这距司徒雷登离开中国还不到四个月。

乘务员根据他衣袋里的证件，才知道了他的真实身份，立即给国务院发电报，报告他的病情。列车在华盛顿靠站后，司徒雷登被抬上救护车，迅速送往海军总医院。经全力抢救，在两周后才脱离危险。经医生诊断，司徒雷登患的是严重的脑血栓，还引起了半身不遂和失语等并发症。显然，这次患病与他回到美国后的过度操劳直接有关。从8月10日回到华盛顿，到11月23日，不过100天，便连续出席30次会议，加之各种应酬以及宗教活动。高度紧张的生活节奏和极度郁闷的心情，终于打垮了司徒雷登。

司徒雷登在医院治疗了三个多月，直到1950年3月中旬才被允许出院。由于司徒雷登大半生都在中国度过，在美国没有住房，患病前一直与傅泾波一起住在饭店里。为了让他出院后有一个舒适而安静的养病环境，傅泾波拿出他积蓄中的大部分，在华盛顿买了一栋两层的小楼，把这里作为他和司徒雷登共同的家。司徒雷登与傅泾波的家人一道，度过了他最后的13个春秋。

严重的中风后遗症，使他不仅丧失了基本的生活自理能力，而且几乎无法与人交谈，只有与他朝夕相处了30多年的傅泾波才能听懂他所要表达的意思。而中美关系的恶化和前途的渺茫，令他痛心之至，常常夜不能寐，又患上了严重的失眠症。

1949年8月返美后，司徒雷登仍然保持驻华大使职位。但美国国务院明确告诉国民政府，既不准备派司徒雷登去台湾就任，也不准备提升台湾的外交规格。蒋介石因丢失在大陆的政权,对司徒雷登怀恨在心,认为他没有全力地支持国民党政权,也明确表示不欢迎他到台湾复任。

另外,共和党的艾森豪威尔(Dwight David Eisenhower)赢得了下任总统的选举,按美国的惯例,总统换届时所有驻外使节都应自动辞职,以便下一任总统能够根据自己的选择任命新的大使。1950年11月,司徒雷登致信总统杜鲁门,表示因健康原因希望辞去驻华大使的职务:"由于我将我的一生全部献给学习和了解中国人民及其文化,以便增进美中两国人民之间的友谊和理解,我相信你定能理解此际的我,当我说我将不得不离开美中活动现场了。"

由于司徒雷登长期在海外,不能享受接工作年限积累的退休金。他在燕大当校长和在南京当大使期间,一直过着简朴的生活,而把大部分薪水资助了生活困难的师生。在出任大使的几年中,还需给傅泾波支付薪水。每年圣诞节,要拿出一大笔钱给燕大的学生会餐,给教职员工的孩子买礼品,所以他的钱所剩无几。

这时,他的生活起居全靠傅泾波和他的家人照料,辞职以后,每月不再有薪金。傅泾波因为长年追随在他身边,也没有机会赚钱,所以积蓄有限。司徒雷登和傅家的生活因此而陷入窘境。亚洲基督教高等教育联合理事会(United Board for Christian Higher Education in Asia)了解到这个情况后,开始每个月发给司徒雷登600美元退休金,这样才基本上解决了全家人的生活问题。

病情稍有好转,司徒雷登开始完成他的回忆录《在华五十年》(*Fifty Years in China*)的最后三章。[28]前六章是他被日本人囚禁的几年中完成的,后来在繁忙的公务中,又陆续写了六章。最后的三章是由他口述,他的老朋友斯坦利·霍恩贝克(Stanley K. Hornbeck)博士执笔。霍恩贝克长期在美国国务院供职,此时退休在家。每天上午,霍恩贝克来司徒雷登房中,与他交谈,然后再根据记录和司徒雷登保存的笔记写成。

1954年,司徒雷登的回忆录由纽约兰登书屋(Random House)出版。马歇尔在序言中写道:"我想没有任何人像司徒雷登那样精通中国的语言、历史和政治的复杂性。"[29]胡适为该书写了长篇导言,介绍了司徒雷登的生平及其活动。

司徒雷登生病以后,还在孜孜不倦地探求处理中美之间关系的最佳模式,以及反思美国在过去半个世纪中国问题上所犯的错误。他说:"我们的目标中最重要的一个,是确保我们始终是一个自由的国家。要忠于那个原则和实现那个目标,我们在考虑问题时就不能只想到自己,还要考虑其他国家人民的生存问题,还有他们的安全和自由。"[30]我想,对这样一个原则,和中国人民所追求的应该是一致的。

在司徒雷登一生的最后几年中,最让他为之魂牵梦萦的,还是太平洋的另一端的第二故乡,和那他为之付出了毕生精力的燕园。1955年8月,司徒雷登立下遗嘱,请傅泾波在他去世后,将他的骨灰安葬在原燕京大学他妻子的墓地旁。还多次叮嘱傅泾波,设法把1946年11月周恩来送给他留作纪念的一只中国明代的五色花瓶物归原主。

由于一生追随在司徒雷登身边的傅泾波及其家人的悉心照顾,使他得以安度晚年。1962年9月19日,因心脏病突发,司徒雷登在华盛顿的医院去世,享年86岁。次日《纽约时报》发布了他逝世的消息,标题是《司徒雷登,86岁去世,1946—1949年任驻华大使》(J. Leighton Stuart, Dead at 86; Ambassador to China, 1946-1949);副标题说,他"努力使蒋介石和共产党建立联合政府"。这个报道还提到,"虽然他说服国民党政权做出巨大的改革,但是这已经太迟,不能赢得中国人民的信任。"报道认为,"作为一个传教士和教育家,司徒雷登的温文尔雅和慈爱,成为在中国最受尊崇的美国人之一。"他之所以能够在中国人中间赢得这样高的声誉,是因为他是"一个讲究原则的人,不会违背自己意志而做交易。"[31]

为了实现司徒雷登的嘱托,傅泾波曾多次向中国驻美大使馆陈述司徒雷登的遗愿。1986年1月,傅泾波找到中国驻美大使韩叙,托他将两封信带回国转交有关方面,其中有一封信是直接写给邓小平的。信中再次提出了,司徒雷登骨灰安葬以及将周恩来送的花瓶归还中国的问题。

1986年6月底,中国有关部门经过协商,并报中央书记处批准,对司徒雷登的遗愿做出答复,同意接受花瓶并将其存放在南京的梅园新村,同意司徒雷登的骨灰以原燕京大学校长名义安葬于北京大学的临湖轩。[32]但可惜的是,此事因遭到一些人的反对而搁浅。

傅泾波去世以后,他的儿子傅履仁(John Fugh)——一位美军将领——继续他父亲未完成的事业,开始考虑让司徒雷登的骨灰安葬在杭州,杭州也积极欢迎司徒雷登的归来。司图雷登出生和长大在杭州,会讲一口杭州话,1946年还被国民政府授予杭州荣誉市民,他父母和两个弟弟均葬在杭州,那里还有他的故居和讲过道的天水堂。归葬杭州,也应该是一个不错的选择。

在司徒雷登去世近半个世纪之后,2008年11月17日,他的骨

J. Leighton Stuart, Dead at 86; Ambassador to China, 1946-49

Tried for Coalition of Chiang and Reds—Cleric Headed University in Peking

WASHINGTON, Sept. 19 (UPI) — J. Leighton Stuart, Ambassador to China during the Truman Administration, died today at the Washington Hospital Center. He was 86 years old.

Left in 1949

Dr. Stuart, an ordained Presbyterian minister, was the last United States Ambassador to hold office on the China mainland. He left China in the summer of 1949 and later suffered a stroke. He was bedridden for a long period before his death.

For most of his adult life he had lived in China as a missionary and educator. Dr. Stuart was named Ambassador on the recommendation of the late General of the Army George C.

J. Leighton Stuart

《纽约时报》关于司徒雷登去世的报道。

资料来源：*New York Times*, September 20, 1962。

灰终于被安放于杭州半山安贤园,出席安葬仪式的包括美国驻华大使雷德(Clark Randt Jr.)、杭州市的副市长,以及燕京大学的校友。《纽约时报》发布的司徒雷登归葬杭州的新闻指出:"司徒雷登自己的历史就是一个窗口,看到了从晚清到共产革命胜利那个期间中美关系的变化。"[33]

这本书到这里应该结束了。本书以司徒雷登担任美联社记者报道辛亥革命为开始,又以他的骨灰2008年在杭州入土为安结束。在此期间,中美关系的起起伏伏,也可能是两国复杂而多变关系的一种隐喻吧。

注 释

[1] 芮恩施:《一个美国外交官使华记:1913—1919年美国驻华公使回忆录》,第279页。

[2] 芮恩施:《一个美国外交官使华记:1913—1919年美国驻华公使回忆录》,第290页。

[3] 芮恩施:《一个美国外交官使华记:1913—1919年美国驻华公使回忆录》,第290页。

[4] Hans Schmidt, "Democracy for China: American Propaganda and the May Fourth Movement." *Diplomatic History* vol. 22, no. 1 (Winter 1998), p. 18.

[5] Warren I. Cohen, "America and the May Fourth Movement: The Response to Chinese Nationalism, 1917-1921." *Pacific Historical Review* vol. 35, no.1 (February, 1966), pp. 84-85.

[6] "Dr. Reinsch Near Death." *New York Times*, January 23, 1923; "Dr. Paul S. Reinsch Dies in Shanghai." *New York Times*, January 24, 1923.

[7] 约翰·本杰明·鲍威尔:《我在中国的二十五年》,"译者前言";埃德加·斯

诺:《西行漫记》,胡愈之的《中文重译本序》。

[8] 约翰·本杰明·鲍威尔:《我在中国的二十五年》,第114页。

[9] "J. B. Powell, Newspaper Man, Dies; Survivor of Japanese Brutalities." *New York times*, March 1, 1947.

[10] 约翰·本杰明·鲍威尔:《我在中国的二十五年》,第380—426页。

[11] "J. B. Powell, Newspaper Man, Dies; Survivor of Japanese Brutalities." *New York Times*, March 1, 1947.

[12] 巴巴拉·塔奇曼:《史迪威与美国在中国的经验,1911—1945》,第158页。

[13] Brooks Atkinson, "Long Schism Seen: Stilwell Break Stems From Chiang Refusal to Press War Fully." *New York Times*, October 31, 1944.

[14] 巴巴拉·塔奇曼:《史迪威与美国在中国的经验,1911—1945》,第617页。

[15] "Gen. Stilwell Dies; China-Burma Hero, Headed 6th Army." *New York Times*, October 13, 1946.

[16] 巴巴拉·塔奇曼:《史迪威与美国在中国的经验,1911—1945》,第100页。本节的资料,除了另外提到,皆取之于塔奇曼的这本书。

[17] "A Biography of Pearl S. Buck" in Pearl S. Buck, *My Several Worlds: A Personal Record*. New York: Open Road Integrated Media, 1954.

[18] Albin Krebs, "Pearl Buck Is Dead at 80; Won Nobel Prize in 1938." *New York Times*, March 7, 1973.

[19] 赛珍珠:《我的中国世界》,第450—451页。

[20] 以上见哈雷特·阿班:《我的中国岁月》,第230—239页。

[21] 以上见哈雷特·阿班:《我的中国岁月》,第263—273页。

[22] 以上见哈雷特·阿班:《我的中国岁月》,第373—382页。本节所引用的资料,除特别注明以外,皆来自本书。

[23] "Hallett Abend, Newsman, Dead." *New York Times*, Nov. 28, 1955.

[24] "J. Leighton Stuart, Dead at 86; Ambassador to China, 1946-49." *New York Times*, September 20, 1962.

[25] "J. Leighton Stuart, Dead at 86; Ambassador to China, 1946-49."

New York Times, September 20, 1962.

[26] 以上见司徒雷登:《原来他乡是故乡:司徒雷登回忆录》,第9、10章。

[27] 以上见司徒雷登:《原来他乡是故乡:司徒雷登回忆录》,第13章。

[28] 中文翻译本的书名是《原来他乡是故乡:司徒雷登回忆录》。

[29] John Leighton Stuart, *Fifty Years in China: The Memoirs of John Leighton Stuart, Missionary and Ambassador*, p. ix.

[30] 司徒雷登:《原来他乡是故乡:司徒雷登回忆录》,第15章。

[31] "J. Leighton Stuart, Dead at 86; Ambassador to China, 1946-49." *New York Times*, September 20, 1962.

[32] 郝平:《无奈的结局——司徒雷登与中国》,第12章。本节所引资料,除特别注明以外,皆来自这一章。

[33] David Barboza, "John Leighton Stuart, China Expert, Is Buried There at Last." *New York Times*, November 20, 2008.

征引文献目录

中文文献[1]

哈雷特·阿班（Hallett Abend）:《我的中国岁月》，寿韶峰译，译林出版社，2015

史黛西·比勒（Stacey Bieler）:《中国留美学生史》，张艳译，生活·读书·新知三联书店，2010年。

赛珍珠（Pearl S. Buck）:《我的中国世界》，尚营林等译，湖南文艺出版社，1991年。

赛珍珠:《告语人民》，宋思容编，广西师范大学出版社，2003年。

臧运祜:《中日关于济案的交涉及其"解决"》，《历史研究》2004年第1期，第80—98页。

蔡和森:《中国共产党史的发展（提纲）——中国共产党的发展及其使命》，《中共党史报告选编》，中共中央党校出版社，1982年。

曹爱民:《记者与学者》，南京师范大学出版社，2018年。

曹心宝:《徐树铮与孙中山、段祺瑞联盟研究》，《学术探索》2013年第9期，第93—97。

陈谦平:《济南惨案与蒋介石绕道北伐之决策》，《南京大学学报》2011年第1期，第92—102页。

陈伟:《中日两国政府决策过程研究——以1919年中国南北议和为中心》，《民国档案》2017年第4期，第54—62页。

陈远:《燕京大学1919—1952》,浙江人民出版社,2013年。

陈蕴茜:《日常生活中殖民主义与民族主义的冲突——以中国近代公园为中心的考察》,《南京大学学报》2005年第5期,第82—95页。

周策纵(Tse-tsung Chow):《五四运动史:现代中国的知识革命》,陈永明、张静等译,世界图书出版公司,2016年。

崔丕:《日美共同出兵西伯利亚时期的关系初探》,《社会科学战线》1991年第2期,第181—187页。

邓楚川:《威尔逊与中国》,《历史研究》,1964年第2期,第61—90页。

邓野:《巴黎和会与北京政府的内外博弈:1919年中国的外交争执与政派利益》,社会科学文献出版社,2014年。

邓野:《巴黎和会中国拒约问题研究》,《中国社会科学》1986年第2期,第131—146页。

丁中江:《北洋军阀史话》,商务印书馆,2012年。

董时进:《两户人家》,学林出版社,2012年。

杜继东:《中国大陆地区孙中山与日本关系研究回顾》,《近代史研究》2005年第3期,第283—314页。

杜奎昌编:《唐继尧护国讨袁文稿》,云南人民出版社,2005年。

费正清(John K. Fairbank):《美国与中国》,第4版,张理京译,世界知识出版社,1999年。

方汉奇、李矗主编:《中国新闻学之最》,新华出版社,2005年。

冯先知编著:《中国近代历史大事详解——军阀风云》,吉林文史出版社,2006年。

傅金铎、张连月主编:《中国政党:中国社会团概论》,华文出版社,2002年。

傅斯年:《新潮之回顾与前瞻》,《新潮》第2卷第1号,1919年。

卡洛·金茨堡(Carlo Ginzburg):《奶酪与蛆虫:一个16世纪磨坊主的宇宙》,广西师范大学出版社,2021年。

顾维钧:《顾维钧回忆录》第1分册,中国社会科学院近代史研究所译,中华书局,1983年。

关家麒:《朗润园与镜春园的喜乐悲愁》,《燕大校友通讯》第47期,2006年9月。

戈公振:《戈公振讲中国报学史》,河海大学出版社,2019年。

郭剑林:《吴佩孚与五四运动》,《河北学刊》1993年第5期,第80—87页。

郭双林:《门罗主义与清末民族主义思潮》,《史学月刊》2006年第7期,第20—22页。

郭曦晓:《对1927年南京事件几种评论的剖析》,《近代史研究》1990年第2期,第200—215页。

郝大维(David L. Hall)、安乐哲(Roger T. Ames):《先贤的民主:杜威、孔子与中国民主之希望》,江苏人民出版社,2004年。

郝平:《无奈的结局——司徒雷登与中国》,北京大学出版社,2011年。

侯中军:《中国外交与第一次世界大战》,社会科学文献出版社,2017年。

胡菊蓉:《临城劫车案文电一组》,《历史档案》1981年第2期,第57—63页。

胡适:《胡适留学日记》下册,安徽教育出版社,2006年。

胡适:《纪念"五四"》,《独立评论》第149号,1935年5月5日。

胡晓:《近20年来大陆段祺瑞及北洋皖系研究述评》,《安徽史学》2010年第6期,第109—120页。

黄岭峻:《谁是1927年南京事件的肇事者?》,《史学月刊》2011年第9期,第88—97页。

黄绍湘:《美国通史简编》,人民出版社,1979年。

黄尊严:《1914—1922年日本在山东的非法贸易和走私活》,《齐鲁学刊》1994年第6期,第122—129页。

川尻文彦:《杜威来华与五四之后的教育界》,中国社会科学院近代史研究所编:《纪念五四运动九十周年国际学术研讨会论文集》下册,社会科学文献出版社,2012年。

孔庆泰:《1927年宁案与宁案处理始末》,《历史档案》1987年第2期,第108—119页。

来新夏等:《北洋军阀史》,南开大学出版社,2010年。

李家振、郭墨兰:《济南惨案述论》,《近代史研究》1985年第5期,第22—46页。

李永昌:《1918—1920年中国出兵西伯利亚述论》,《近代史研究》1993年第1期,第211—226页。

刘国良:《参加"一战"的华工数字问题》,《历史教学》2010年第13期,第58—59页。

刘华:《评1868年中美〈蒲安臣条约〉——以华工出国及华侨保护问题为视角》,《华侨华人历史研究》2003年第1期,第47—53页。

刘会军、徐晓飞:《关税会议期间国民党在北方的民众动员》,《史学集刊》2011年第3期,第82—90页。

刘清扬:《回忆四十年前的战斗英雄马骏烈士》,近代史资料专刊《五四运动回忆录》,北京:知识产权出版社,2013年。

吕桂霞:《蒲安臣与中美关系》,《历史教学》2013年第5期,第41—45页。

吕茂兵:《徐树铮与安福俱乐部》,《安徽史学》1996年第4期,第62—64页。

鹿锡俊:《济南惨案前后蒋介石的对日交涉》,《史学月刊》1988年第2期,第61—67页。

卢雪乡编著:《从美国外交文件看民国诞生》,商务印书馆,2011年。

罗志田:《北伐前夕北方军政格局的演变:1924—1926年》,《史林》2003年第1期,第73—90页。

罗志田:《帝国主义在中国:文化视野下条约体系的演进》,《中国社会科学》2004年第5期,第192—204页。

马福龙、徐国梁、虞骁:《"华人与狗不得入内"问题的来龙去脉》,《中共党史研究》1994年第4期,第76—79页。

马光仁主编:《上海新闻史1850—1949》,复旦大学出版社,2014年。

马建标:《"进步主义"在中国:芮恩施与欧美同学会的共享经历》,《复旦学报》2017年第2期,第120—130页。

马建标:《"受难时刻":巴黎和会山东问题的裁决与威尔逊的认同危机》,《近代史研究》2018年第3期,第23—38页。

马建标:《塑造救世主:"一战"后期"威尔逊主义"在中国的传播》,《学术月刊》2017年第6期,第164—172页。

马建标:《谣言与外交——华盛顿会议前"鲁案直接交涉"初探》,《历史研究》2008年第4期,第55—70页。

马思宇:《五卅运动前后中国共产党对反帝话语的宣传及其影响》,《马克思主义理论学科研究》2019年第2期,第135—142页。

玛格丽特·麦克米伦(Margaret MacMillan):《缔造和平:1919巴黎和会及其开启的战后世界》,邓峰译,中信出版集团,2018年。

南海胤子:《安福祸国记》,荣孟源、章伯锋主编:《近代稗海》第4辑,四川人民出版社,1985年,第386—388页。

欧阳军喜:《论美国对五四运动的影响》,《中共党史研究》,2019年第4期,第33—45页。

欧阳哲生:《新文化的理想与困窘——蔡元培看五四运动》,《史学月刊》2019年第5期,第8—14页。

欧阳哲生:《作为"事件"的五四运动——从档案文献看北洋政府对五四运动的处置》,《中共党史研究》2020年第1期,第40—63页。

裴京汉:《国民革命时期的反帝问题——济南惨案后的反日运动与国民政府的对策》,《历史研究》2001年第4期,第106—114页。

约翰·本杰明·鲍威尔(John B. Powell):《我在中国的二十五年》,刘志俊译,译林出版社,2017年。

齐春风:《国民革命时期的反帝问题再探讨——国民党中央与济

案后反日运动关系辨》,《历史研究》2007年第5期,第134—155页。

钱江涵:《从"女校长"到"'国民之母之母'之婆"——论女师大风潮论争中的杨荫榆》,《鲁迅研究月刊》2019年第3期,第86—94页。

秦池江、张立中主编:《中国金融大百科全书》上编,卷5《保险业务卷》,中国物资出版社,1999年。

芮恩施(Paul S. Reinsch):《一个美国外交官使华记:1913-1919年美国驻华公使回忆录》,李抱宏、盛震溯译,商务印书馆,1982年。

任一:《"寰世独美":五四前夕美国在华宣传与中国对新国家身份的追求》,《史学集刊》2016年第1期,第46—57页。

埃德加·斯诺(Edgar Snow):《西行漫记》,董乐山译,生活·读书·新知三联书店,1979年。

司徒雷登(John Leighton Stuart):《原来他乡是故乡:司徒雷登回忆录》,杜智颖译,江苏人民出版社,2014年。

苏智良、赵胜:《民族主义与殖民主义的较量——外滩公园"华人与狗不得入内"文字数据的历史解读》,《甘肃社会科学》2009年第4期,第180—183页。

孙中山:《三民主义》第1册,中华书局,1935年。

唐启华:《"中日密约"与巴黎和会中国外交》,《历史研究》2015年第5期,第75—95页。

唐启华:《巴黎和会与中国外交》,社会科学文献出版社,2014年。

唐启华:《洪宪帝制外交》,社会科学文献出版社,2017年。

田肖红:《美国与上海公共租界(1843—1945)》,山东师范大学博士论文，2013年。

亚当·图兹（Adam Tooze）:《滔天洪水：第一次世界大战于全球秩序的重建》，陈涛、史天宇译，中国华侨出版社，2021年。

邹谠（Tsou Tang）:《美国在中国的失败》，王宁、周先进译，上海世纪出版集团，2012年。

巴巴拉·塔奇曼（Barbara W. Tuchman）:《史迪威与美国在中国的经验1911—1945》，万里斯译，中信出版社，2015年。

王伯衡:《从太平保险公司到太平洋保险公司》，全国政协文史资料委员会编:《旧中国的工商金融》，安徽人民出版社，2000年。

汪朝光:《临城劫车案及其外交交涉》，《南京大学学报》2005年第1期，第81—92页。

王笛:《近年美国关于近代中美关系的研究》，《历史研究》1997年第2期，第170—183页。

王笛:《袍哥：1940年代川西乡村的暴力与秩序》，北京大学出版社，2018年。

王笛:《论辛亥革命时期孙中山的对外态度》，《历史研究》1986年第2期，第51—63页。

王东杰:《声入心通——国语运动与现代中国》，北京师范大学出版社，2019年。

王国强:《华侨史视野下的"蒲安臣条约"》，《历史教学》2003年第11期，第22—26页。

王立新:《踌躇的霸权——美国崛起后的身份困惑与秩序追求（1913-1945）》，中国社会科学出版社，2015年。

王立新:《伍德罗·威尔逊政府承认中华民国问题再研究》，《求是学刊》2004年第6期，第142—148页。

王元崇：《中美相遇——大国外交与晚清兴衰（1784—1911）》，文汇出版社，2021年。

王悦芳：《至平至善 风范长存——纪念国立东南大学校长郭秉文逝世40周年》，《东南大学学报》2009年第S2期，第234—236页。

王芸生编著：《六十年来中国与日本》第7卷，生活·读书·新知三联书店，1981年。

王芸生编著：《六十年来中国与日本》第8卷，生活·读书·新知三联书店，1982年。

汪之成：《旧上海的俄国侨民》，《社会科学》1994年第7期，第59—63页。

魏定熙（Timothy B. Weston）：《权力源自地位：北京大学知识分子与中国政治文化，1898—1929》，江苏人民出版社，2015年。

威尔逊（Woodrow Wilson）：《美国总统威尔逊参战演说》，蒋梦麒译，商务印书馆，1918年。

吴芳思（Frances Wood）、克里斯托福·阿南德尔（Christopher Arnander）：《盟友背信：一战中的中国》，张宇扬译，江苏人民出版社，2019年。

吴恒：《"华人与狗"与"'华人'与'狗'"——以公共租界工部局档案为中心重新检视近代上海租界公园歧视华人的史实与传闻》，《近代史学刊》2012年，第106—124页。

吴蕙芳：《"社会盗匪活动"的再商榷——以临城劫车案为中心之探讨》，《近代史研究》1994年第4期，第164—190页。

伍连德（Wu Lien-teh）：《鼠疫斗士——伍连德自述》，程光胜、马学博译,湖南教育出版社,2011年。

徐国琦:《一战中的华工》,潘星、强舸译,上海人民出版社,2014年。

徐国琦:《中国人与美国人:一部共有的历史》,尤卫群译,四川人民出版社,2019年。

徐国琦:《中国与大战:寻求新的国家认同与国际化》,马建标译,上海三联书店,2013年。

杨德山:《安福俱乐部与安福国会》,《历史教学》1999年第5期,第26—28页。

杨天宏:《北伐期间反教暴力事件及其责任问题》,《历史研究》2004年第1期,第63—79页。

杨天宏:《曹锟"贿选"控告的法律证据研究》,《历史研究》2012年第6期,第132—152页。

杨天宏:《基督教与民国知识分子》,人民出版社,2005年。

姚波:《从第一次世界大战后的山东问题看美日矛盾》,《四川大学学报》1995年第1期,第82—90页。

叶斌:《上海租界的国际化与殖民地化:〈1854年土地章程〉略论》,《史林》2015年第3期,第9—19页。

叶维丽:《为中国寻找现代之路:中国留学生在美国(1900-1927)》第二版,周子平译,北京大学出版社,2017年。

虞和平主编:《中国抗日战争史料丛刊》第1010册,《社会——社会问题和救济》,大象出版社,2016年。

袁刚、孙家祥、任丙强编:《民治主义与现代社会:杜威在华讲演集》,北京大学出版社,2004年。

岳谦厚、李卫平:《〈申报〉关于1927年南京事件报道之分析》,《安徽史学》2012年第1期,第46—53页。

云南省地方志编撰委员会总纂,云南省人民政府编撰:《云南省南·政府志》,云南人民出版社,2001年。

张功臣:《东方梦寻——旧中国的洋记者》,福建人民出版社,1999年。

《张謇全集》编纂委员会编:《张謇全集》第7册,《诗词·联语》,上海辞书出版社,2012年。

张铨:《关于"华人与狗不得入内"问题》,《史林》1994年第4期,第77—80页。

张咏:《以"真相"的名义:留学知识分子对西方报道的批判及对新闻检查的倡导》,戴剑平编:《南方传媒前沿论坛》,汕头大学出版社,2018年。

张知寒、王学典:《临城劫车案述论》,《齐鲁学刊》1983年第5期,第56—64页。

赵建国:《报刊史的底色——近代中国新闻界与社会》,暨南大学出版社,2020年。

赵炯:《民国初期临城劫车案的台前幕后》,《炎黄春秋》1995年第11期,第60—64页。

赵晓阳:《基督教青年会在中国:本土和现代的探索》,社会科学文献出版社,2008年。

赵修磊:《"济案"前夕日本出兵山东与南京国民政府对策》,《民国档案》2004年第2期,第114—119页。

郑保国:《密勒氏评论报:美国在华专业报人与报格(1917-

1953）》，北京大学出版社，2018年。

郑则民：《1920—1926年的中日关系》，《民国档案》1994年第4期，第78—86页。

中国蔡元培研究会编：《蔡元培全集》第4卷，浙江教育出版社，1997年。

中国美国史研究会编：《美国史论文集》，生活·读书·新知三联书店，1981—1983年。

中国太平洋保险（集团）股份有限公司编：《中国太平洋保险（集团）公司史料》第1卷下册，中国金融出版社，2005年。

英文文献[2]

Abend, Hallett. *My Life in China, 1926-1941*. New York: Harcourt, Brace and Company, 1943.

"American Medical Training to Be Given China." *New York Times*, January 16, 1916.

"American Urged to Study China." *Christian Science Monitor*, February 7, 1920.

"Anglo-Americans in China Protest." *Christian Science Monitor*, July 9, 1919.

Associated Press, "Students Strike in China." *New York Times*, April 20, 1920.

Associated Press, "Wu Ting Fang Made Premier of China." *Washington Post,* June 12, 1922.

Associated Press. "Japan Sees Bolsheviki at Work in

Shanghai." *New York Times*, June 15, 1919.

Atkinson, Brooks. "Long Schism Seen: Stilwell Break Stems From Chiang Refusal to Press War Fully." *New York Times*, October 31, 1944.

"Awakening of the People of China." *Christian Science Monitor*, March 16, 1920.

Barboza, David. "John Leighton Stuart, China Expert, Is Buried There at Last." *New York Times*, November 20, 2008.

Batchelder, Charles C. "Economic Pressure as a Cause of the Revolt of the Asiatic Peoples Against Occidental Exploitation." *The Annals of the American Academy* vol. 112, no. 1 (March 1924), pp. 258–268.

Bigelow, Poultney. "Mr. Bigelow Replies." *New York Times*, May 23, 1919.

Bland, John Otway Percy. China, *Japan and Korea*. London: William Heinemann, 1921.

"Bolsheviki Hope to Convert Asia." *Washington Post*, January 22, 1919.

"Bolshevist Offer Tempting to China." *Christian Science Monitor*, May 11, 1920.

"Bolshevizing China." *Washington Post*, April 11, 1925.

"Boycott of Japanese Goods Is Growing Daily in China." *Chicago Daily Tribune,* July 13, 1919.

"Brief Reviews." *New York Times*, September 9, 1923.

Pearl S. Buck, *My Several Worlds: A Personal Record*. New York: Open Road Integrated Media, 1954.

Bunn, Henry W. "Girl Slavery in China." *New York Times*, October 13, 1920.

Bunn, Henry W. "Changing China." *North American Review* vol. CCXX, no. 825 (December, 1924), pp. 245–253.

H. H. C., "To the Editor of the *New York Times*." *New York Times*, August 3, 1919.

"China and America." *New York Times*, September 13, 1921.

"China and Russia." *Independent: Devoted to the Consideration of Politics, Social and Economic Tendencies, History, Literature, and the Arts*, October 23, 1920.

"China Benefited by the War." *New York Times*, August 22, 1915.

"China Bitter in Protests." *Los Angeles Times*, February 17, 1922.

"China is Halted by United States." *Atlanta Constitution*, October 2, 1920.

"China Is Key to Peace, Says Reinsch." *New York Times*, October 2, 1921.

"China Ripe for Bolshevism." *Washington Post*, December 28, 1919.

"China the Greatest of Danger Zones to the Powers." *New York Times*, February 16, 1913.

"China's Boycott Against Japan." *Christian Science Monitor*, December 4, 1919.

"China's Man Power Aids France in War." *New York Times*, February 25, 1917.

"China's Minister Invites Americans to Trade." *New York Times*, May 28, 1916.

"China's New Anthem." *New York Times*, July 26, 1914.

"China's Suffragists Ready to Use Force." *New York Times*, November 17, 1912.

"Chinese Parade in Protest." *Washington Post*, December 9, 1921.

"Chinese Labor Organizing." *Literary (NY) Digest*, November 5, 1921.

Chinese Students' Alliance in the United States of America, *The Chinese Students' Directory*. Chinese Students' Alliance in U.S.A., 1918.

"Chinese Students Go Out On Strike." *Christian Science Monitor*, October 22, 1919.

"Chinese Students in Japan Should be Recalled." *Millard's Review*, August 9, 1919.

"Chinese Students Seen As Aid to U.S." *Washington Post*, November 20, 1921.

"Chinese Welcomed for Arms Meeting." *New York Times*, October 31, 1921.

"Chinese Would Fight for U.S." *Washington Post*, July 27, 1917.

Cohen, Warren I. "America and the May Fourth Movement: The Response to Chinese Nationalism, 1917–1921." *Pacific Historical Review* vol. 35, no. 1 (February 1966) , pp. 83–100.

"Compensating China." *Washington Post*. May 14, 1919.

"Consortium Loan for China Opposed." *Christian Science Monitor*, April 14, 1920.

Crane, Daniel M. and Thomas A. Breslin, *An Ordinary Relationship: American Opposition to Republican Revolution in China*. Miami: Florida International University Press, 1986.

Dailey, Charles. "Bolshevik Students Put Check on American Donations." *China Weekly Review*, May 30, 1925.

Danton, George H. "The Student Movement in China." *School and Society* vol. 13, no. 335 (May 28, 1921) , pp. 616–619.

Dewey, John. "Sequel of the Student Revolt." *New Republic* vol. 21 (February 1920) , pp. 380–382.

Dewey, John. "The Student Revolt in China." *New Republic* vol. 20, no. 248 (August 6, 1919) , pp. 16–18.

Dower, John W. *War Without Mercy: Race and Power in the Pacific War*. New York: Pantheon, 1987.

"Dr. Ladd Defends Japan's Moves with China." *New York Times*, December 19, 1915.

"Dr. Paul S. Reinsch Dies in Shanghai." *New York Times*,

January 24, 1923.

"Dr. Reinsch Near Death." *New York Times*, January 23, 1923.

"Dr. Sun Yat-sen's Election." *Christian Science Monitor*, June 7, 1921.

"Dr. Sze Calls China Social Democracy." *Washington Post*, January 14, 1922.

"Drop Books to Oppose Crown." *Los Angeles Times*, February 22, 1916.

Fairbank, John King. *The United States and China*. Third edition. Cambridge: Harvard University Press, 1971.

Fairbank, John King. *The United States and China*, 4th Revised and Enlarged Edition. Cambridge: Harvard University Press, 1983.

Fairbank, John King and Merle Goldman. *China: A New History*. Cambridge: Harvard University Press, 2006.

"The Fashions Change in China Just As They Do Here." *New York Times*, August 3, 1913.

"Finds Red Influence Growing in China." *New York Times*, December 6, 1925.

Foord, John. "Look to Gen. Wu as Hope of China." *New York Times*, August 22, 1920.

Fox, Albert W. "21 Demands Issue Remains as Parley Progresses." *Washington Post*, February 26, 1922.

Fox, Albert W. "China Resists Japan." *Washington Post*, August 3, 1919.

Frazer, David. "Military Party Dominate China." *Washington Post*, June 23, 1919.

"Free hand for Wilson." *New York Times*, February 19, 1915.

French, Paul. *Carl Crow—A Tough Old China Hand: The Life, Times, and Adventures of an American in Shanghai*. Hong Kong: Hong Kong University Press, 2006.

"Friends of China Distrust Japan." *Christian Science Monitor*, March 3, 1920.

Fugh, Paul C. "Neutral Chinese." *New York Times*, October 19, 1921.

Gilbert, Rodney. "China's New Labor Movement." *The Living Age*, July 1, 1922.

"Hallett Abend, Newsman, Dead." *New York Times*, November 28, 1955.

Harding, Gardner L. "China's Strong Arm to Be Felt in War." *New York Times*, October 14, 1917.

Harding, Gardner L. "China's Rebel Leaders Represent Reaction." *New York Times*, June 10, 1917.

Harrington, John Walker. "Japan and China at Odds." *New York Times*, February 16, 1919.

Hedges, Frank H. "Building the New China." *Christian Science Monitor*, October 24, 1923.

Hsu, P. H. "A Chinese Student's View of Present Day China." *Journal of the American Asiatic Association* vol. 15, no. 11 (1915), p. 334.

Hunt, Frazier. "Jap Grip is on China." *Los Angeles Times*, April 25, 1920.

Hunt, Frazier. "Students Plan to Tie Up China to Balk Japan." *Chicago Daily Tribune*, April 18, 1920.

Hunt, Michael H. *The Making of a Special Relationship: The United States and China to 1914*. New York: Columbia University Press, 1983.

Hutchinson, Paul. "The Awakening Student Mind of China." *Methodist Review* vol. 37, no. 6 (November 1921), pp. 851–859.

"It's Fashionable to Be Pro-American in China Now." *New York Times*, September 1, 1912.

"J. B. Powell, Newspaper Man, Dies; Survivor of Japanese Brutalities." *New York Times*, March 1, 1947.

"J. Leighton Stuart, Dead at 86; Ambassador to China, 1946–49." *New York Times*, September 20, 1962.

"Japan Alarmed by Bolsheviks." *Los Angeles Times*, January 27, 1920.

"Japan and China at Odds." *New York Times*, February 16, 1919.

"Japan as Strong Force in Far East." *Christian Science Monitor*, June 15, 1920.

Jenks, J. W. "The Chinese Situation and the Student Group." *School and Society* vol. 22, no. 559 (1925), pp. 328-329.

Jones, Paul. "The Students' Revolt in China." *Independent: Devoted to the Consideration of Politics, Social and Economic Tendencies, History, Literature, and the Arts*, September 20, 1919.

Kahn, Ida. "A Challenge to the Students of China." *Millard's Review*, March 22, 1919.

Krebs, Albin. "Pearl Buck Is Dead at 80; Won Nobel Prize in 1938." *New York Times*, March 7, 1973.

"Last Assault Won a Fort." *New York Times*, November 7, 1914.

Lenz, Frank B. "The Americanized Chinese Student: What Will He Play in the Future Development of China." *Overland Monthly and Out West Magazine* vol. IXIX, no. 4 (April 1917), pp. 14-21.

Lew, T. T., Hu Shih, Y. Y. Tsu, and Cheng Ching Yi, *China Today Through Chinese Eyes*. New York: George H. Doran Company, 1922.

Lie, S. Y. "Is the Labor Strike Economic or Bolshevik ? " *China Weekly Review*, September 5, 1925.

Littlefield, Walter. "War Clouds over China." *New York Times*, April 30, 1922.

"Ma Chun, Chinese Student Leader, Jailbird and Patriot."

Literary (NY) Digest vol. 63 (1919), pp. 78–80.

Macnair, H.F. "China's Students in Foreign Lands." *China Weekly Review*, July 14, 1923.

Manela, Erez. *The Wilsonian Moment Self-Determination and the International Origins of Anticolonial Nationalism*. Oxford: Oxford University Press, 2007.

Marshall, Edward. "China Not Really a Republic But a New Autocracy." *New York Times*, December 8, 1912.

Marshall, Edward, "Worldwide Awakening to Woman's Place in Affairs." *New York Times*, December 1, 1912.

McCormick, Frederick. "Japan and China: Frederick McCormick Replies to Poultney Bigelow." *New York Times*, June 1, 1919.

McCormick, Frederick. *The Flowery Republic*. New York: D. Appleton and Company, 1913.

"Menace to the U.S." *Washington Post*, February 18, 1915.

Millard, Thomas F. "Says Blackmail Gained Shantung." *New York Times*, July 24, 1919.

"Minister Koo Tells Why China Is in War." *New York Times*, October 2, 1918.

Monroe, Paul. "Student politics in China." *Forum* vol. 76, no. 2 (1926), pp. 186–193.

Muir, John. "Notes from Szechwan." *China Weekly Review*, July 14, 1923.

"The New China Will be a New United States." *New York Times*, November 10, 1912.

"New Books and Publications." *The Weekly Review*, August 13, 1921.

"On the Trail of the Opium Poppy." *New York Times*, May 15, 1921.

"Peking Student Debaters Argue Their Points in English." *Christian Science Monitor*, July 27, 1922.

"Poultney Bigelow Is Dead at 98; Journalist, Oldest Yale Alumnus." *New York Times*, May 29, 1954.

Powell, John B. "Boycott of Japanese Goods Is Growing Daily in China." *Chicago Daily Tribune*, July 13, 1919.

Powell, John B. *My Twenty-Five Years in China*. New York: The Macmillan Company, 1945.

"Prefer U.S. Colleges." *Washington Post*, May 10, 1914.

"Prospect of Dr. Sun's Return to Power in China." *New York Times*, July 15, 1917.

"Protest China Is Being 'Flimflammed' by Parley." *Washington Post*, January 15, 1922.

"Recommendations of the China Medical Commission of the Rockefeller Foundation."《中华医学杂志》2015年第1期，第16—22页。

Reed, James. *The Missionary Mind and American East Asia Policy, 1911—1915*. Cambridge: Harvard University Press,

1983.

"Reinsch Defends Chinese Government's Attitude." *Washington Post*, October 1, 1920.

Reinsch, Paul S. *An American Diplomat in China*. Garden City, NY: Doubleday, Page & Company, 1922.

Remer, C.F. "The Revolt of the Chinese Students." *Asia: Journal of the American Asiatic Association* vol. 19 (September 1919), pp. 932–934.

"Rev. W. Reginald Wheeler Dies; Presbyterian Missionary in Asia; Former Secretary of Board of Foreign Missions, 74 --Educator in China." *New York Times*, August 21, 1963.

Ross, Ishbel. "Elsie Ferguson on the Women of China." *New York Times*, January 2, 1921.

"Says China Must Be a Monarchy Again." *New York Times*, June 4, 1916.

Schmidt, Hans. "Democracy for China: American Propaganda and the May Fourth Movement." *Diplomatic History* vol. 22, no. 3 (Winter 1998), pp. 1–28.

Schuler, Wilhelm. "Is Bolshevism Possible in China?" *The Living Age*, May 29, 1920.

"Seeks $500,000,000 Loan for China." *New York Times*, May 24, 1913.

Shemo, Connie A. *The Chinese Medical Ministries of Kang Cheng and Shi Meiyu, 1872 - 1937: On a Cross-Cultural Frontier* of Gender, Race, and Nation. Bethlehem, PA: Lehigh University Press, 2011.

Sokolsky, George E. "China's Defiance of Japan." *Independent: Devoted to the Consideration of Politics, Social and Economic Tendencies, History, Literature, and the Arts*, September 20, 1919.

"Soviet Pressure on China Denied." *Christian Science Monitor*, October 4, 1920.

"Strikes Cut Food Supply in Shanghai as Riots Continue." *Washington Post*, June 4, 1925.

Stuart, John Leighton. *Fifty Years in China: The Memoirs of John Leighton Stuart, Missionary and Ambassador*. New York: Random House, 1954.

"Student Strikes in China." *Missionary Review of the World* vol. 42 (October 1919), pp. 724-725.

"The Students' Manifesto." *Millard's Review*, August 14, 1920.

"Students a Hope and a Danger." *China Weekly Review*, June 6, 1925.

"Students from China Cheer Shantung Plea." *Chicago Daily Tribune*, September 18, 1919.

"Students head Strike of Protest in China." *Los Angeles Times*, July 13, 1919.

"Suffragettes in China." *New York Times*, June 26, 1921.

"Taft Seared for His Stand on Shantung." *Chicago Daily Tribune*, July 29, 1919.

"The ABC's Disarmament and the Problems of the Pacific." *New York Times*, October 21, 1921.

Thomas, Rudlay, "China's Students in the Vanguard of Revolution." *Current History* vol. 24（July 1926）, pp. 570-575.

"To Gives up Shantung." *Los Angeles Times*, January 27, 1920.

"Tokyo Statement." *Christian Science Monitor*, October 4, 1920.

"TOPN: China Trade Act, 1922." The Legal Information Institute, Cornell Law School. https://www.law.cornell.edu/topn/china_trade_act_1922.

Treat, Payson J. "How We Can Help China." *Overland Monthly and Out West Magazine* 74.6（December 1919）, pp. 412-415.

Tuchman, Barbara W. *Stilwell and the American Experience in China, 1911-1945*. New York: Random House, 1970.

"Urge Shantung Going to China." *Los Angeles Times*, July 24, 1919.

"Urges All Nations to Recognize China." *New York Times*, April 4, 1913.

Varg, Paul. *The Making of a Myth: The United States and China, 1897-1912*. East Lansing: Michigan State University Press,

1968.

Wang, Di. "A College Student's Rural Journey: Early Sociology and Anthropology in China Seen through Fieldwork on Sichuan's Secret Society." *Frontiers of History in China* vol. 12, no. 1 (2017), pp.1–31.

Wang, K. P. "China's Claims: She Wants a Complete Revision of Her Relations with the Power." *New York Times*, February 2, 1919.

Wang, K. P. "Japan's Course in China." *New York Times*, May 20, 1919.

Wang, K. P. "China's Disappointment: The Kiao-Chau Settlement Destroys Her Faith in the New Order." *New York Times*, May 9, 1919.

Wang, W. S. "The Leader of the Chinese Student Movement." *Methodist Review*, September 27, 1919.

"War?" *Time* vol. 4, no. 10 (September 8, 1924), p. 14.

"Welson Upsets China Loan Plan" *New York Times*, March 19, 1913

"Welson Wants Trade of China as Friend." *New York Times*, March 23, 1913.

Wheeler, W. Reginald. "China's Attitude on the Peace Treaty." *Current History* vol. 10, no. 2 (1919), pp.534–538.

Who's Who in China (the third edition). Shanghai: The China Weekly Review, 1925.

Wilbur, Martin "Peking, 1917-21: Professors Changed the Course of Chinese History." *New York Times*, May 15, 1960.

"Wilson Send a Note to Japan." *New York Times*, February 20, 1915.

Wood, G. Zay. "Why China Did Not Sign." *New York Times*, August 3, 1919.

"Wu Ting-Fang Looks to China's Young Men." *New York Times*, July 9, 1916.

Xu, Guoqi. *Chinese and Americans: A Shared History*. Cambridge, MA: Harvard University Press, 2014.

"Young China in America." *Christian Science Monitor*, September 16, 1920.

"Yuan Shih Kai Denounced by Former Premier." *New York Times*, May 21, 1916.

"Yuan's Passing." *New York Times*, December 4, 1921.

Fugh, Paul C. "Neutral Chinese." *New York Times*, October 19, 1921.

Gilbert, Rodney. "China's New Labor Movement." *The Living Age*, July 1, 1922.

"Ma Chun, Chinese Student Leader, Jailbird and Patriot." *Literary (NY) Digest* vol. 63 (1919), pp. 78-80.

"Wu Ting-Fang Looks to China's Young Men." *New York Times*, July 9, 1916.

Xu, Guoqi. *Chinese and Americans: A Shared History*.

Cambridge, MA: Harvard University Press, 2014.

注 释

[1] 中文文献顺序排列根据作者拼音发音,无作者的文献根据文献第一个字的发音拼音排序,翻译文献按照原作者名字的姓的英文发音排序。

[2] 英文文献按照作者姓的英文发音排列,没有作者的新闻报道,按文章标题的首个词英文发音排列(但是不定冠词 A、An 和定冠词 The 不计在内)。

后　记

这个课题从资料的收集,到最后的完成,跨度前后有 15 年的时间;从 2015 年开始写作,也花了 7 年的时间,可以说是一条学术追求和写作的漫长之路。

我对中美关系的关注,可以追溯到 1990 年代初我刚到美国不久,由于修了一门美国外交史的课,阅读了大量有关著作。那门课要写一篇学术综述,我选择了从美国外交史的角度,评述近代的中美关系,于是写了一篇英文述评。那篇文章的译文以《近年美国关于近代中美关系的研究》为题,发表在《历史研究》(1997 年第 2 期)上,其中有一部分就是对司徒雷登的研究。没有想到,多年以后在这本书的写作中,司徒雷登占据了相当重要的地位。本书以 1911 年司徒雷登对辛亥革命的报道为开始,2008 年他的骨灰在杭州安葬为结束,这也是一条漫长的道路。

正如熟悉我研究的学者和读者知道的,我研究的兴趣点不是外交史,而是城市史、社会史和文化史,所以我并没有想到我会就美国怎样认识中国写成一本书。这个课题的产生应该带有某种偶然性。我到澳门大学之前,一直给得克萨斯 A&M 大学的历史专业的本科生开设历史写作的必修课。该课主要目的,就是指导学生如何运用原始资料进行历史研究。但问题是,上课的本科生几乎不懂中文,因此无法使用中文原始资料进行历史写作，因此我在课堂上使用的原始资料都是英文文献，包括传教士的杂志和信件、海关报告、美国媒体对中国事件的报道等。美国媒体关于五四运动的报道，就是课堂2008年度使用的资料之一。

史学研究，一般是先有了课题，然后才收集资料，但是这本书则没有遵循这个一般的规律，而是先有资料，后有课题。开始收集这些英文原始资料时，完全没有打算自己对这个课题进行研究，但是在细读这些资料后，产生了不少的想法，才有了写这本书的冲动。因为，在课堂讨论的过程中，我发现，无论在英文还是在中文世界，虽然五四运动已经过去快一个多世纪了，但对当时美国媒体怎样报道这个运动，以及美国人怎样看待这个运动，却基本上没有研究，因此我打算把这些用于课堂的资料写成一本书。

但是，由于一直从事其他课题的研究和写作，直到2015年到了澳门大学，这个计划才开始实施。当时收集资料的主题是五四运动，但是为了给学生提供更广阔的背景，"五四"前后十年的资料也在收集范围之中，因此最后的课题扩大到五四新文化时代的历史，也就是从辛亥革命推翻清王朝，到1928年国民党统一全国这期间的历史。

关于资料的收集，虽然不敢说已经把全部有关的资料搜罗殆尽，但是可以肯定地说，我在收集资料的时候，没有任何预想要研究什么问题，证明什么观点，甚至也没有预想要写文章，完成一本书更是在计划之外。因此，应该说从一开始，就是尽量收集能见到的资料。后来进入研究、解读和写作，是在尽量全面掌握资料的情况下进行对资料的叙事、讨论和分析，基本上客观反映了1912—1928年间美国媒体和社会对中国的看法。

在我已经出版的五部专题研究中，除了我1989年完成的第一本专著《跨出封闭的世界》，大家比较熟悉的《街头文化》、《茶馆》两卷本以及《袍哥》，都是先写英文本，然后翻译成中文，主要针对西方读者而作。我过去的研究，使用的原始资料基本都是中文文献，征引的学术成果以英文为主；而这本书恰恰相反，用的原始资料主要是英文，写作时则更多地征引中文的学术研究。如果这本书直接用英文写的话，相对来讲应该比前四本要容易得多，因为至少不需要把原始文献翻译成中文了。但是我在写这本书的时候，初衷就很清楚，受众就是中国的学术界和大众读者。

到2020年初，这本书基本成型了，一共9章。随后，我大概又花了一年的时间，把每一章整理成一篇单独的论文，陆续在学术杂志上发表。

2021年初，我对这本书的最后成型又有了新的思考。既然这本书的主体已经作为学术论文发表，如果学者对这些问题感兴趣的话，可以很容易地找到这些论文来读，那么是否我可以把这个课题从严肃的学术专著，转化成大众也有兴趣阅读的作品呢？经过仔细的思考和对资料的查阅，我决定把这本书重新写一遍。

修改扩充过的版本和原来的版本有比较大的差别。首先，在篇幅上增加了一倍，从20多万字扩大到近50万字，由原来的9章增加到29章；第二，增加了许多细节和个人的经历以及故事，采用了全新的叙事结构和叙事方法；第三，大量引用了芮恩施、史迪威、鲍威尔、赛珍珠、阿班、司徒雷登的回忆录或者他们的传记，使个人的故事和观察更加细腻;第四,在写作风格上,从枯燥的学术语言改变为更亲近读者的文学语言;第五,完全保留了原有的学术内容,也就是说,在学术上并没有减少它的分量,只是在阅读的体验上有所改变。

为了方便读者,按原来的章节顺序,我把与本书相关的论文发表的信息列在下面(其中两篇论文发在澳门的学术刊物上,但是中国人民大学复印报刊资料也收入了,所以国内也很容易找到):

1.《从承认民国到敦促参战:美国与北京政府的外交,1913—1918》,《华中师范大学学报》,2020年第5期;

2.《巴黎和会上的美国对华立场:山东问题解决的理想与现实冲突》,《社会科学战线》,2022年第5期;

3.《短暂辉煌:威尔逊主义与巴黎和会前后的中国》,《南国学术》,2021年第2期;

4.《"中国开始觉醒":美国媒体下的五四运动》,《澳门理工学报》,2021年第4期;

5.《"摆脱传统的束缚":美国媒体所反映的五四时期中西交流与新文化运动》,《中华文化论坛》,2021年第5期;

6.《华盛顿会议前后的美国对华态度——以美国主流媒体的中国报道为中心》,《近代史研究》,2019年第5期;

7.《"中国的根本问题在于自己":美国媒体对20世纪20年代中国局势的解读》,《清华大学学报》,2021年第4期;

8.《五卅运动前后的中国青年——从美国媒体的视角来观察》,《探索与争鸣》,2022年第11期;

9.《道路的选择:美国媒体视野中的社会主义在华早期传播》,

《探索与争鸣》，2021年第11期。

这个研究得到了澳门大学讲席教授研究基金（CPG）的支持。澳门大学历史系的研究生李腾、曹菲然、熊椰、郑婷好、吴玉莹、焦洋、安劭凡、冯宛文等在不同的时期作为研究助手，帮助我做了许多工作；博士后王雨对这本书也有贡献。在此向他们表示感谢。

最后，要特别感谢本书的责任编辑李磊。她一直肯定这本书的史学价值，极大地鼓励了我集中时间和精力，最后完成了这部著作。在本书的撰写和编辑出版的过程中，李磊对写作内容、表达方式、写作风格以及书名等方面提出了许多专业的建议，并在文献检索与核对、文字审校、语言润色以及插图甄选等环节付出了大量心血，保证了本书的高质量出版。

王 笛

2023年6月20日

CHINA THROUGH OTHERS' EYES, 1919-1928

中国记事
1912-1928